심장지대

일러두기

- 이 책의 제1부는 Halford John Mackinder, *Democratic Ideals and Reality: A Study in the Politics of Reconstruction*, CONSTABLE AND COMPANY LTD, 1919를 완역한 것이다.

- 제2부는 매킨더가 심장지대 개념을 최초로 소개한 1904년 영국 왕립학회의 강연 "The geographical pivot of history"와 1943년 『포린어페어스』에 발표한 매킨더의 마지막 논문 "The Round World and the Winning of the Peace"를 번역한 것이다.

- 1부의 하단 각주는 지은이의 것이며, 2부의 하단 각주는 옮긴이의 것이다. 2부에서 지은이 주는 별도로 표시했다.

- 본문에서 작은 글씨로 부연 설명한 것은 옮긴이 주다.

심 장 지 대
H E A R T L A N D

매킨더의 지정학과

지리의 결정력

해퍼드 존 매킨더 지음

임정관 · 최용환 옮김

글항아리

옮긴이 서문

언젠가 한국 대학생들이 미국 학생들과 교류하는 프로그램을 견학할 기회가 있었다. 자유토론이 진행되던 중 한 한국 학생이 지난여름 국토대장정에 참여했던 경험을 자랑스럽게 이야기하는 것을 들었다. 부산에서 시작하여 임진각까지 2주 넘는 기간 걸어서 국토를 횡단했다는 것이다. 이 이야기를 들은 미국 학생들의 반응이 흥미로웠는데, 그들은 국토를 걸어서 횡단한다는 사실 자체를 놀라워했다. 미국처럼 거대한 영토를 가진 국가의 사람들은 국토를 도보로 가로지른다는 생각을 거의 하지 않는다. 실제로 미국만 해도 자동차를 타고 몇 주 동안 내쳐 달려야 동서 횡단이 가능하기 때문이다. 한

국인인 나로서는 국토대장정에 참여한 우리 학생이 대견하다는 느낌도 있었지만, 어쩌면 분단이 수십 년간 지속되면서 한반도에 살고 있는 우리의 지리적 상상력까지 휴전선 이남 지역에 갇혀 있는 것은 아닐까 하는 생각도 들었다. 섬나라 아닌 섬나라로 살아, 방학이면 자동차를 타고 만주와 시베리아를 건너 대륙 깊숙이까지 달리는 상상력까지 희미해진다면, 이는 서글픈 일이 아닐 수 없다.

그런 의미에서 매킨더의 글은 사용하는 개념부터 스케일이 남다르다. 매킨더의 세계관에서 유럽과 아시아, 아프리카는 하나로 연결된 섬이다. 그는 이곳을 대륙이 아니라 하나의 대양에 둘러싸인 섬, '세계도World Island'라고 부른다. 이런 세계도는 지표의 3분의 2를 차지하고, 세계 인구의 약 87.5퍼센트가 거주하는 공간이다. 이 세계도 안에는 심장지대heartland가 존재한다. 이 지역의 중요성에 대한 매킨더의 주장은 다음과 같은 말로 요약된다.

동유럽을 지배하는 자가 심장지대를 호령하고, 심장지대를 지배하는 자가 세계도를 호령하며, 세계도를 지배하는 자는 전 세계를 호령할 것이다.

심장지대는 북쪽으로 북극해, 매킨더가 레나랜드Lenaland라고 명명한 예니세이강 뒤편의 광활한 황야, 고비·티베트·이란 사막과 알타이산맥에서 힌두쿠시산맥으로 이루어지는 자연 방벽들에 둘러싸인 지역이다. 이 자연 방벽들을 돌파하여 심장지대로 접근하는 것은 거의 불가능하기 때문에 이 지역은 공격하기 어려운 반면 방어하기는 쉽다. 반면 심장지대는 서쪽으로 열려 있는데, 이 지역이 동유럽이다. 동유럽은 튜턴과 슬라브가 교차하는 지역이자, 전략적으로는 심장지대로 들어가는 입구다. 심장지대의 서쪽으로 열린 공간은 매우 넓기 때문에 불과 수백 년 전만 하더라도 효과적인 방어가 어려웠지만, 제2차 세계대전에서 러시아는 역사상 처음으로 이 지역을 방어할 만한 군사력을 갖춘 육상 세력의 등장을 보여줬다.

해상 세력이 육상 세력보다 본질적으로 취약하다고 생각했던 매킨더에게 지정학적으로 최적의 위치에 자리 잡은 국가는 독일, 러시아, 중국 등이었다. 해상 세력이 상대적으로 취약한 이유는 육상 세력이 수에즈와 같은 주요 수로를 장악할 수 있고, 해상 세력의 주요 기지를 점령할 수도 있으며, 주요 자원 기지는 대부분 육상에 존재하기 때문이다. 이러한 매킨더의 주장은 해양 세력과 육상 세력을 나누는 단순화된 이분

법, 공군력의 발전에 대한 저평가, 핵과 미사일 등 새로운 변화에 대한 고려 부족 등 여러 측면에서 비판을 받기도 한다. 하지만 지리라는 자연적인 조건이 국가의 운명을 결정한다는 그의 핵심 논리는 여전히 유효하다고 할 수 있다.

매킨더의 평가에 따르면 러시아는 최초로 심장지대 전역을 지배하는 세력으로 세계의 운명을 좌우할 수 있는 기반을 갖춘 국가다. 물론 현재의 러시아는 매킨더가 활동하던 시기의 구소련USSR에 비해 축소된 영역을 보유하고 있지만 2022년 러시아의 우크라이나 침공은 매킨더가 주장했던 심장지대의 장악과 관련하여 해석될 여지를 준다. 미국 카터 행정부 국가안보보좌관을 지냈던 즈비그뉴 브레진스키 역시 그의 저서 『거대한 체스판』에서 러시아가 세계 제국이 될지, 지역 강대국에 머무를지를 가르는 변수로 우크라이나 장악 여부를 거론하기도 했다. 물론 21세기에 발생한 러시아-우크라이나 전쟁을 100여 년 전의 이론틀로 설명하는 데에는 더 많은 고민이 필요해 보인다. 하지만 심장지대에서 발생한 전쟁이 미칠 다양한 파급 효과를 판단하는 데 있어 지정학적 상상력이 도움을 주는 것만은 분명하다.

매킨더의 심장지대론은 앨프리드 머핸의 해양 세력Sea power론, 니컬러스 스파이크먼의 림랜드Rimland론 등과 함께,

대표적인 고전 지정학 이론으로 꼽힌다. 제1, 2차 세계대전을 겪으면서 한때 지정학은 제국주의 학문으로 평가되기도 했다. 하지만 21세기 들어 주요 국가들이 지정학적 접근에 기반한 국가 대전략을 추진하면서 지정학이 다시 주목을 받고 있다. 예컨대 중국의 일대일로一帶一路 전략이나, 미국의 인도-태평양 전략 등은 자신들의 평가와 무관하게 지정학적 접근 기반의 국가 전략이라고 봐야 할 것이다. 특히 미중 전략 경쟁이 장기화·구조화되면서, 패권국이 존재하지 않는 '각자도생'의 국제질서가 강화되고 있다. 이러한 시스템 아래에서 국가들의 전략은 더 경쟁적으로 변할 가능성이 크고, 게임의 룰은 제로섬에 가까워질 것이다. 육상 세력과 해상 세력 간 경계에 위치하는 한국과 같은 국가에게 지정학은 여전히 유효한 측면이 있다. 매킨더 역시 한반도를 육상 세력과 해상 세력 모두가 이용할 수 있는 교두보 국가라고 평가하기도 했다.

이 글 첫머리 에피소드를 다시 거론하지 않더라도, 어떤 의미에서 지정학은 한반도에 살고 있는 우리와는 다소 동떨어진 학문으로 여겨질 수 있다. 물론 육상 세력과 해상 세력을 구분하여 국제관계를 설명하는 지정학적 접근 방식은 우리에게도 익숙하다. 하지만 전 세계를 부감하면서 마치 바둑

판에 포석을 놓듯이 핵심 지역을 선별하는 전략적 사고는 여전히 남의 일처럼 느껴지는 측면이 있다. 그럼에도 이제 대한민국은 세계 10위권의 핵심적인 국제 행위자가 되었다. 이제 우리 미래에 영향을 미치지 않을 만큼 멀리 있는 국제적 사건은 거의 존재하지 않는다. 눈에 보이는 세계질서 너머 그 기저에서 꿈틀거리는 지리적 세계를 조망하는 시각이 필요한 이유다.

2020년 전 세계를 휩쓴 코로나19 바이러스가 말해주는 것은 인간의 과학과 기술이 자연의 힘 앞에서 얼마나 무력한가 하는 점이었다. 교통과 통신의 발달로 지리에 대한 개념이 과거와 현저하게 달라진 것은 맞지만, 지리가 국가 전략에 미치는 본질적 영향력은 여전히 유지되고 있다. 특히 남북관계를 변화시키지 못하는 한 사실상 섬나라로 살아야 하는 한국인들에게 지리가 주는 영향력은 더 결정적일 것이다.

이 책은 매킨더가 쓴 지정학 분야의 고전인 『데모크라시의 이상과 현실』을 완역하여 제1부로 삼고, 매킨더의 다른 논문 두 편을 제2부로 묶은 책이다. 매킨더 지정학의 본격적인 소개서라 할 만하다. 『데모크라시의 이상과 현실』은 1919년에 처음 출간됐다. 한국에서는 일본 제국주의의 식민 지배가 한창이던 시절이자, 역사적인 3·1운동이 발생한 때이기도 하다. 세계적으로는 제국주의 국가들의 각축전이었던 제1차 세계대전이 종결되고, 볼셰비키 정권하의 러시아가 본격적으로 태동하던 시기다. 매킨더는 당시 지정학적 현실에 기반하지 않고 민주주의 이상만 좇는 전범국 처리에 상당히 비판적이었으며, 결과적으로 군국주의 독일의 재건과 또 다른 세계 전쟁의 비극을 예상했다. 『데모크라시의 이상과 현실』은 이러한 비판의식에 근거한다. 그는 사람과 국가의 운명이 자연적인 지리에 의해 좌우될 수 있음을 강조했으며, 이 점을 염두에 둔 전략이 필요하다고 주장했다. 그리고 불행히도 제2차 세계대전의 발발은 그의 판단이 옳았음을 증명했다. 그 과정에서 매킨더의 심장지대론이, 카를 하우스호퍼 등에게 수용되어 독일 전략가들의 이론적 기반이 되었다는 것은 아이러니한 일이다.

이 책 2부에서 소개한 논문 중 하나는 1904년 왕립지리학회 강연문인 「지리학으로 본 역사의 추축The Geographical Pivot of History」이고, 다른 하나는 매킨더가 82세인 1943년 7월에 『포린어페어스』에 기고한 「지정학의 세계와 평화의 길The Round World and the Winning of the Peace」이다. 각 논문에 대한 평가는 독자의 몫이지만 매킨더의 지정학을 보여주는 대표적인 글이라 여겨 한 책에 담았다. 1904년, 1919년, 1943년이라는 시차를 고려하여, 매킨더의 생각이 어떻게 가다듬어지는지를 살펴보는 일도 흥미로울 것이다.

한 세기 전의 글을 번역하는 것은 결코 쉬운 작업이 아니었다. 영어 자체도 어려웠지만 100여 년 전 유럽의 역사에 대한 지식의 부족은 더 큰 문제였다. 특히 번역의 경험이 많지 않은 필자들에게 이는 더욱 어려운 일이었으므로, 몇몇 사람의 도움을 받을 수밖에 없었다. 1904년 논문은 일본어 번역본이 있었으므로 이를 번역에 참고했는데, 이 과정에서 권은주 씨가 큰 도움을 주었다. 1943년 글은 영어 원본을 사용했는데, 후배 이연진의 도움이 없었다면 짧은 시간에 번역을 마무리할 수 없었을 것이다. 두 분께 감사드린다. 물론 번역과 관련된 오류가 있다면 모두 옮긴이들의 몫이다.

2022년 5월

임정관, 최용환

서문

　이 책은 그 가치를 떠나 전시戰時의 흥분에 사로잡힌 사유 이상의 결과를 담고 있다. 책의 아이디어는 10여 년 전 출간한 개요에서 비롯됐다. 1904년 왕립지리학회에서 발표한 논문「지리학으로 본 역사의 추축」에서 나는 세계도世界島와 심장지대heartland에 대해 설명했다. 이듬해에는「국가와 제국이 지닌 힘으로서의 인력Man-power as a measure of national and imperial strength」을 『내셔널리뷰』에 실었다. 아마 이 논문으로 '인력'이라는 단어가 처음 유행하게 됐을 것이다. 인력은 전투력과 관련된 개념이기도 하지만 경제적 사유를 할 때 자본처럼 생산성의 한 요소로서의 의미를 담고 있다. 혹시 지금

이를 주제로 장문의 글을 쓴다면 이는 세계대전으로 과거의
관점이 흐트러지기는커녕 더욱 확고해졌기 때문일 것이다.

1919년 2월 1일

H. J. M.

차례

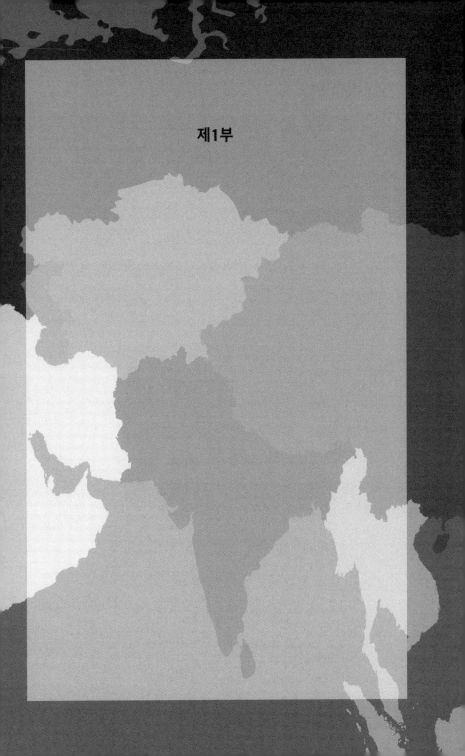

제1부

제1장
전망

　모든 사람의 정신을 쏙 빼놨던 엄청난 전쟁은 아직도 우리 기억 속에 구체적이고 생생하게 남아 있다. 이 전쟁으로 인해 전쟁 이전과 이후의 삶이 나뉠 정도로 삶의 단절이 생겼다. 그러나 이제 이 길었던 전쟁을 좀더 넓은 시각에서 바라봐야 할 때가 왔다. 강줄기에서 만나는 하나의 큰 폭포처럼, 전쟁은 역사의 흐름 속에서 발생한 하나의 대형 사건으로 바라볼 수 있다. 지난 4년은 한 세기의 결과이자 또 다른 세기의 서곡이라는 점에서 무척 중요한 시기였다. 국가들 사이의 긴장 축적은 멈추고 바야흐로 외교가에서 말하는 데탕트détente가 찾아왔다. 전쟁에 신물 난 인간들은 더 이상 전쟁을 벌이지 않겠다는 굳은 결심을 하고 항구적인 평화가 찾아왔노라고 믿고 싶은 유혹에 빠진다. 하지만 국제사회의 긴장은 언젠가 또다시 고조되고 말 것이다. 워털루 전투가 끝난 후에도 한 세대 동안은 평화가 이어졌다. 1814년 빈 회의에 모였던 외교관들 중에서 장차 프로이센이 세계를 위협하리라고 예상한 사람이 있었던가? 우리는 미래 역사의 줄기를 예측해서 앞으로의 흐름에 전쟁과 같은 폭포가 없다고 단정할 수는 없다. 우리 세대의 역할은 후손들에게 이러한 지혜를 공유하게 하고 빈 회의에 참석한 외교관들의 잘못된 생각이 반복되지 않도록 하는 것이다.

지난 400년을 돌아보면 100년마다 세계대전이 일어났는데 이런 대규모 전쟁은 국가 간 불균형 성장의 직간접적인 결과다. 불균형 성장은 일부 국가에 인재와 에너지가 집중돼서 일어났다고만 볼 수는 없다. 원인의 상당 부분은 토양의 비옥함과 같은 자원 배분과 지리적 이유에서 발생하는 전략적 기회가 불균등하게 분포한다는 데 있다. 다시 말해 본질적으로 국가 간 기회의 평등이란 존재하지 않는다. 내가 지리적 사실을 완전히 잘못 해석한 것이 아니라면 한발 더 나아가 육지와 바다를 연결하고, 자원과 이들이 움직이는 길의 통제를 통해 제국의 성장을 이루며, 세계 제국을 형성할 수 있다고 감히 말하겠다. 만약 우리가 앞으로 일어날 전쟁을 방지하겠다는 국제연맹의 이상을 실현시키려 한다면 이런 지리적 현실을 인정하고, 그 영향에 대응하려는 조치를 취해나가야 한다. 지난 세기에 인간들은 다윈주의 이론Darwinian theory의 주술에 걸려 자연환경에 가장 적응을 잘한 유기체가 살아남는다고 생각했다. 오늘날 우리는 치열한 시련을 겪으면서 인간의 승리는 이전 세대의 운명론을 뛰어넘는 기질에 기반하고 있음을 깨닫고 있다.

문명은 인간을 서로 돕는 사회 조직을 기반으로 한다. 문명이 고도로 발전할수록 노동 분업이 세분화되며 조직도 복잡해진다. 그 결과 위대하게 발달한 사회는 일정 방향으로 발전하려는 모멘텀을 갖게 된다. 따라서 사회 그 자체를 파괴하지 않고서는 갑자기 그 발전에 제동을 걸거나 유지되던 방향성을 바꿀 수 없다. 덕분에 객관적인 관찰자들은 발전 경로가 같은 곳을 향하는 사회가 충돌하리라는 사실을 몇 년 앞서 예견하곤 한다. 역사학자들은 전쟁을 서술하면서 첫머리에 재앙의 조짐을 정면으로 마주하기 거부하는 인간의 무지를 일깨우곤 한다. 그런데 국가 사회도 여느 조직과 마찬가지로 형성 초기에는 바람직한 방향으로 발전해나갈 수 있도록 조정 가능하지만, 이미 성숙 단계에 이른 상황에서는 그 성격이 고

착화돼 존재를 유지하면서 의미 있는 변화를 꾀하는 일이 불가능해진다. 이제 전 세계 국가는 새로운 출발선 앞에 섰다. 각 국가가 처한 지리적 상황을 극복하고 다음 그다음 세대까지도 전쟁이 일어나지 않을 토대를 마련할 지혜를 이끌어낼 수 있을까?

세력균형이라는 역사적인 아이디어를 거부하면서, 국제연맹을 통해 법적인 개념들이 우리의 사상을 지배하도록 해야 한다고 생각하는 것은 위험할 수 있다. 우리는 강대국이든 약소국이든 그 규모와 관계없이 국가들 사이에는 정의가 있어야 한다는 이상을 갖고 있다. 이것도 사회 안에서 인간의 지위 고하를 막론하고 정의가 이뤄져야 한다는 이상과 다를 바 없다. 사회에서는 개인들 간의 정의로운 관계 실현을 위해 국가의 권력이 개입된다. 마찬가지로 국제법이 제1차 세계대전을 미처 막지 못한 상황에서 국가 간에 정의로운 관계를 유지하려면 권력 또는 (법조인들의 용어로는) 일종의 제재가 필요하다. 하지만 시민들을 법으로 다스리는 데 있어 필수 불가결한 권력은 독재로 변질되기 십상이다. 강대국과 약소국 사이의 법질서를 유지하는 데 필요한 세계 권력을 정립하되 세계의 독재자로 변질되지 않도록 막을 수 있을까? 세계의 독재에 이르는 길은 두 갈래다. 어떤 나라가 나머지 다른 나라를 전부 정복해버리는 것이 그 하나다. 또 다른 길은 법을 무시하는 국가를 강제하기 위한 국제 권력 그 자체를 왜곡하는 것이다. 인간 사회를 재건하려는 원대한 계획을 세우자면 우리는 도둑을 다스리는 법보다 도둑의 기술과 기회가 우선적 시간이라는 점을 인정해야만 한다. 다시 말해 우리 앞의 막대한 문제를 예측하기 위해서는 권리와 그 구제 방안을 정의 내리는 법률가보다는 현실적인 기회와 가능성을 다루는 사업가와 같은 태도가 필요하다.

이 책에서는 지난 4년간의 전쟁을 포함한 역사적 사건에서 나타난 지구적으로 중요한 지리적 특이성을 살펴보고자 한다. 그리고 나서 지구촌에 항구적으로 존재하는 지리적 현실에 자유의 이상을 어떻게 맞춰나갈지 고민하려 한다. 이를 위해서는 우선 모든 정치 조직에서 보이는 인간의 본질적 성향부터 파악해야 한다.

제2장
사회적 모멘텀

"가진 자는 더 받을 것이요⋯⋯"

『신약성경』「마가복음」4장 25절

　1789년 명석하기로 소문난 프랑스인들은 지성의 중심지 파리에서 자유, 평등, 박애라는 거대한 비전을 봤다. 그러나 이후 프랑스의 이상주의는 현실 앞에서 그 자리를 잃고 떠내려와 나폴레옹의 손에 운명을 맡기는 처지가 되었다. 나폴레옹은 군사적 효율성을 기반으로 국가질서를 회복했으며, 그 과정에서 자유를 부인하는 법들을 만들어 제국의 권력을 조직했다. 프랑스 혁명과 제국을 둘러싼 역사는 이후 전개된 모든 정치사상에 영향을 미쳤다. 혁명적 이상주의의 특징으로 운명 지어진 이 재앙은 그리스의 비극과도 같았다.

　1848년 유럽인들은 또다시 비전을 갈망하는 분위기에 휩

싸였는데 이번에는 프랑스의 경우보다 그 양상이 더 복잡했다. 자유에 민족주의가 더해지자 유럽인들은 자주적인 민족주의 정신이 폭정의 권력자로부터 자유를 수호해줄 것이라는 희망을 품었다. 안타깝게도 이 혁명기에 이상주의라는 고결한 배의 닻은 또다시 제구실을 못 했고, 이번에는 비스마르크의 손에 의해 운명이 결정되었다.

나폴레옹이 자유, 평등이라는 명료한 프랑스적 이상을 왜곡했듯이 비스마르크는 프로이센의 효율성을 앞세워 독일 민족주의라는 새로운 이상을 왜곡하기 시작했다. 이제 막 완성된 민족주의적 이상주의의 비극은 자유주의가 갖는 무질서의 특징이 아닌, 물질주의materialism에 대한 권력자organizer의 집착으로 인해 운명 지어진 것이었다. 프랑스의 비극이 단순한 이상주의의 붕괴에 따른 비극이었다면 독일은 대체된 현실주의의 비극이었다.

1917년 전 세계의 민주주의 진영은 제정 러시아가 몰락하고 미국이 제1차 세계대전에 참전하자 캄캄한 바다에서 등대의 빛을 발견한 분위기였다. 러시아 혁명이 얼마간 일반적인 혁명의 길을 걸어간다 하더라도 우리는 여전히 전 지구적 민주주의에 대한 희망을 놓지 않고 있다. 18세기 자유주의에 대한 이상과, 19세기 민족주의의 이상에 더해 우리는 민주주의 국가들의 국가연맹이라는 20세기의 이상을 희망하고 있다. 현재 민주주의의 이상이 인류애의 대부분을 실현하는 현실 교리로 인식되고 있기 때문에 만약 세 번째 비극이 일어난다면 그 규모는 실로 막대할 것이다. 실용적인 의미 이상을 지닌 현실 정치Real-politik에 익숙한 독일인들은 비극을 피할 수 없을 것이다.

프로이센의 왕과 군사 계급은 권력의 유지를 위해 전쟁을 해왔겠지만 독일 사회의 광범위한 지성의 영역에서 사람들은 우리가 옳지 않다고 여기는 정치철학의 신념에 따라 행동했다. 이번 전쟁에서 독일인들의 기대는 여러 면에서 어긋났는데, 이는 우리가 정책적인 실수를 저지르지 않아서가 아니라 정부의 얼마 안 되는 현명한 원칙과 불굴의 노력 덕분이었다. 하지만 가장 큰 문제는 아직 닥치지도 않았다. 전 지구적 민주주의를 일궈내기 위해 평화가 오래 유지되기를 고대한다면 어느 정도로 국제 재건의 노력을 기울여야 할까? 제1차 세계대전의 영웅적 노력을 이끌어낸 민주주의의 이상을 전후 사회 재건에 활용하려면 민주주의 내부 구조와 관련해 어떤 조건을 충족시켜야 할까? 우리에게 이보다 더 중대한 질문은 없다. 과연 새로운 이상주의를 현실과 진지하게 결합시킬 수 있을까?

이상주의자들은 이 세상의 소금과 같은 존재다. 이들이 우리를 움직이지 않는다면 사회는 정체되고 문명은 쇠락한다. 그러나 이상주의는 매우 이질적인 두 차원의 기질과 관련이 있다. 불교, 스토아 철학, 중세 기독교 같은 오래된 이상주의는 자기부정에 기반하고 있다. 프란치스코 수사회는 순결, 가난, 봉사에 그들 자신을 예속시켰다. 반면 미국과 프랑스 혁명의 이상주의로 대변되는 오늘날 민주주의 이상주의는 자기실현에 기반하며 모든 인간이 충만하고 자존감 있는 인생을 사는 데 목표를 두고 있다. 미국 독립선언서 전문은 모든 인간이 평등하게 태어났으며 행복 추구의 권리와 자유의 권리를 부여받았다고 명시하고 있다.

이처럼 극명하게 엇갈리는 이상주의는 역사적으로 봤을 때 두 갈래의 현실 전개와 무관치 않다. 과거에는 자연이 인간에게 미치는 힘이 막대해 인간의 야망이 엄중한 현실 앞에 무릎 꿇을 수밖에 없었다. 다시 말해 세계는 전반적으로 가난했고 체념만이 행복으로 인도하는 유일한 길이었다. 그나마 몇몇 사람이 삶의 기회를 잡았지만 그들을 위해 나머지 대다수는 농노로 일해야 했다. 소위 아테네의 민주주의와 플라톤의 유토피아조차 가정과 산업에 종사하는 노예들이 있었기에 가능했다. 하지만 현대 사회는 풍요롭다. 인간은 자연의 많은 부분을 통제하고 있고 이전에 운명에 순응하던 사람들은 부의 공평한 분배를 통해 기회의 평등에 한 발짝 다가갈 수 있다는 기대감에 부풀어 있다.

민주주의의 이상에 대한 논의와 상관없이 인간이 자연을 지배하는 오늘날의 현실이 전적으로 과학적 지식과 발명에 힘입은 것이 아님은 분명하다. 인간이 휘두르는 막대한 통제력은 제한적이며 자연이 기근과 악성 전염병을 통해 인간의 운명을 좌우하는 절대적인 통제력에 비할 수 없다. 오늘날 인간이 누리는 부와 상대적인 안정은 노동의 분업과 협업, 원시 사회의 단순한 도구를 대체한 복잡한 공장의 끊임없는 개선에 기초한다. 달리 이야기하면 현대인이 누리는 풍요는 우리 사회 조직과 자본이 유지될 때에만 가능하다. 사회는 '계속적 존재going concern'이며 우리가 누리는 안녕well-bing의 작은 부분도 기업이 가지고 있는 무형의 '영업권goodwill'에 비교할 수 없다.사회적 존재인 인간이 행복한 삶을 계속 누리기 위해서는 유형의 자본과 조직이 필수적이다. 기업의 주인은 규칙적으로 돌아가는 공장의 기계 못지않게 습관적으로 행동하는 고객에게 의존한다. 기계나 고객이나 끊임없이 관리해줘야 하며 그럴 때에만 기업은 '계속적 존재'로서의 가치를 지닌다. 그러다 기업의 활동이 중단되면 청산 가치밖에 남지 않으며 기계는 고철로, 영업권은 장부상의 부채로 전락한다.

사회는 인간이 습관의 존재라는 사실에 기초한다. 사회는 여러 인간의 다양한 습관이 서로 맞물려 돌아감으로써 기계에 비견할 만한 구조를 갖춘다. 바운서 여사가 방 한 칸을 세놓으면서 단순하나마 사회를 구성할 수 있던 이유는, 복스는 밤에만 와서 자고 콕스는 낮에만 와서 잤기 때문이다.^{존 M. 모}턴의 희곡『복스와 콕스』참고 그러다 세입자 중 한 명이 휴가를 내면서 잠시나마 습관을 벗어나자 바운서 여사가 일군 사회는 무너지고 말았다. 우리가 의지하는 우체부, 철도원, 도축업자, 인쇄업자를 비롯한 모든 이가 어느 날 갑자기 일상의 습관에서 벗어난다면 무슨 일이 벌어질까? 그제야 현대인이 자연에 휘두른 힘이 사회가 '계속적 존재'라는 사실(엔지니어들의 용어로는 '모멘텀')이 있기에 가능했음을 알 것이다. 인간들 서로의 습관이 결합하지는 못하는 상황이 길어지고 이로 인해 사회 기능이 위축되어 단순한 자연 규칙에 지배당한다면 이 과정에서 어마어마하게 많은 사람이 목숨을 잃을 것이다.

현대 문명에 있어서 축적된 부보다 훨씬 더 중요한 요소는 바로 생산력이다. 문명 국가에서 가시적인 부의 총계는(물론 아주 오래된 보물을 일부 포함한다 하더라도) 대체로 7~8년 치 생산량과 같다고 여겨진다. 이와 같은 계산의 중요성은 그 정확성에 있는 것이 아니라, 지난 4~5세대 동안 점점 세밀화되고 복잡해진 생산의 기계화에 의존하고 있는 실용적 의미의 급속한 성장에 있다. 과학기술의 응용에 진보가 일어날 때마다 사회 조직도 변화했다. 애덤 스미스가 노동 분업을 논하던 시기에 제임스 와트가 증기기관을 발명하고 있었다는 사실은 우연이 아니다. 당장 우리 시대만 봐도 자동차, 잠수함, 비행기의 핵심인 내연기관의 발명이 일어나는 한편 신용 제도는 엄청나게 확대됐다. 금속 기계의 매끄러운 작동은 인간의 습관에 달려 있다. 인문학 연구의 중요성이 떨어진다는 일부 과학 신봉자의 가정은 그 가정에 대한 증명 실험을 통과하지 못할 것이다. 현실의 조건들을 고려했을 때 지위 고하를 떠나 인간을 관리하는 일의 중요성은 오늘날 점점 더 커지고 있다.

사회라는 기계의 경영자를 조직자Organizer라고 부르는데 이 용어에는 두 가지 상이한 범주가 포함된다. 우선 관리자Administrator는 엄밀하게 따지면 유기체의 새 기관을 만들어내는 조직자와는 거리가 멀다. 관리자의 역할은 작동하고 있는 사회 기계를 잘 수선하고 기름칠하여 살피는 데 있다. 사회 구성원이 죽거나 아프거나 퇴직을 이유로 자기 자리를 비우

게 될 때, 관리자들의 의무는 기존에 훈련된 대체 인원을 그 자리에 배치하는 것이다. 본질적으로 관리자는 업무의 감독자다. 판사는 (이론상으로 실제 법을 만드는 경우는 제외하고) 법을 관리하는 사람들이다. 관리자가 업무를 할 때는 순수하게 진보라고 이름 붙일 만한 일이 일어나지 않는다. 특정 기관이 효율적으로, 업무가 완전히 순조롭게 흘러가는 상태야말로 관리자가 추구하는 이상이다. 이런 관리자들은 '관료적 형식주의red tape'라는 고질병을 앓는다. 관리가 잘되는 복잡한 사회는 그 모멘텀의 강도 때문에 중국식 침체Chinese Stagnation에 빠지는 경향이 있다. 역사가 오래되고 경영이 잘된 기업의 영업권은 시장에서 거액에 거래되곤 한다. 사회 모멘텀을 가장 단적으로 보여주는 사례는 시장 자체의 부동성immobility일 것이다. 판매자들은 구매자들이 모여 있는 곳에 가서 팔고 싶어한다. 자기 물건을 누가 사려는지 확신할 수 있기 때문이다. 반면 구매자들은 가능하다면 판매자가 모여 경쟁을 벌이고 그 결과 가격이 저렴한 시장에 가길 원한다. 당국은 런던의 시장을 분산시키고자 여러 번 시도했지만 수포로 돌아갔다.

다른 유형의 조직자인 사회 기구의 창시자Creator를 평가하기 전에 잠시 혁명의 일반적 과정을 다시 따져보자. 볼테르는 프랑스 정부라는 '계속적 존재'를 비판했다. 루소는 더 행복한 사회의 이상을 그렸으며, 위대한 『백과전서』의 저자들은 사회가 존재하게끔 하는 물질적 기반을 입증했다. 이와 같은 새로운 사상이 선의의 열렬한 지지자들을 사로잡았으나 이들은 인간의 일반적인 습관을 바꾸기에는 미숙한 사람들이다. 그들은 프랑스 사회의 구조를 바꿀 기회를 잡았지만 안타깝게도 프랑스 사회의 계속성 유지에 필요한 속도를 늦추었다. 조업의 중단, 산업 시설 및 정부 기구의 파괴, 숙련된 관리자들의 해임, 경험 없는 아마추어들의 고용은 생활필수품의 생산 속도를 떨어뜨리고, 그 결과 가격 상승, 신뢰와 신용 추락 등의 문제점을 만들어냈다. 당연히 혁명의 지도자들은 일시적인 가난을 견뎌서라도 이상을 실현시키려는 의지가 있다. 하지만 굶주린 수백만의 사람은 그 지도자들을 포위하고 폭동을 일으켰다. 시간을 벌기 위해 지도자들은 축출된 권력이 간섭해 이런 결핍이 발생했다는 의구심을 퍼뜨렸고 불가피하게 공포 시대가 뒤를 이었다.

그러자 인간은 운명론자가 되어 이상을 저버리고 효율성을 회복시켜줄 조직자를 찾기 시작했다. 외세가 국경을 침범하고, 생산성 약화와 느슨한 규범으로 인해 국가의 방어력이 약화되자 조직자의 필요성은 더 절실해진다. 하지만 재건에 필요한 조직자는 단순한 관리자가 아니다. 사회라는 기계를 수리하고 기름칠하는 수준을 넘어 사회의 밑그림을 그리고 제작까지 할 수 있어야 한다. '승리의 조직자' 라자르 카르노와 민법전을 펴낸 나폴레옹은 이런 창의적 노력에 힘입어 불멸의 이름을 얻었던 것이다.

건설적 의미에서 조직의 가능성은 규율에 달려 있다. 지속하는 사회는 수많은 사람 사이에 무수히 얽혀 있는 습관으로 구성된다. 비교적 가볍게 구조를 손질하려 해도 상당히 많은 사람이, 동시에 서로 보완적으로 자기 습관을 고쳐야 한다. 예컨대 정부의 칙령 없이는 서머타임의 실시는 불가능하다. 사회의 일부가 기존 시간을 고수하고자 하면 사회 전체가 혼돈에 빠지고 말기 때문이다. 그러므로 서머타임의 달성은 인간의 습관이 아니라, 그 인간의 습관을 동시적으로 연관성 있게 바꾸는 사회적 훈련과 규율 덕분에 가능하다. 질서 정연한 국가에서는 규율이 점차 사회 고유의 성질이 되며 규율의 시행에 경찰력을 동원할 일이 거의 없다. 다시 말해 사회 규율, 즉 자율적이든 강제적이든 습관을 바꾸는 행위 자체가 또 다른 습관으로 자리 잡는다. 군사는 명령에 의해 하나 된 행동으로 움직이는 분야다. 하지만 전문적인 군인들은 습관적인 군사 규율로 단련된 군인들과 급히 훈련받은 사람들(심지어 그들이 지능적인 전투를 하더라도)의 차이를 잘 알고 있다.

무질서의 시대에는 생산적 습관의 맞물림이 점차 느슨해져 사회 전체가 빈곤해진다. 물론 이 과정에서 도둑들은 이런저런 방식으로 잠시나마 자기 배를 불린다. 그런데 더 심각한 문제는 규율의 습관화 실패인데, 이는 곧 회복력의 상실을 뜻하기 때문이다. 혁명이 거듭되면서 러시아에 어떤 일이 벌어졌는지를 떠올려보라. 정신은 여전히 분별력을 갖추고 지시를 내릴 능력이 있으나 신경이 근육을 전혀 움직이지 못하는 끔찍한 마비 상태에 빠진 것 같았다. 큰 고통을 겪는다고 당장 나라가 망하지는 않지만 그 사회의 전체적인 메커니즘은 재구성되어야 한다. 빈곤에서 살아남은 이들이 습관을 기억하고 원래의 문명이 기반하던 기질을 잃지 않는다면 사회 구조의 재구성 속도는 빨라질 것이다. 역사는 우리에게 치유책을 제시하지는 않지만 규율을 강제해야 한다는 교훈을 준다. 하지만 물리력에 의지하는 조직자는 단순한 효율성의 회복을 목표로 삼는 경향이 있다. 그런 조직자의 규율 아래서는 이상주의가 번영하지 않는다. 역사를 통해 우리는 지난 두 세대 동안 등장했던 수많은 이상주의자가 국제주의자였다는 것과, 훈련을 통한 군사력의 회복은 국제주의가 아닌 국가주의적 요청이 있거나 외국의 침략에 성공적인 국가적 저항이 존재할 때 이뤄진다는 것을 명확하게 알 수 있다.

위대한 조직자는 곧 위대한 현실주의자다. 이것은 조직자들의 상상력이 부족하다는 말이 아니라 오히려 그 반대다. 이들은 달성하기 어려운 '목표'가 아닌 '수단과 방법'을 향해 상상을 펼친다. 마리아가 아닌 마르다의 마음을 가진 이들이다.『신약성경』에서 예수가 집을 방문하자 언니 마르다는 손님을 맞을 준비를 하느라 분주했지만 마리아는 예수의 가르침에 귀 기울였고 결국 칭찬을 받았다. 조직자가 기업의 대표라면 노동과 자본을, 군대의 장군이라면 부대와 보급품을 심사숙고할 것이다. 이들은 조직하는 과정을 통해 쟁취할 수 있는 목표, 즉 기업가라면 돈, 군인이라면 승리를 얻고자 한다. 하지만 돈과 승리는 이면의 목표로 향하는 중간 단계일 뿐이며 이면의 목표는 결코 파악되지 않는 상태로 남아 있다. 돈을 벌거나 승리를 거두기야 하겠지만, 더 이상 정복할 땅이 없어 통탄하던 알렉산드로스 대왕처럼 눈물을 흘리고 말 것이다. 그들의 관심사는 그저 자신이 조직한 기업이나 군대가 효율적으로 관리되는 것뿐이며, 따라서 관리자를 몰아붙인다. 무엇보다 규율의 습관화에 높은 가치를 두며 레버를 잡아당기면 기계가 즉시 작동해야 한다고 생각한다.

조직자는 필연적으로 인간을 자신의 도구로 바라본다. 이는 이상주의자와 정반대의 사고방식인데, 조직자는 사람을 집단적으로 움직인다는 점에서 이에 수반되는 물질적 한계를 고려할 수밖에 없다. 반면에 이상주의자들은 날개 달고 하늘로 치솟는 개인들 각각의 영혼에 호소한다. 그렇다고 해서 조직자가 자신이 발 딛고 있는 사회의 안녕에 무관심하다는 말은 아니다. 오히려 그는 사회의 노동력이 효율적으로 유지 관리되도록 신경 쓴다. 군국주의자든 자본가든 이런 점에서는 마찬가지다. 정치적으로 조직자는 개인들이 국가를 위해 존재한다고 본다. 스튜어트 시대의 철학자 홉스가 제시한 '리바이어던Leviathan'이 이에 해당된다. 하지만 민주주의 이상주의자들은 국가가 개인의 자유에 제약을 가한다는 점에서 국가를 필요악으로 인식한다.

서구 민주주의 국가에서 자유에 대한 이상은 일반 시민의 이러한 편견국가는 필요악으로 변화했는데, 우리의 자유에 대한 보장은 이상주의의 일시적인 희열이 아닌 '사고의 습관'으로 가능하다. 영국에서는 1000년에 걸쳐 영국 방어에 대한 편견들이 깊게 뿌리내렸다. 물론 그것은 지속적 경험의 결과물이므로 선조들을 어리석다고 여기는 사람이 아니라면 최소한의 존경심을 가지고 대해야 할 것이다. 이런 편견들 중 하나는 국무장관 자리에 전문가를 임명하는 것이 현명하지 않다고 여기는 태도다. 하지만 전쟁 시기에는 민주주의 시기 자유 등의 가치보다 효율성이 무조건 강조되기에, 이런 편견은 구식이며 고위직은 해당 전문가들로 바뀌어야 한다고 주장하는 이들도 있다. 그런데 영국은 전시에 민간인을 장관으로 앉혔다. 물론 평상시 영국 헌법은 비효율적이라는 평가를 받았다. 이는 전제 국가들과 전쟁할 때 필요한 조직들과 민주주의는 양립할 수 없다는 진실의 이면이다. 한번은 칠레의 한 장관이 처음으로 영국을 방문해 하원을 방문했다. 그는 먼 태평양에 위치한 칠레에서 봤던 영국 의회와, 런던에 도착해 목격한 의회에 대한 만성적인 불평불만을 언급하면서, 의회의 가장 중요한 기능 중 하나는 일이 처리되지 못하도록 막는 것이라고 지적했다.

조직자들의 사고는 근본적으로 전략적인 반면 진정한 민주주의자는 윤리적 사고를 한다. 조직자는 인간을 어떻게 활용할까 고민하나 민주주의자는 인간의 권리를 생각한다. 조직자에게 인간의 권리란 앞에 놓인 수많은 장애물에 불과하다. 인간의 다루기 힘든 본성과 습관의 고질적 특성을 고려할 때 조직자는 모든 일의 통치자master가 되어야 한다. 그렇지 않으면 일에 진전이 거의 이뤄지지 않는다. 하지만 그 통치자는 '수단과 방법'에 얽매인 사고 때문에 나쁜 통치자가 될 수밖에 없다.

민주적 이상주의가 현실의 속박을 벗어나면 조직자와 맹목적 효율성이 지배하는 재앙이 발생한다. 처음에 조직자는 순수하게 시작한다. 실행력이 뛰어난 그는 무질서, 주변의 규율 부재에 반대해 들고일어난다. 혁명의 수렁에 빠진 프랑스를 구한 것은 군사적 효율성이었다. 하지만 계속적 존재로서 효율성의 추동력은 그 창시자마저 밟고 지나간다. 그것은 조직의 인적 효율성을 개선하기 위해 모든 사고와 행동을 통제하려들며 전쟁마저 불사한다. 최고 지휘관에게 비효율이란 고통일 뿐이다. 그래서 나폴레옹은 자신의 대육군과 민법전에 더해 교황과 화친조약을 맺어 성직자를 자신의 신하로 삼았다. 아미앵 화약1802년 영국과 프랑스가 맺은 화약으로 영국은 식민지 대부분을 프랑스나 그 동맹국에 양보했다 이후 나폴레옹은 영원히 지속될 것만 같은 평화를 누렸지만 결국 전쟁을 지속적으로 준비할 필요성을 느낀다. 돈벌이의 귀재가 지나친 욕심을 부리다 파산에 이르듯 나폴레옹은 모스크바로 진격해 들어갔다.

비스마르크는 프로이센판 나폴레옹이자 철혈 재상이었다. 하지만 몇 가지 점에서 나폴레옹과 달랐는데, 이는 이 책의 연구와 관련해 주목할 만하다. 우선 비스마르크는 나폴레옹처럼 모스크바 전투에서 패한 후 엘바섬에 유배되지도 않았고, 워털루 전투 이후 세인트헬레나에서 최후를 맞지도 않았다. 30년 동안 재상을 지낸 이 노장은 1890년 새로운 수장에게 자리를 내줘야 했지만, 이것은 끓어오르는 야심 때문이 아니라 조심성 때문이었다. 나폴레옹과 비스마르크는 '수단과 방법'에 관한 한 최고로 손꼽을 만한 인물이나 비스마르크에게는 나폴레옹을 뛰어넘는 무언가가 있었다. 언젠가 랠프 월도 에머슨은 나폴레옹을 '위대한 상인'이라고 칭했는데 비스마르크는 그 정도의 평가에 머무르지 않는다. 비스마르크처럼 뛰어난 판단력을 활용해 전쟁을 정책에 반영시킨 이도 없었다. 그가 승리로 이끈 세 번의 짧은 전쟁과, 그가 체결한 세 번의 평화 조약은 프로이센에 이득을 안겨줬다. 심지어 세 번의 조약은 제각각 성격이 달랐다. 1864년 덴마크와의 전쟁에서 비스마르크는 슐레스비히와 홀슈타인 공국을 합병했는데, 이는 분명 킬 운하를 염두에 둔 것이었다. 1866년에는 오스트리아와의 전쟁 후 비스마르크가 보헤미아 점령을 거부한 것은 왕의 분노를 샀다. 이 분노는 1870년 전쟁에서 승리를 거두고 나서 화해할 때까지 이어지는데, 비스마르크는 언젠가 오스트리아와 동맹이 필요한 시기가 오리라는 선견지명에서 이와 같은 관용을 보인 것이다. 1871년 스당에 이어 파리까지 함락시킨 뒤 비스마르크는 군부의 압력에 따라 알자스

뿐 아니라 로렌까지 차지했다.

사실 비스마르크는 프로이센 사람들에게 부족했던 통찰력으로 다른 민족의 사고를 꿰뚫어봤다. 그는 심리적인 전략을 중요시했다. 비스마르크는 프로이센 주도로 독일 통일을 이룬 뒤에는 더 이상 전쟁을 일으키지 않았지만 짧게나마 유럽을 지배하며 더 위대한 성취를 이뤘다. 그는 더 이상 군사적 우위를 활용하지도 않았다. 1878년 베를린 회의에서는 오스트리아가 보스니아와 헤르체고비나를 얻는 데 지지를 보냈다. 그 때문에 발칸반도에서는 오스트리아와 러시아의 적대적인 관계가 깊어졌다. 베를린 회의에서는 프랑스가 튀니스를 점령하도록 은밀하게 선동하기도 했다. 프랑스가 튀니스를 점령하자 그의 예상대로 이탈리아는 큰 타격을 입었다. 이같은 노력 덕분에 프로이센은 1879년 오스트리아와 양국 동맹을 맺은 데 이어 1881년에는 오스트리아, 이탈리아와 삼국 동맹을 맺었다. 마치 목양견을 보내 양 무리를 몰아오는 모양새였다.

비스마르크는 유사한 심리적 전략과 수완을 십분 활용해 프랑스와 영국, 영국과 러시아가 반목하게 만들었다. 국내 정치에서도 이러한 협상 전략을 활용해 1886년에는 바티칸과의 적대적 관계를 청산하고 가톨릭 세력의 지지를 끌어냈다.

이를 통해 산업적으로 발달했으나 가톨릭 영향력이 강했던 라인란트의 사회주의 성향과, 남부 지역 바이에른 가톨릭 왕국의 분리주의 성향을 희석시킬 수 있었다.

사실 진정한 유사점은 나폴레옹과 비스마르크가 아니라 나폴레옹과 프로이센 지배계층 사이에서 발견된다. 우리가 지금 목격하고 있는 바와 같이 프로이센 지배계층의 종말은 나폴레옹의 마지막과 비슷하다. 모스크바로 진격하기 위해 맹목적으로 군대를 조직하던 나폴레옹과 아마겟돈을 향해 맹목적으로 국가를 조직해가는 지배계층의 모습은 어딘가 닮아 있다. 게르만 인종 전체를 '수단과 방법'의 사고방식으로 가득 채운 교육과 철학은 정신문화Kultur라는 이름으로 불린다. 나폴레옹은 자신의 천재성으로 누렸던 영광을 활용해 예술적 감성이 뛰어난 프랑스인들의 이상주의를 악용했다. 반면 비스마르크는 물질주의적 정신문화를 이어받기는 했지만 일반적인 프로이센인보다 뛰어났고 탁월한 통찰력으로 사리 판단을 했다.

정신문화는 프리드리히 대왕이 거둔 승리가 아닌 예나 전투의 패배에 기원한다. 18세기 프리드리히 대왕의 통치는 나폴레옹과 같은 일인 지배 통치였다. 하지만 19세기에 이르러 프로이센은 겉포장이야 어떻든 간에 장교, 관료, 교수 등 지적인 '전문가'로 구성된 과두 집권층이 지배했다. 유일한 조직자였던 프리드리히 대왕은 행정가만 키웠기 때문에 그가 사망했을 때 프로이센에는 단순한 국가 기구만 남았고 이마저 예나 전투에서 산산조각 났다.

예나 전투가 벌어진 겨울에 철학자 피히테는 당시 프랑스가 점령하고 있던 베를린에 강의를 하러 갔다.[*] 당시 대학이 없었던 프로이센 수도에서 피히테의 강의를 듣는 사람들은 청년들이 아니라 국가 위기를 맞아 초조함에 사로잡힌 최고의 두뇌 집단이었다. 피히테는 독일 대학들이 추상적인 지식과 예술을 숭배하던 시기에 애국주의 철학을 가르쳤다. 이후 1806년부터 1813년 사이에 군대·관료와 학교 사이, 다시 말해 정부의 필요와 교육의 목적 사이에 긴밀한 관계가 만들어졌다. 이는 프로이센 체제의 기초와 권력을 구성했다. 1870년 영국이 교육법을 채택하기 두 세대나 앞서, 프로이센은 보편적인 의무교육 제도를 도입했는데 이는 국민개병제와 밀접한 연관이 있었다. 탁월한 교수단을 자랑하던 베를린대학은 군 총참모본부의 자매기관 격으로 설립됐다. 따라서 프로이

---

[*] 매리엇J. A. R. Marriott과 로버트슨Grant Robertson이 쓴 『프로이센의 발전 The Evolution of Prussia』 참고. 클라렌든, 1915.

센에서 지식은 지식 그 자체가 아니라 커다란 재앙을 경험한 국가의 성공을 위한 수단으로 취급됐다. 스페인, 프랑스, 영국과 달리 프로이센은 자연적 방어벽이 없는 평야 한가운데에 있는 국가였다. 목적은 수단을 결정한다. 프로이센의 목적은 엄격한 규율에 기반한 군사력을 갖추는 것이었기 때문에 이를 위한 수단은 물질주의일 수밖에 없었다. 베를린의 입장에서 보면 모든 지식인층에 확고한 정신문화 또는 전략적 정신Strategical mentality을 심어주는 것은 탁월한 발상이다. 그러나 문명 전체로 보면 이는 장기적으로 해당 국가에 치명적인 악영향을 줄 것이었다.

요즘 독일 전쟁지도German war map는 별것 아닌 것처럼 여겨진다. 하지만 과연 영국과 미국 국민 대다수가 지난 3세대 동안 독일에서 지도가 어떤 역할을 했는지 제대로 이해하고 있는지 의문이다. 정신문화에서 지도는 핵심적인 도구이며 독일 지식인들은 누구나 지리학자로서의 소양을 가지고 있다. 게다가 그 수준은 영국이나 미국에서는 찾아보기 힘들 정도다. 독일인은 종이 위에 그려진 전통적인 국경뿐만 아니라 항구적인 지형에 숨겨진 기회까지 읽어내 '수단과 방법'으로 활용한다. 그들의 현실 정치는 마음속 지도mental map를 토대로 살아 숨 쉬고 있는 것이다. 독일의 고등학교와 대학에서의 지리 교육은 정신문화가 형성된 초기까지 거슬러 올라간다. 이와 같은 지리 교육은 예나 전투에 패배한 이후 알렉산더 폰 홈볼트, 하인리히 베르크하우스, 카를 리터, 슈틸러의 노력 덕분에 자리 잡았다. 이 네 사람은 새로 설립된 베를린대학과 더불어 고타의 저 유명한 페르테스 지도 제작소 소속이었다. 현재 영국에 훌륭한 지도 제작소가 두세 군데 있기는 하지만 정확도가 높고 지형적 특색을 잘 살린 지도를 제작하기 위해서는 독일에서 제작한 지도에 의존해야 할 때가 많다. 이는 독일의 지도 제작자들이 단순한 측량사나 제도공의 수준을 넘어 전문적인 지리학자인 경우가 많기 때문이다. 전문적인 지도 제작자들은 자신이 만든 지도의 가치를 알아봐주고 기꺼이 값을 쳐주는 대중이 있기에 존재할 수 있다.*

반면 영국에서는 교육의 도덕적 측면을 중시하는 풍토가 강해 일견 물질적으로 보이는 지리를 경시했다. 내가 알기로 전쟁 이전에 많은 교사가 지리를 교과목으로 채택하는 방안에 반대했다. 그들은 군국주의를 고취시킨다는 이유로 체육을 반대했던 것과 같은 논리에서, 지리가 제국주의를 고취시

---

* 1895년 입스위치에서 열린 영국협회의 지리분과에서 내가 한 연설에 독일 지리학파의 부상에 대한 설명이 포함돼 있다.

킨다는 이유를 들었다. 옛사람들이 세상의 눈을 피해 숨은 은둔자들을 조롱했듯이 우리도 교사들이 정치적으로 지나치게 민감하게 행동한다며 비웃을지 모른다. 하지만 이런 교사들의 태도는 지나친 군국주의와 제국주의 경향에 대한 반작용으로 볼 수 있다.

베를린-바그다드, 베를린-헤라트, 베를린-베이징을 그저 단어의 나열이 아닌 마음속 지도에서 입체감을 살려 그려보려면 대다수 앵글로색슨계에게는 이전과 다른 새로운 사고방식이 필요하다. 이들이 활용할 만한 자료는 그저 신문에 조악하게 그려놓은 불완전한 지도 정도다. 반면 프로이센인들은 이미 아버지, 할아버지 세대부터 손에 연필을 쥐고 생활 속에서 지리적 개념을 논의해왔다. 평화 조약의 세부 사항을 정하기 위해 영국의 정치인들은 분명 뛰어난 지리 전문가들의 조언을 받을 것이다. 그런데 독일 협상가들 뒤에는 전문가 몇 명 정도가 아니라 훌륭한 지리 교육을 받은 대중이 버티고 있다. 이들은 앞으로 제기될 만한 중요한 문제를 오랫동안 훤히 접해왔고 지도자들에게 선견지명 있는 지지를 재빨리 보낼 능력을 갖추고 있다. 특히 영국 국민이 독일에 관대한 마음을 품기라도 한다면 이는 결정적인 이점으로 작용할 것이다. 나폴레옹 몰락 후 탈레랑 페리고르와 클레멘스 폰 메테르니히

는 1814년 빈 회의에서 비밀 외교로 큰 성공을 거둔 바 있
다. 빈 회의에서 탈레랑은 프랑스의 전권대사로서 비상한 수단을 발휘해 전승국
들을 우롱함으로써 각국 국민을 놀라게 했다. 그런데 오늘날 외교적 권
한이 제한적인 대중 정부하에서 패전국 대표들이 과거의 성
공을 되풀이한다면 이는 놀라운 일이 될 것이다.*

　지도를 기초로 사고하는 습관은 전략 분야뿐만 아니라 경
제 분야에서도 중요한 의미를 지닌다. 이를 경시하는 자유방
임주의자들의 태도로 인해 프랑크푸르트 조약1871년 5월 베르사
유 궁전에서 프로이센-프랑스 전쟁 후 비스마르크의 주도하에 독일 제국과 프랑
스 제3공화국이 맺은 조약에서 독일이 패전국인 프랑스에 요구한
'최혜국' 조항은 전략적으로 사고하는 독일인들과 그렇지 않
았던 코브던주의자들에게 각각 다른 의미를 지녔다. 리처드 코브
던은 영국의 정치가로, 자유무역과 평화를 추구했다. 독일 관료들은 최혜
국 조항을 바탕으로 자국의 무역에 득이 되도록 전체적인 체
계를 세웠다. 독일이 이탈리아에 올리브유 수입 관세를 양보
한 최혜국 조항이 먼 북쪽의 영국에 무슨 소용이 있겠는가?

---

* 여행을 해본 사람이라면 지리의 '일상적 상식'에 대해 잘 알 것이다. 우리는 사
전으로 철자를 확인하듯 사무실과 도서관에 지도첩을 구비해놓고 참고한다. 하지
만 철자를 잘 안다고 해서 꼭 문학적 능력이 훌륭하다고 볼 수는 없다! 여기서 문
제가 되는 사고에는 훈련받은 지리적 관점이 필수적이다.

이탈리아에서 올리브유를 싣고 온 화차는 독일산 제품을 가득 싣고 이탈리아로 돌아갈 수도 있지 않을까? 독일이 인접 국가들과 맺은 방대하고 복잡한 상업 조약은 상업로와 생산지의 위치를 철저하게 조사한 결과를 바탕으로 체결한 것이다. 독일 관료들이 '생활'의 세세한 내용까지 따질 때 협상 테이블의 영국 관료들은 '자유방임주의적 생활'의 원칙들에만 집착하고 세세한 내용에는 큰 관심을 두지 않았다.

• • •

빌헬름 황제는 제1차 세계대전에 대해 세상을 바라보는 두 세계관의 충돌이라고 표현했다. 여기서 '관점view'은 위에서 내려다보는 조직자들의 특징을 잘 담고 있다. 시인 러디어드 키플링은 빌헬름 황제에게 동의하면서도 일반인들의 소박한 언어를 통해 인간적 감정과 독일인의 감정을 구분했다. 조직자는 필연적으로 인간미가 없거나 심지어 비인간적이기까지 하다. 물론 빌헬름 황제와 키플링은 반대되는 성향을 강조하기 위해 과장법을 썼다. 아무리 민주주의라 할지라도 조직자가 있게 마련이고 정신문화의 학도들에게도 온정의 자취가 일부나마 남아 있을 수밖에 없다. 진정한 문제는 이상주의자와 조직자 중 누가 국가적 수준에서 결정적 발언을 하느냐다. 국제주의자(이상주의자)들의 조직에 대한 반감도 부르주아지에 대한 프롤레타리아의 투쟁 앞에서는 약화되고 만다.

민주주의는 어쩔 수 없는 상황에 몰려 방어가 필요하기 전까지는 전략적 사고를 거부한다. 그렇기 때문에 내부 불만 세력의 이상을 위한 투쟁을 민주주의가 막지 못한다는 것을 우리는 프랑스 혁명에서 확인한 바 있다. 오늘날 평화주의자들은 종종 다른 나라에 대한 내정 간섭을 요구하는 모순된 행동을 한다. 중세 시대에는 수많은 대중이 이교도 정벌에 나섰지만 조직되어 있지 않았던 그들은 도중에 흩어지고 말았다. 서구 민주주의가 현재의 전쟁에 미처 준비되어 있지 않은 것은 경고가 없었기 때문이 아니다. 당장 20세기 초 영국의 예만 봐도 세 명의 명예로운 인사가 국민에게 호소했던 것은 그냥 묵살당하고 말았다. 로즈베리 경은 효율성을 요구했고 체임벌린은 경제적 방어를, 로버츠 경은 군사 훈련을 외쳤다. 민주주의는 일반 시민의 합의에 의한 지배를 의미한다. 일반 시민은 비옥한 평지에서 생활하기 때문에 위에서 내려다보는 입장에 있지 않다. 그러므로 대중 정부popular government는 그 본래적 특징 자체가 아니라 대중의 수준qualities에 주목해야 한다. 윌슨 대통령은 민주주의를 위해 앞으로 세상을 안전한 곳으로 만들어야 한다고 선언할 때 제1차 세계대전 이후 국제연맹을 주창했다 이런 점을 인정했다. 민주주의의 특징을 고수한 영국 하원에서는 국방에 책임이 있는 장관들이 전쟁 준비를 하지 않았다는 사실을 해군의 방어력을 소진하진 않았다는 것으로 돌려 자랑스레 이야기했다.

민주주의자는 모든 문제에서 원칙을 중시한다. 반면 조직자는 건축가처럼 건설을 계획하며 토대를 올릴 기초와 건축에 쓸 자재를 구체적이고 세밀하게 선택한다. 벽돌이라는 재료는 벽에는 어울릴지 모르나 문틀에는 석재가, 지붕에는 목재와 슬레이트가 적합할 것이다. 민족 국가를 발전시키는 단계에 있는 것이 아니라 아예 하나의 국가를 세우는 경우라면 차지할 만한 영토와 경제 법칙이 아닌 역사적으로 만들어진 사회 구조를 세심하게 고려해야 한다. 따라서 조직자의 전략은 민주주의자의 윤리와 대치된다.

엄격한 도덕주의자들은 정상 참작을 해서 죄를 용서하지 않는다. 예컨대 빈민가에 살더라도 '올곧게' 사는 사람은 천국에서 큰 상을 받는다는 것이다. 하지만 실용적인 개혁가들은 주택 문제 사람이 어떤 환경에서 사는가에 대한 문제, 현실적 문제를 진지하게 고려한다! 최근 영국의 정치적 도덕주의자들은 맹렬하게 목소리를 높이면서 전후戰後 협상에서 '병합 반대, 배상금 반대'라는 좁은 길을 가라고 주장한다. 다시 말해 그들은 지리와 경제의 현실적 고려를 거부한다. 우리가 인간의 일반적 속성에 겨자씨^{도덕}만 한 믿음이라도 있다면 산도 옮길 수 있을 것이다!

현실적으로 사고한다면, 민주주의 국가들이 세계를 민주주의의 안전처로 만들기 위한 성공적인 사례를 만들어낸다면, 그 기회를 놓쳐서는 안 된다. 다시 말해 앞으로 설립될 국제연맹은 주택 문제를 처리해야 한다. 공간과 시간 속에서 우리가 처한 현실을 내다봐야 하며 단순히 고결한 행동 원칙을 종이 위에 규정하는 정도에 만족해서는 안 된다. 무엇이 선^善인지에 대해서는 동맹국들조차 의견 차이를 보일 수 있으며 패전국 입장에서는 말할 것도 없다.

'병합 반대, 배상금 반대'를 주장하는 사람들이 현재의 독재자들을 지지하는 것이 아님은 분명하다. 하지만 반대되는 증거가 없는 한 원칙을 견지하는 법률가와 기본 원칙에도 얽매이지 않는 사업가의 태도에는 크나큰 차이가 있다. 사업가는 일을 수행하는 사람이고 법률가는 기껏해야 일이 되도록 해주는 정도다.

과거에는 민주주의가 대중 정부의 활동조차 의혹의 눈초리로 바라봤고 이를 통해 현명한 자각성을 보여줬다. 자유 국가에서는 국내 범죄자든 해외 침략자든 독재적 행위를 방지하는 것이 국가의 주요 기능으로 인식되었지만 조만간 이에 대해 다시 생각할 기회가 있을 것이다. 평범한 시민은 대담한 혁신과는 거리가 있으므로 개인이든 단체든 모험가들이 진보를 향한 길을 터줘야 한다. 하지만 군국주의 및 관료 국가는 다르다. 요제프 2세와 마찬가지로 나폴레옹은 보수적인 신하들의 성공적 반란이 아니었다면 선구자가 될 수 있었을 것이다. 프로이센에서는 국가가 나서서 모든 진보를 기획했으나 여기서의 진보는 단지 효율성을 향상시키는 데 그쳤다.*

하지만 우리는 수렁에 빠진 민주주의를 구하기 위해서 민주주의의 보호 장치를 정지시켜놓고 정부가 방어뿐 아니라 공격까지 조직할 수 있도록 허용했다. 전쟁이 단기간에 끝났다면 이는 역사에 한 줄 정도 기록되고 지나쳐갔을 사건이었다. 그러나 전쟁은 장기화됐고 사회 구조의 일부는 쇠약해졌으며 또 다른 일부는 새로운 목적으로 전환됐다. 이 과정에서 과거의 습관과 이해관계는 희미해졌고 사회 전체가 마치 손안에 든 점토처럼 유동적인 상태가 되어버렸다. 점토가 채 마

---

* 12년 전 프로이센의 한 장교를 만났는데 그는 동원을 30분 단축시키는 업무에 일생을 바쳤다고 말했다.

르기 전에 빚을 수 있는 기술이 있다면 얼마나 좋겠는가. 하지만 뜨거운 금속을 주조할 때처럼 점토를 빚기 위해서는 무엇을 만들 뿐만 아니라 다루는 재료의 속성에 대한 이해도 요구된다. 예술적 목표뿐 아니라 기술적 지식도 갖춰야 하는 것이다. 예술가는 계획을 세울 때 현실도 충분히 고려해야 한다. 이상적인 목표를 유지하면서도 이를 이루기 위한 '수단과 방법'에 대한 고려가 있어야 한다.

예술가는 죽는 날까지 자신이 다루는 재료의 성질을 이해하려는 노력을 멈추지 않는다. 단순히 과학적 의미에서뿐만 아니라 실제 '질감' 측면에서도 재료를 더 잘 다루기 위해 노력한다. 마찬가지로 더불어 살기에 필요한 복잡한 기술을 익히기 위해 지구가 처한 현실과 인류에 대한 지식을 갖춰야 한다. 이를 위해서는 사실의 백과사전을 집대성하는 것에 더해 새로운 시대를 맞아 새로운 시각과 관점으로 과거와 현재를 바라보아야 한다. 분명 지난 4년간의 전쟁은 장년층이 이전에 겪어보지 못했던 방식으로 인류의 미래를 바라보도록 만들었다. 하지만 과거를 돌아보면 사상의 조류가 급류처럼 휘몰아치는 변화는 이미 20년 전부터 서서히 시작되었다. 19세기 말과 20세기 초에 베를린의 조직자들과 런던, 파리의 몇몇 사람은 이러한 변화를 감지했다.*

이 책은 20세기 관점에서 지리와 경제적 현실의 일부를 다루고자 한다. 대부분은 독자들이 친숙하게 알고 있는 오래된 사실이겠지만 중세 철학자들의 말을 빌리자면 참원인vera causa과 궁극적 원인causa causans 간에는 큰 차이가 있다. 즉, 학문적 배움과 행동을 실제로 일으키는 인식은 별개의 문제다.

---

* 체임벌린은 1903년 9월 구속에서 벗어나겠다며 내각 대표에서 스스로 물러났고 로버츠 경도 1904년 1월 비슷한 이유를 들어 영국군의 최고 사령관 직을 사임했다.

제3장

해양 민족의 관점

"하나님이 이르시되 천하의 물이 한곳으로 모이고
(뭍이 드러나라) 하시니"

「창세기」 1장 9절

역사시대 5000~6000년 동안 지형적인 요소에는 거의 변화가 없었다. 삼림 벌목과 습지의 소실, 사막의 확대가 진행되기는 했어도 육지와 바다의 경계, 산과 강의 형세는 사소한 변화를 제외하면 거의 그대로 유지됐다. 반면 지리적 조건이 인간의 활동에 미친 영향은 우리가 이미 알고 있는 현실과 상상의 수준을 훨씬 넘어선다. 대양은 내내 하나였지만 인간은 자신의 목적에 따라 대양에 서쪽과 동쪽이 있다고 생각했다. 그러다 불과 400년 전에 희망봉을 도는 데 성공하면서 상황이 바뀌었다. 19세기 말 머핸 제독은 「창세기」 1장의 구절을 바탕으로 '해양 세력'이라는 새로운 메시지를 발표했다. 지구에는 언제나 하나의 대양이 있었지만 이 위대한 현실이 실제로 어떤 의미를 지니는지는 불과 몇 년 전까지만 해도 온전히 이해되지 않았다. 인류가 전체적인 의미를 이해한 것은 아마 역사를 통틀어 지금이 처음일 것이다.

세기마다 나름의 지리적 관점이 존재한다. 현재 군 복무를 마치고 생존해 있는 사람들은 어릴 적 아프리카 내륙이 텅 비어 있다시피 한 세계지도로 지리를 배웠다. 그러다 지난해 왕립지리학회에서 얀 크리스티안 스뮈츠 장군은 독일이 탐험을 통해 발견한 중앙아프리카 지역을 기반으로 세계 정복의 야욕을 품고 있다고 주장했다. 하지만 20세기의 지리적 관점은 과거의 어떤 관점과 비교해봐도 단순한 외연 확대 이상으로 차별화된다. 대체로 우리의 지리적 지식은 완전한 수준에 근접했다. 최근 인류는 북극 탐험에 성공했고 북극이 깊은 바다의 한가운데에 위치한다는 사실을 밝혀냈다. 또 남극 대륙이 고원 위에 존재한다는 사실도 발견했다. 이런 발견에 힘입어 개척자들이 써내려온 책도 이제 마무리 단계에 이르렀다. 지구상에는 모험가에게 보상이 될 만한 기름진 영토나 거대 산맥, 주요 하천이 더 이상 남아 있지 않다. 세계지도는 육지에 대한 정치적 영유권 갈등이 해결되지 않아 미완성일 뿐이다. 지구 지표면의 물리적, 경제적, 군사적, 정치적 연계로 인해 인류는 처음으로 폐쇄된 환경을 맞았다. 이미 알려진 사실은 희미하게 퇴색되어 미지의 상태로 되돌아가지 않는다. 육지에서 정치적인 확장의 탄력성은 과거 역사적 사실을 넘어서기 힘들다. 모든 충격, 재앙이나 과잉은 지구 반대편에서도 감지되며 한 바퀴를 돌아 다시 제자리로 돌아올 여지마저 있다. 마치 인도네시아의 크라카타우 화산이 1883년 대폭발했을 당시 고리 형태의 진동파가 지구 반대편까지 갔다가 폭발의 진원지로 되돌아온 이치와 같다. 앞으로 인류의 모든 행위는 그 파장이 다른 지역으로 확산되고 전 세계에 재확산될 것이다. 이런 이유로 최근 벌어진 전쟁이 더 길어졌다면 궁극적으로 모든 주요국이 전쟁에 휘말려들어갈 수밖에 없었을 것이다.

여전히 우리는 지리적 현실을 바라볼 때 실용적 목적 때문에 과거의 선입견을 버리지 못하고 있다. 다시 말해 인류는 지리적 사실을 있는 그대로 받아들이기보다는 지난 역사 속에서 해석된 대로 접근하는 태도를 상당 부분 견지하고 있다. 따라서 의식적인 노력 없이 진실하고 완전한, 20세기의 공정한 관점으로 지리적 사실을 바라보는 것은 불가능하다. 세계 대전을 치르면서 이런 사실을 빠르게 깨닫기는 했지만 여전히 많은 시민이 서양을 중요시하고 생생하게 바라보면서도 동양은 흐릿하게 인식하는 실정이다. 우리가 어느 위치에 있는지 제대로 파악하기 위해서는 이곳에 오기까지의 단계를 짧게나마 살펴볼 필요가 있다. 그런 차원에서 해양 세력의 세계관부터 고찰해보자.

· · ·

해발 수백 미터 높이에 위치한 드넓은 황갈색 사막을 그려보자. 가파른 암석 비탈 계곡이 사막 일부를 차지하고 있고 그 계곡 바닥을 따라 흑색토 지대가 가늘고 길게 이어진다. 그 가운데로는 배가 지나다닐 수 있는 은빛 하천이 북쪽 방향으로 800킬로미터 뻗어 있다. 이것은 바로 나일강으로, 아스완의 화강암으로 항행이 가로막힌 폭포에서부터 델타의 상단에서 물길이 나뉘는 곳까지 흐른다. 계곡을 사이에 두고 사막의 한쪽 가장자리에서 다른 쪽 가장자리는 직선거리로 15~30킬로미터 정도 된다. 이번에는 한쪽 가장자리에서 사막을 등지고 서보자. 발밑을 내려다보면 계곡 바닥의 좁은 평야까지 바위 낭떠러지가 펼쳐진다. 여름철이라면 강이 범람할 테고 겨울에는 푸른 곡식이 넘실대며 추수기인 봄에는 황금물결을 볼 수 있다. 반대편의 바위 절벽 뒤로는 또 다른 사

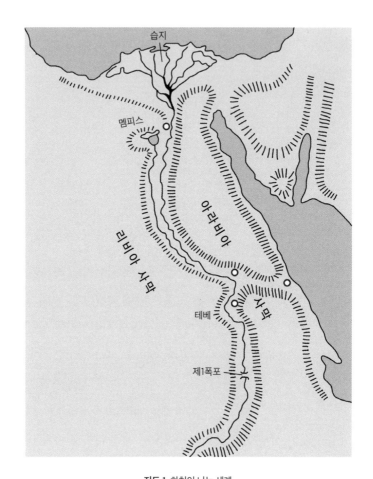

지도 1 하천이 나눈 세계.

막이 시작된다.

그 바위벽이 오목하게 들어간 곳에는 동굴 신전과 무덤이, 돌출된 곳에는 왕과 신의 모형이 새겨져 있다. 오랜 역사의 이집트 문명은 이렇게 기나긴 계곡 지대에서 꽃을 피웠다. 지리적 이점을 두루 갖춘 환경에 인간의 노력이 더해져 위대한 문명이 탄생했다. 한편에는 기름진 토양이 펼쳐져 있고 수자원이 풍부하며 햇볕이 강렬하게 내리쬔다. 인구를 넉넉하게 먹여 살릴 수 있는 조건이다. 다른 편에는 잔잔한 물길이 흘러 나라 구석구석의 평야에 수 킬로미터까지 접근해 물을 댄다. 배는 강 물살을 타고 북쪽으로 갔다가 (대양에서는 무역풍으로 알려진) 에테시아 바람을 타고 다시 남쪽으로 올 수 있으니 해운이 발전 가능한 원동력까지 갖췄다. 비옥한 자연환경에 연락 수단이 확보돼 인력과 시설을 조직할 수 있으니 왕국을 세우기 위한 핵심 요소를 모두 갖춘 셈이다.

이집트의 초기 자연환경을 그려보자. 계곡은 여러 부족이 나눠서 차지하고 있고, 오늘날 콩고강에서 부족들이 서로 전쟁을 벌이듯 거대한 전투선을 동원해 싸움을 했을 것이다. 그러다 어느 한 부족이 이웃 부족을 차례로 제압해 계곡에서 지배 영토를 확대해나가면서 부족민들을 부양할 풍족한 기반을 확보했을 것이다. 이를 기반으로 또 다른 정복 전쟁에 나서면

잉글랜드

지도 2 앞쪽의 하천 항해도와 같은 척도로 그린 연안 항해.

서 마침내 계곡 전체가 단일 부족의 지배 아래 들어왔으며 이후 모든 이집트 왕은 테베에 궁을 세웠다. 나일강의 물줄기를 따라 배를 타고 행정을 담당하는 왕의 사자使者와 관료들이 남과 북으로 왕의 명령을 전달했다. 동쪽과 서쪽으로는 길게 이어진 사막이 자연적인 방어벽 역할을 했고 북쪽 경계에서는 델타 주위의 습지대가 해적을 막았다.*

이제 '대해'라고도 불리는 지중해로 가보자. 지리적 측면에서는 본질적으로 이집트와 같은 조건을 갖췄다. 그러나 크게 보면 지중해는 왕국을 넘어 로마 제국의 기반 역할을 했다. 페니키아 해안으로부터 서쪽으로 약 3200킬로미터 거리에 지브롤터 방향으로 넓은 수로가 있다. 양쪽의 비옥한 해안가에는 겨울에 비가 내리고 추수철에 기온이 따뜻한 평야가 있다. 여기서는 나일 강변과 지중해 해안가 각각에 사는 거주자들의 차이에 주목할 필요가 있다. 이집트는 거의 모든 지역에서 인간의 활동 조건이 비슷했고 부족마다 농사짓는 사람과 뱃사람이 있었다. 반면 지중해에서는 민족이 점점 특화되는 양상을 보였다. 어떤 민족은 밭을 일구면서 인근의 강을 탐험하는 데 만족했지만 또 다른 민족은 선박 조종술 및 타민족과

* J. L. 마이어스 교수의 『역사의 시작 The Dawn of History』 참고.

의 교역에 집중했다. 한쪽에는 정주하면서 옥수수를 재배하는 이집트인이 있는 반면 다른 쪽에는 모험적인 페니키아인이 나란히 정착하고 있었다. 이 때문에 지중해의 모든 왕국을 하나의 정치 단위로 통합하기 위한 조직을 갖추는 데는 긴 시간과 많은 노력이 들었다.

현대의 연구에서는 고대의 선진 해양 민족이 유럽과 아시아 사이의 해역인 에게해(그리스어로는 '주해 Chief Sea'를 뜻하는 아르키펠라고) 출신이라는 사실을 명쾌하게 밝혔다. '이방인의 섬들'에 그리스어가 도입되기 전에 「창세기」 10장 5절 참고 이 해역 출신의 해양 민족이 페니키아인에게 교역을 전수한 것으로 추정된다. 3장에서 살펴보려는 해양 민족의 관점과 관련해 에게해에서 그리스 이전 시대 문명의 중심지가 크레타섬이었다는 데 주목할 필요가 있다. 이는 신화를 통해서나 최근 발굴을 통해서 입증된 바다. 크레타섬은 해양 세력 최초의 기지였을까? 이 기지를 떠나 북쪽으로 항해하던 사람들은 오른편에서는 해가 떠오르는 연안을, 왼편에서는 해가 지는 연안을 보고 각각 아시아와 유럽이라고 이름 붙였을까? 에게해의 다른 편으로 건너가 여러 민족이 거주하는 내륙으로부터 몇 킬로미터 떨어진 연안에 정착해 오늘날 그리스 인구의 주요 거주지가 되는 토대를 마련한 이들은 크레타 출신일까?

아르키펠라고에는 이집트의 '델타'처럼 그 이름이 일반적인 지리 용어로 자리 잡은 섬이 많다. 그중에서도 크레타섬은 가장 크고 풍요로웠다. 그렇다면 크레타는 해상 세력에게 기지가 갖는 중요성을 보여주는 최초의 사례일까? 해양 민족은 기름진 육지에서 영양분을 공급받아야만 한다. 터전의 안전과 민족의 에너지 등 다른 조건이 같다면 자원이 풍부한 기반을 확보한 세력이 바다를 지배할 것이다.

에게해 발전의 다음 단계를 살펴봐도 동일한 교훈을 얻을 수 있다. 고대 그리스어를 쓰던 기마민족이 북방에서 오늘날 그리스의 본토인 반도로 이동했고 기존에 살고 있던 민족을 그리스화했다. 이 고대 그리스인은 코린트 지협을 통해 그리스 본토와 가늘게 연결돼 있는 펠로폰네소스반도까지 진출했다. 이들은 중요성이 큰 반도 기지를 근거로 해양 세력을 조직했다. 고대 그리스의 한 부족인 도리스인은 크기는 작지만 온전히 자족 가능하던 섬 기지, 크레타를 점령했다.

이후 그리스인은 수백 년에 걸쳐 펠로폰네소스반도의 남단 곳에서 이오니아해까지 항해하면서 그 바다의 연안에도 식민지를 세웠다. 이제 그리스반도는 그리스 해양 세력의 성채가 된 것이다. 그리스 식민지 주민들은 에게해와 이오니아해라는 쌍둥이 바다의 바깥 연안에서 배후의 공격에 노출된 가장

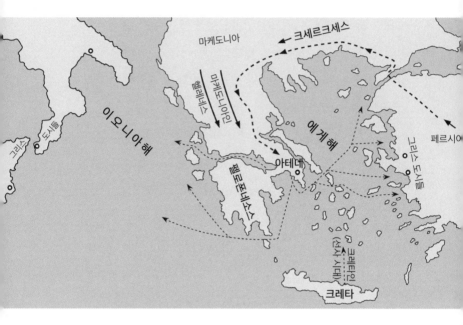

마케도니아

크세르크세스

이오니아해

헬레네스

마케도니아인

에게 해

그리스

도시들

그리스 도시들

페르시아

아테네

펠로폰네소스

크레타인(싯사 시대)

크레타

지도 3 섬 해양 기지인 크레타와 그리스반도 해양 기지를 보여주는 그리스해, 에게해, 이오니아해 지도. 이와 함께 크세르크세스가 아테네의 해양 세력을 공격하기 위해 진군한 경로가 나타나 있다.

자리를 차지했기 때문에(이후 일어난 사건을 보면 꼭 그렇지도 않지만) 반도 중앙부 정도나 상대적으로 안전했다.

동쪽에서는 내륙의 페르시아인이 에게해 바깥 연안을 따라 바닷가에 위치한 그리스의 도시들로 진출했다. 이에 아테네 함대가 반도의 성채에서 나와 바다 건너의 위험에 처한 동포들을 구하러 출항하면서 해양 세력과 대륙 세력의 충돌이 일어났다.

마라톤 해전에서 패한 페르시아는 당황한 대륙 세력이 취하는 전형적인 전략으로 돌아섰다. 크세르크세스 왕의 지휘 아래 페르시아군은 다르다넬스 해협에 배로 다리를 놓아 북쪽에서부터 반도로 진입한 것이다. 자신들을 찌르고 사라져 버린 말벌의 둥지 자체를 파괴하겠다는 전략이었다. 그러나 페르시아의 노력은 헛수고로 돌아갔고 그리스와 야만인의 피가 섞인 마케도니아인이 그 과업을 넘겨받았다. 마케도니아인은 그리스의 해상 기지를 정복한 데 이어 아시아로 진군했으며 시리아를 거쳐 이집트로 향했다. 도중에는 페니키아인의 도시 티레까지 파괴했다. 이로써 그리스반도를 근거지로 삼은 마케도니아는 최초의 해양 세력 시대를 종식시켰다. 마케도니아는 그리스와 페니키아 기지를 차지해 동지중해를 '폐쇄된 바다 closed sea'로 만들었다. 이제 마케도니아의 알렉산드로스 대왕이 마음 편히 소아시아로 진격할 기반이 마련됐다. 해양 세력에게 중요한 요소로 함대의 기동성과 전투 반경을 꼽을 수도 있지만, 무엇보다 생산적이고 안전한 기지를 확보했는지 여부가 가장 중요하다. 그리스의 해양 세력은 이집트의 하천 세력과 동일한 단계를 거쳤고 같은 결과를 얻었다. 상선이 해군의 보호 없이도 물길을 따라 안전하게 이동할 수 있었던 것이다. 이는 하나의 대륙 세력이 모든 연안을 통제하고 있었기에 가능했다.

• • •

이제 서지중해로 가보자. 로마는 구릉지대의 요새 도시로 출발했고 그 구릉 아래에는 다리와 부두가 있었다. 다리로 구릉과 항구가 연결된 이 작은 도시는 아펜니노산맥과 바다 사이의 '드넓은 토지', 즉 라티움Latium을 경작하던 농민들로 구성된 시장이자 요새였다. '아버지' 티베르강오늘날의 테베레강은 항해 목적으로 보면 당시로서도 작은 배나 항해 가능한 소규모 만에 불과해 연안에서 평야로 몇 킬로미터 정도 들어갈 수 있을 뿐이었다. 그럼에도 티베르강은 로마가 인근 알바니아와 에트루리아 구릉에 앉은 다른 도시국가보다 앞서나가도록 하기에 충분했다. 로마는 런던처럼 다리와 내륙 깊은 곳의 항구를 갖추고 있었다.

로마인들은 라티움의 생산성을 기반으로 티베르강을 나와 서지중해 연안에서 교역했다. 그러자 아프리카의 반대 곳에 위치한 메제르다 계곡 강 유역의 비옥한 지대를 기반으로 성장한 카르타고와 로마 간에 피할 수 없는 경쟁이 벌어졌다. 1

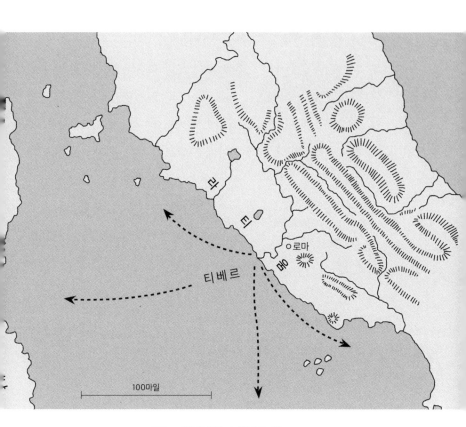

지도 4 비옥한 해양 기지였던 라티움.

차 포에니 전쟁, 즉 페니키아 전쟁에서 승리한 로마는 당당하게 바다를 차지했다. 이어 루비콘강에 이르기까지 이탈리아 반도 전체를 차지해 기지를 확대해나갔다.

　2차 포에니 전쟁에서 카르타고의 한니발 장군은 크세르크세스와 알렉산드로스 대왕이 해상 세력을 대적할 때처럼 육로로 우회해 진군하는 전략을 써서 로마를 측면에서 공격했다. 한니발은 서부 해협을 통해 군사들을 아프리카에서 스페인으로 이끈 데 이어 남부 갈리아를 지나 이탈리아로 진격했다. 하지만 한니발은 결국 로마에 패했고 또다시 승리한 로마는 프랑스와 스페인의 지중해 연안을 차지했다. 3차 포에니 전쟁에서 최종 승리를 거둔 로마는 카르타고 본토까지 정복해 서지중해를 '막힌 바다'로 만들었다. 하나의 대륙 세력이 또다시 모든 연안을 통제하게 된 것이다.

이제는 시칠리아 해협과 메시나 해협으로 연결된 지중해 서부와 동부 유역을 통합할 일만 남았다. 로마군은 마케도니아를 거쳐 아시아로 진격했다. 하지만 라틴의 영향을 받은 서부와 그리스의 영향을 받은 동부는 서로 달랐다. 갈등은 총독으로서 동부와 서부를 다스리던 카이사르(옥타비아누스)와 안토니우스의 내전에서 분명하게 드러났다. 세계사에서 손꼽히는 결전에 속하는 악티움 해전에서 옥타비아누스의 함대가 안토니우스의 함대를 격파했다. 이후 500년 동안 지중해는 '폐쇄된 바다'가 됐고 그 결과 설립된 로마 제국을 우리는 기본적으로 대륙 세력으로 여긴다. 지중해 주요 수로의 장악력 유지를 위한 경비정 몇 척 정도를 제외하고는 해군력이 더 이

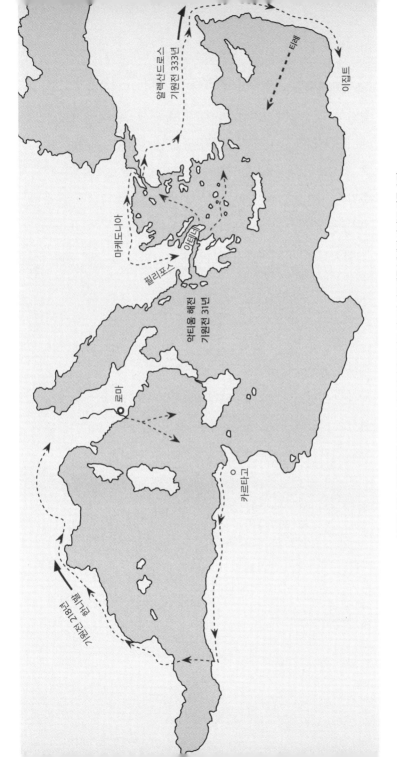

지도 5 해상 세력의 측면 공격으로 널리 알려진 두 진군 경로와 지중해를 폐쇄된 바다로 만든 승리.

상 필요하지 않았기 때문이다. 이집트 왕들이 나일강 수로를 장악한 것과 같은 이치다. 이번에도 대륙 세력은 해양 세력의 기지를 빼앗아 물길을 차지하기 위한 경쟁을 종식시켰다. 물론 이것은 악티움의 격렬한 해상 전투에서 옥타비아누스가 승리를 거둠으로써 그의 보상으로 제해권을 얻었기 때문이다. 그러나 이 장악력은 바다에서 유지된 것이 아니라 연안을 통제함으로써 육지에서 유지되었다.

• • •

로마가 지중해 주변의 권력 조직을 완비한 이후 기나긴 과도기가 이어졌다. 이 기간에 서양 문명의 해양 발전 토대가 서서히 닦였다. 과도기는 로마 군대의 기동성을 높이기 위한 도로망 건설에서 시작됐다.

포에니 전쟁이 막을 내린 후 서지중해는 라틴어를 구사하는 네 개 지역, 즉 이탈리아, 남부 갈리아, 동부 및 남부 스페인, 카르타고의 아프리카로 둘러싸였다. 아프리카의 국경은 사하라 사막으로 보호받았고 이탈리아 뒤로는 아드리아해가 버티고 있었다. 그러나 갈리아와 스페인에서 로마는 독립심이 강한 이웃인 켈트족을 경계하지 않을 수 없었다. 여기서 제국이 흔히 맞닥뜨리는 딜레마가 등장한다. 문제의 지역으로 진격해서 성가신 존재를 제거하느냐, 아니면 남겨두되 에워싸서 제국에 발을 들이지 못하게 하느냐라는 딜레마다. 아직 기개가 넘쳤던 로마는 전자를 택했다. 세인트빈센트곶에서 라인강 어귀까지 약 1600킬로미터에 이르는 빈터를 따라 해안에 이르기까지 국경과 도로를 닦았다. 그 결과 제국의 라틴 지역은 자연 지리적으로 서지중해로 불리는 라틴해, 지중해와 대양 사이의 라틴반도라는 두 가지 특징을 갖췄다.*

율리우스 카이사르는 비스케이만까지 진출해 함대를 구축하고 브르타뉴의 베네티족을 진압했다. 그때 브리튼섬에 거주하던 켈트족이 갈리아의 동족을 지원하자 카이사르는 영국해협을 건너 섬 기지를 격파했다. 100년 후 로마는 브리튼의 저지대와 풍요로운 지역을 모두 정복해 갈리아 연안에서 해양 세력이 부상할 위험을 원천적으로 차단했다. 이제 영국 해협도 대륙 세력의 지배를 받는 폐쇄된 바다가 됐다.

그러나 400년 후 로마라는 대륙 세력이 쇠락했을 뿐 아니라 라틴반도 양편의 바다는 더 이상 '폐쇄해'가 아니었다. 고

---

* 이전에도 '라틴해'와 '라틴반도'라는 명칭이 쓰였는지는 확실하지 않다. 중요한 개념을 명료하게 일반화한 표현이라는 생각이 들어 앞으로는 이 명칭을 쓰기를 제안한다.

지도 6 포에니 전쟁 이후 로마의 영토를 나타내는 라틴해.

대 노르웨이인(노르인Norsemen)들이 피오르드를 벗어나 북해
를 공격한 데 이어 영국 해협과 지브롤터 해협을 거쳐 심지어
지중해의 후미진 곳까지 이르렀다. 거대한 반도 전체가 해양
세력으로 둘러싸인 것이다. 노르인은 브리튼과 시칠리아섬의
전진 기지를 차지했고 노르망디와 남부 이탈리아의 본토 주
변부도 조금씩 점령해나갔다.

지도 7 근대 로망스 민족이 점령한 라틴반도.

이와 동시에 낙타 유목민인 사라센인도 아라비아에서 벗어
나 로마 제국의 지중해 남부 국경지역이었던 카르타고, 이집
트, 시리아를 앗아갔다. 그러더니 바다에 함대를 띄워 시칠리
아 일부와 스페인 일부를 점령해 해양 기지를 마련했다. 지중
해는 더 이상 로마 제국의 주된 길로 기능하지 못했고 이슬람
과 기독교 세계를 가르는 최전방의 해자 역할을 하는 데 그쳤

다. 해양에서 우세한 힘을 자랑하던 사라센인은 마치 옛 로마가 위대한 해양 세력으로서 지중해 남부의 카르타고를 차지했듯 지중해 북부의 스페인을 점령했다.

이후 1000년 동안 라틴 기독교도들은 라틴반도와 거기에 딸린 브리튼섬에 갇히다시피 했다. 고대의 세인트빈센트곶에서 코펜하겐 해협까지 동북쪽으로 직선거리 약 2500킬로미터에 걸쳐 해안선이 펼쳐져 있고 세인트빈센트곶에서 콘스탄티노플까지 동쪽으로 2500킬로미터에 걸쳐 지중해의 구불구불한 해안선이 이어진다. 각 해협에서 작은 반도가 주 반도를 향해 돌출해 있는데 한편에는 스칸디나비아가, 다른 한편에는 소아시아가 있다. 이런 육지의 방어막 뒤에 육지에 둘러싸인 발트해와 흑해가 자리하고 있다. 브리튼섬이 이탈리아와 균형을 이룬다고 보면 라틴반도는 대칭을 이룬다. 반도에 십자가를 놓는다면 그 머리는 독일에, 양팔은 각각 브리튼과 이탈리아에, 발은 스페인에, 중심은 프랑스에 있는 모양새다. 중심이 북쪽으로 이동하기는 했지만 이 다섯 나라가 기독교 제국을 형상화한다. 그런데 유럽의 반도적 특성을 정의하는 발트해와 흑해가 위치한 동쪽을 살펴보면 경계가 명확하지 않다. 발칸반도는 남쪽으로 돌출해서 유서 깊은 그리스의 작은 반도로 가늘게 이어질 뿐이다.

로마가 라인강 동쪽까지 정벌했더라면 역사가 어떻게 전개됐을지 한번 상상해보고 싶지 않은가? 흑해와 발트해까지 완벽하게 라틴화된 강력한 단일 해양 세력이 반도 기지로부터 세계를 지배하지 않았으리라고 누가 단언할 수 있을까? 하지만 전통적으로 로마는 지중해 세력이었지 반도 세력이 아니었다. 라인-도나우강 경계는 지중해 세력의 침투를 방어하는 역할을 했으므로 반도 정책이 미완으로 돌아갔다고 볼 수는 없다.

양쪽의 흑해와 발트해가 다시 '개방'되면서 처음으로 유럽이 하나의 반도 개념으로 축소됐다. 북쪽과 남쪽으로부터의 압력에 조직적으로 대응하지 않으면 기독교 세계의 존립 자체가 흔들릴 수 있었다. 이에 샤를마뉴는 라인강에 걸터앉은 제국을 세웠다. 제국에서는 라틴어와 독일어가 통용됐지만 종교적으로는 라틴 교회로 온전히 통일됐다. 이 제국을 기지 삼아 훗날 십자군이 조직됐다. 해양 민족의 관점에서 보자면, 만약 십자군 전쟁이 승리했더라면 지중해는 또다시 '폐쇄된 바다'가 됐을 것이다. 200년 이상 지루하게 이어진 십자군 전쟁은 크게 두 갈래로 진행됐다. 바다에서는 베네치아와 제노바에서 시리아 해안의 야파와 아크레로 함대가 진격했다. 육지에서는 저 유명한 모라바와 마리차 계곡의 '회랑'을 따라

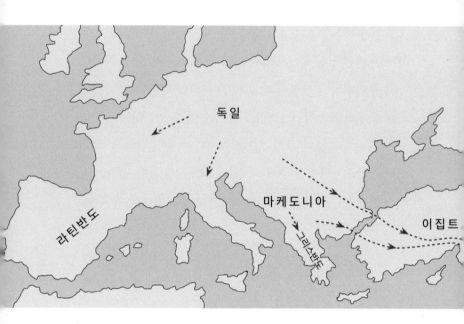

지도 8 라틴반도의 목 부분에 있는 독일과 그리스반도의 목 부분에 위치한 마케도니아.

헝가리, 콘스탄티노플, 소아시아를 거쳐 시리아로 진군했다. 십자군이 독일 기지를 떠나 육로로 지중해의 배면으로 이동한 전략은 알렉산드로스 대왕이 마케도니아 기지를 떠나 진군한 전술과 유사하다. 뿐만 아니라 그리스화된 마케도니아인과 라틴화된 독일인 사이에 더 많은 유사점을 찾을 수 있다. 순혈 그리스인은 마케도니아를 사생아 취급 하지 않았던가! 그럼에도 마케도니아인은 그리스반도의 넓은 뿌리를 차지한 덕에 그리스의 해상 기지를 정복할 수 있었다. 마찬가지로 드넓은 라틴반도의 뿌리를 기지로 삼았던 독일 역시 라인강과 알프스산맥 너머의 라틴해 기지에 위협적인 존재로 떠올랐다.

라틴 문명에 속한 민족들은 소위 '암흑시대'로 불리는 수백 년의 겨울을 나면서 단단해졌다. 암흑시대에 이슬람교도들의 공격과 포위망을 십자군이 뚫기에는 역부족이었다. 15세기에 이르러서야 대양을 탐험할 여유가 생겼는데, 이것도 이후 유럽이 세계를 호령하도록 만든 위대한 탐험이었다. 이 대목에서 잠시 멈춰 서구 세계가 기업을 발전시키고 현대 세계를 이끌도록 한 독특한 환경 요인들을 자세히 살펴보자. 유럽은 아시아, 아프리카를 아우르는 거대한 섬의 작은 모퉁이에 불과하다. 게다가 유럽인들의 요람지는 라틴반도와 그 부속 반도, 주변 섬들에 한정돼 유럽의 절반에 불과하다. 남쪽에는 넓은 사막이 펼쳐져 있어 낙타로 횡단하는 데 석 달 정도 걸렸기 때문에 사실상 백인의 세계와 흑인의 세계는 단절되다시피 했다. 서쪽으로는 광활한 대양이, 북쪽으로는 결빙해가 막고 있었다. 동북쪽에는 침엽수의 삼림지대가 끝없이 이어졌고 빙하가 막고 있는 북극의 어귀나 카스피해 같은 내해로 흐르는 강으로는 대양에 진출할 수 없었다. 동남쪽에만 바깥으로 출입할 수 있는 오아시스 통로가 있었으나 이마저 7~19세기에는 아랍인과 튀르크인이 막고 있다시피 했다.

어찌됐든 유럽의 수로는 수에즈 지협에 막혀 인도양으로 나갈 수 없었다. 대륙 민족은 유럽과 아시아가 연속성이 있다고 여길지 모르나 해양 민족 관점에서 보면 유럽은 분명히 독자적인 지역이었고 다른 지역으로부터 격리된 세계였다. 다만 유럽 내부적으로는 넉넉하고 풍요로웠으며 수로를 따라 여러 민족이 가족처럼 친밀하게 지냈다. 하천 교통과 해상 교통은 명확히 구별되지 않았다. 뱃사람들은 외해로 모험을 하지 않고 제방 사이의 강을 따라 누비고 다니듯이 해안과 지평선 사이의 가까운 바다를 항해했다. 또 이들은 로마의 도로망이 황폐화되어 도로 사정이 열악했던 시기에 오늘날 기항의 가치가 없다고 포기한 여러 강의 상류 근처까지 빈번하게 드나들었다.

격리되어 있던 중세 유럽 입장에서 두 가지 환경은 그나마 다행이었다. 우선, 유럽을 침략한 이교도들의 터전은 건조한 사막과 스텝지대였고 오아시스마저 드물었기 때문에 인력을 무한정 동원할 수 없었다. 또 라틴반도의 바다 쪽을 공략하던 노르인도 큰 위협이 되지 못했다. 거칠고 잔인하긴 했지만 아직 이교도일 당시 이들이 터전으로 삼았던 피오르드 계

지도 9 해양 세력이 지배하던 유럽의 하천과 해안. 전 유럽의 육지 면적이 지표면에서 차지하는 비율은 2퍼센트에도 못 미친다. 유럽 땅은 중세 기독교 세계에는 마치 감옥처럼 기능했으나 근대 기독교 세계에는 해상 기지 역할을 했다.

곡은 오아시스 지역보다 좁고 황폐했기 때문이다. 노르인은 영국, 노르망디, 시칠리아, 러시아 등 정착하는 곳마다 소수에 속했으며 기존에 살고 있던 토착 민족에 흡수됐다. 이에 따라 유럽은 동남 방향에서 침입하는 적을 방어하는 데 군사력을 온전히 투입할 수 있었다. 유럽 문명이 본격적으로 꽃피우면서 탄성이 생기자 해양에 신경 쓸 여유도 생겼다. 베네치아와 오스트리아는 훗날 튀르크인과 전쟁을 벌일 수 있을 정도가 됐다.

북쪽의 노르인은 그린란드의 빙해를 돌파하려는 시도를 했지만 실질적인 성과는 거두지 못했다. 반면 포르투갈인은 아프리카 연안을 돌아 인도 제국으로 가는 해로를 찾는 탐험에 나섰다. 탐험은 영국인과 포르투갈인의 피가 흐르던 '항해 왕자' 엔리케의 지시로 탄력을 받았다. 언뜻 생각하면 평생 베네치아와 브리튼섬을 오가는 항해를 해왔던 콜럼버스 같은 해양 민족이 지브롤터 해협을 출발해 남쪽으로 탐험에 나서기까지 왜 그렇게 오래 걸렸는지 의문이다. 바스쿠 다가마가 인도양 항로를 발견하기 전까지 아프리카의 윤곽을 알아내기 위해 반세기 가까이 매년 항해를 했다는 사실은 더욱 의아하다. 해양 민족이 어려움을 겪은 원인은 자연적인 요인에 있었다. 위도상 카나리아 제도가 위치한 지역에서 카보 베르데까지 약 1600킬로미터에 이르는 아프리카 해안에는 무더운 사막이 이어진다. 건조한 무역풍이 육지를 향해 끝없이 불기 때문이다. 이처럼 지속적으로 불어오는 순풍을 타고 남쪽을 향해 항해하는 일은 비교적 쉬울지 모른다. 그러나 오늘날의 쾌속 범선처럼 바람을 안고 항해할 수 없었던 선박이 출발지로 되돌아오기란 불가능에 가까웠다. 그렇다고 바람을 가르고 광활한 대양으로 항해할 수도 없었으며 신선한 식량과 음료를 공급받을 장소도 없는 아프리카 연안을 따라 고국으로부터 멀어지는 항로를 고집할 수도 없는 노릇이었다. 게다가 당시에는 아직 괴혈병을 정복하지도 못했다.

인도양으로 향하는 해로를 발견하자마자 포르투갈은 아랍 다우선을 퇴치하기 위해 적의 뒤를 쳤다. 앞서 크세르크세스, 알렉산드로스, 한니발, 십자군이 바다를 피하고 육로로 진군해 뒤에서 해양 세력을 공격했듯이 유럽은 육지를 우회해 해로로 대륙 세력을 친 것이다.

이때부터 1869년 수에즈 운하가 개통될 때까지 점점 더 많은 유럽인이 희망봉을 돌아 중국과 일본에 이르기까지 인도양 북부로 항해했다. 아시아 대륙의 북쪽을 돌아 동북 항로를 통과한 배는 지금껏 스웨덴 노르덴스크욜드 남작의 베가뿐이었다. 베가는 2년 동안 무한한 위험에 노출된 채 항해했는데 세 개 대륙을 일주한 것은 아니었다. 고국으로 돌아올 때는 수에즈 운하를 통과했기 때문이다. 19세기까지만 해도 육로로 인도에 가려는 시도는 모험을 위해서가 아니라면 이뤄지지 않았다. 인도 제국과의 무역은 처음에는 유럽과 아프리카, 그다음에는 아프리카와 아시아가 위치한, 남쪽으로 돌출된 곳을 돌아 이뤄지면서 한 지점에서 다음 지점으로 가기까지

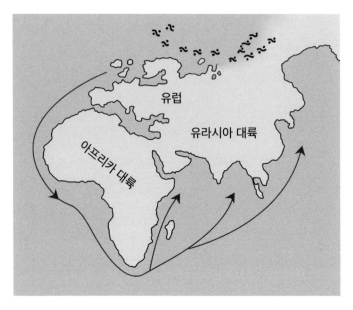

지도 10 세계곶.

대담한 여정을 거쳐야 했다. 인도로 향하는 뱃사람의 입장에서 보면 세계는 영국과 일본 사이에 거대한 곶이 남쪽으로 돌출된 형태다. 이와 같은 세계곶은 과거에 그리스반도와 라틴반도 주위가 그랬듯이 해양 세력이 에워쌌다. 그런데 해안은 해상 무역을 가능케 한 반면 바다로부터 공격받을 가능성도 있었다. 자연스럽게 해양 민족은 케냐의 몸바사, 인도의 뭄바이, 싱가포르, 홍콩처럼 대륙의 해안에 인접한 섬이나 희망봉, 아덴처럼 작은 반도에 교역과 전투를 위한 기지를 세워 선박의 피난처로 삼고 보급소를 안전하게 지켰다. 그러다 해양 세력이 대담해지고 힘이 강해지자 큰 강 어귀의 콜카타, 상하이 같은 지역에 상업 도시를 건설했다. 이곳에서는 생산성이 좋고 인구가 많은 배후지로의 진입이 쉬웠다. 유럽의 해양 민족은 뛰어난 기동성 덕분에 400년 가까이 아프리카와 아시아의 대륙 민족보다 우위를 누렸다.

이슬람 세력의 힘이 약화되면서 기독교 세계가 마주한 위험도 수그러들었다. 이는 중세 말기에 중세 유럽이 와해된 주요 원인 가운데 하나다. 이미 1493년에 교황은 스페인과 포르투갈이라는 해양 세력의 분쟁을 방지하기 위해 북극과 남극을 연결하는 저 유명한 선을 그었다토르데시야스 조약. 중세 유럽이 와해되면서 해양 강국인 포르투갈, 스페인, 프랑스, 네덜란드, 영국이 서로 경쟁을 벌였다. 세력이 나뉘지 않고 하나로 유지되는 것이야말로 십자군의 이상이었으리라.

고대부터 근대에 이르기까지 1000년에 걸친 해양 세력의 변화는 그리스와 라틴반도를 비교해보게 만든다. 그리스와 라틴반도는 모두 인접한 섬이 있었다. 그리스반도와 크레타섬의 관계를 통해 라틴반도와 브리튼섬의 관계를 엿볼 수 있다. 도리아인은 그리스반도의 풍부한 자원을 활용해 크레타섬을 정복했다. 하지만 훗날 스파르타와 아테네가 대립하자 그리스반도를 해양 기지로서 충분히 활용할 수 없었다. 그리스보다 더 큰 라틴반도와 크레타보다 더 큰 브리튼섬에서도 브리튼은 반도의 로마 세력에게 정복당했다. 그러다 중세가 끝날 무렵 몇몇 경쟁 세력이 라틴반도를 차지했는데 아테네와 스파르타가 마케도니아의 공격을 받았듯, 이들도 배후에 위치한 대륙 세력의 공격을 받을 수밖에 없었다. 라틴의 해양 기지였던 베네치아가 이슬람 세계와 대치할 동안 나머지 세력은 제해권을 놓고 서로 반목했다. 통일된 반도 세력이 부재한 틈을 타 힘이 약했던 브리튼의 섬 기지가 더 큰 반도를 에워싸고 억제하는 세력으로 부상했다.

18세기 전까지 그레이트 브리튼Great Britain은 통일되지 못했다. 하지만 지형적 이점을 가진 섬 남부의 잉글랜드가 스코틀랜드나 웨일스보다 우위에 있었다. 사실 노르만 왕조 시대부터 석탄을 기반으로 한 근대적 공업이 성장할 때까지 잉글랜드 민족의 구성은 꽤 단순했다. 훗날 스코틀랜드와 아일랜드의 역사가 어우러져서야 오늘날과 같은 서사적 면모를 갖추게 됐다. 서부와 북부 산맥 사이의 기름진 평야와 동부 및 남부로 흐르는 좁은 해협, 농민들과 한 명의 왕, 하나의 의회, 조석의 영향을 받는 감조 하천, 중앙 시장과 항구 기능을 하는 하나의 거대 도시가 바로 잉글랜드의 기반이었다. 이 기반

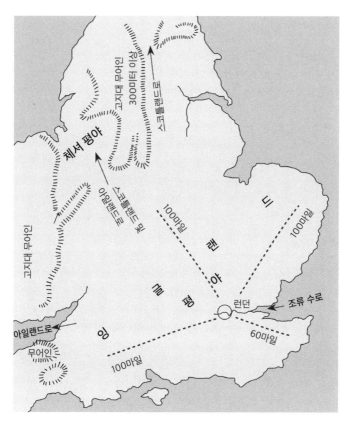

지도 11 비옥한 해양 기지 역할을 한 잉글랜드 평야.

이 엘리자베스 여왕 시절 스페인 무적함대가 어둠을 뚫고 영국 해협을 침범하자 플리머스에서 버릭어폰트위드Berwick-upon-Tweed에 이르는 언덕 꼭대기에 침입을 알리는 봉화가 타오르게 했다. 규모는 더 작지만 로마도 한때 잉글랜드와 같은 통일성과 행정력을 지닌 적이 있었다. 라티움 평야와 티베르강, 도시국가, 원로원, 로마 시민을 떠올려보라. 역사적으로 영국 해양력의 진정한 기반은 대륙에서 분리된 비옥한 잉글랜드 평야였다. 나중에는 평야 주변에서 발견된 석탄과 철이 힘을 보탰다. 영국 해군이 게양하는 백색기에는 성 조지 깃발의 역사적 정당성과 더불어 소규모 파트너들의 '다름'이 반영되어 있다.

지난 3세기 동안의 영국 역사를 통해 해양 세력의 모든 특성이 연구됐다고 볼 수 있다. 그중에서도 특히 본국 기지의 생산성과 안전함이야말로 해양 세력의 핵심적인 기반이었다. 영국인은 영국 해협의 존재에 대해 신에게 감사해야 한다는 말을 흔히 듣는다. 그런데 절체절명의 순간이었던 1918년 잉글랜드 평야에서 풍성한 수확을 거뒀다는 사실을 떠올려보면 해양 민족인 영국인은 기름진 토양에 대해서도 진정 감사드려야 한다는 생각이 든다. 저 옛날 크레타섬은 그리스반도에서 내려온 도리아인에게 무릎을 꿇지 않았던가.

지난 300년 동안 네 번에 걸쳐 바다 건너편 반도에서 영국의 해양 세력을 전복하려는 시도가 있었다. 스페인, 네덜란드가 각각 한 번씩, 프랑스가 두 번에 걸쳐 공격했으나 영국은 트래펄가 해전에서 승리를 거두면서 라틴반도를 에워싸고 지브롤터, 몰타, 헬골란트에 보조 기지를 둘 수 있었다. 적 사략선의 방해에도 불구하고 영국은 대륙의 해안선을 실질적인 국경으로 삼았고 여유롭게 해전을 준비할 수 있었다. 이에 스페인에서 '반도' 전쟁을 수행했으며 군사 동맹국의 도움을 받아 네덜란드에 군대를 상륙시켰다. 심지어 네덜란드 발헤렌섬과 코루냐에 배치한 군사들을 데려다 갈리폴리 작전에 대비하기도 했다.

나폴레옹 전쟁이 끝났을 당시 해양 세력 영국은 브리튼섬에서 희망봉을 거쳐 일본에 이르는 거대한 세계곳을 호령했고 맞붙을 상대가 없다시피 했다. 바다를 누비던 영국 상선은 대영제국의 일부였다. 해외에 투자된 영국 자본은 영국의 자산으로서 런던 금융가의 통제를 받았으며 해양 세력 유지에 활용됐다. 당시 영국이 부를 창출해내는 입지가 워낙 견고해 보였기에 빅토리아 중기의 사람들은 섬나라 영국의 바다 지배가 너무나 자연스러운 일이라고 여겼다. 어쩌면 영국은 세계인들에게 그다지 인기가 없었는지 모른다. 해협 너머의 영국은 지리적으로 부당한 이익을 누리고 있는 듯 보인다. 하지만 전함으로 산맥을 넘을 수는 없는 노릇이다. 중세 플랜태저넷 왕조 시대에 프랑스와 전쟁을 벌인 후 영국은 유럽의 영구적 정복을 추구하지 않았다. 교장을 '짐승인데 공정한 짐승'으로 묘사했던 유명한 학생처럼 해양 패권인 영국이 유럽 국가들을 정복하지 않은 것에 대해 긍정적 평가가 가능함을 뜻함 외국의 역사가들이 19세기 영국을 공정하게 평가해주기를 기대할 수도 있을 것이다.

세계대전이 발발하기 한 세대 전 인도양에서 누린 지위야말로 영국의 해양 세력이 거둔 가장 놀랄 만한 성과다. 영국은 인도를 '통치Raj'할 때 해상 지원에 의존했지만 영국의 전함이나 1급 순양함이 희망봉부터 인도, 오스트레일리아에 이르는 바다를 지키고 있지 않았다. 사실상 인도양은 영국의 '폐쇄해'였던 것이다. 영국은 이 해안선의 대부분을 차지하고 있거나 '보호'했다. 나머지 인접 지역은 네덜란드령 동인도제도처럼 섬이거나 포르투갈령 모잠비크, 독일령 동아프리카처럼 대륙에 속하되 기존 조건으로는 유럽에서 육로로 접근이 불가능한 지역이었다. 페르시아만을 제외하면 안전성과 필요 자원을 두루 갖춘 해상 기지가 마땅히 없었다. 영국은 페르시아만의 터키 해안이나 페르시아 해안에 해상 기지의 설립을 허용하지 않는다는 기본 정책을 천명했다. 표면상으로 보면 라인강 경계를 따라 로마군이 지킨 폐쇄 지중해와 인도의 서북 경계를 따라 영국군이 주둔한 인도양은 상당히 유사하다. 차이점이 있다면 지중해의 폐쇄가 로마군에 달려 있었던 반면 인도양의 폐쇄는 영국 기지의 해양 세력 자체가 광범위한 영향력을 행사했기에 유지됐다는 사실이다.

• • •

지금까지 해양 세력의 흥망성쇠를 빠르게 훑다보니 단일 세력의 바다 지배라는 진부한 주제를 다룰 여유가 없었다. 오늘날 우리는 대양의 연속성과 선박의 기동성 덕분에 바다에서 결전이 벌어지면 즉각적이고 광범위한 영향을 미친다는 사실을 이해하고 있다. 옥타비아누스가 악티움 해전에서 안토니우스에게 승리를 거둔 후 지중해 모든 해안은 옥타비아누스의 명령에 따를 수밖에 없었다. 마찬가지로, 트래펄가 해전에서 스페인을 격파한 영국은 어떤 바다에서도 적국 함대의 진입을 금지하는 한편 자국 군대는 자유자재로 이동시키거나 철수할 수 있었다. 또한 해외 물자와 보급품을 영국으로 들여오면서, 이를 거부한 국가에 대해서는 어떤 외교 협상을 통해서라도 압력을 행사할 수 있었다. 3장에서는 장기적인 시각에서 가장 근본적 질문인 해양 세력의 기지와 대륙 세력의 기지 간의 관계를 살피고자 한다. 고대 이집트의 나일강에는 전투용 카누가 다녔고 단일 대륙 세력이 이집트 전역의 비옥한 기지를 통제해 나일강을 폐쇄 하천으로 만들었다. 크레타섬 기지는 더 큰 그리스반도의 기지에 정복당했다. 마케도니아의 대륙 세력은 그리스와 페니키아의 기지를 빼앗아 이들의 전함이 동지중해에 출입하지 못하도록 폐쇄시켰다. 한니발은 로마 해양 세력의 근거지인 반도를 공격했지만 로마군이 육지에서 승리를 거둠으로써 기지를 지켜냈다. 카이사르는 해상에서 승리를 거둬 지중해의 제해권을 쥐었고 로마는 육지의 국경을 방어해 패권을 유지했다. 중세에는 라틴 기독교 세계가 반도의 기지를 근거로 바다를 방어했지만 근대에는 대륙 세력의 공격을 언제든 받을 수 있었다. 반도 내에서는 여러 국가가 서로 경쟁을 벌였으며 해양 세력들의 기지가 여러 곳에 생긴 탓이다. 제해권은 기지가 그리 넓지 않으나 운 좋게도 토지가 비옥하고 석탄이 산출되는 섬나라 영국으로 이동했다. 영국의 모험가들은 해상 권력을 기반으로 해외에 식민 제국과 플랜테이션, 병참기지, 보호령을 건설했으며 인도와 이집트에는 현지 대륙 세력을 형성했다. 영국이라는 해양 세력이 워낙 인상적인 성과를 낸 까닭에 통합된 대양에 기반한 해양 세력이 대륙 세력과 다툴 때 당연히 승리할 것이라고 생각하는 경향이 나타나는 등 역사의 교훈은 잊히고 있다.

· · ·

제1차 세계대전과 그에 앞서 이의 단초를 제공한 사건에서 해양 세력만큼 큰 역할을 한 주체는 없었다. 사건은 세계대전이 발발하기 20년 전, 영국 함대가 한 발의 포도 쏘지 않고 세 차례나 대승을 거두면서 시작됐다. 영국군이 첫 번째 승리를 거둔 곳은 태평양의 마닐라였다. 독일은 미국과의 전쟁에서 패색이 짙던 스페인을 보호하기 위해 개입하겠다며 위협했고 영국은 미국 편에 섰다. 이것은 미국·스페인 전쟁 당시 열강의 관계를 단적으로 엿보게 하는 사건이다. 전쟁 결과 미국은 대서양과 태평양 각각의 대양에서 영토(섬)를 얻었고, 섬들의 이점을 누리기 위해 군함의 기동성을 높이는 파나마 운하 건설에 들어갔다. 이는 미국과 영국의 화해를 위한 첫 번째 조치이기도 했다. 적어도 남아메리카에 관한 한 먼로 독트린도 지지를 받았다.

두 번째 승리는 영국이 대양을 지배하던 남아프리카 전쟁 (보어 전쟁)에서 쟁취했으며, 이는 인도의 통치를 유지하는 중요한 성과가 되었다. 세 번째 승리는 영국이 (일본을) 후방에서 지원했던 러일전쟁에서 거둔 것으로, 부수적으로 중국의 문호를 개방시키는 효과를 얻었다. 이상의 사건은 모두 영국 함대가 개입하지 않았다면 상황이 지금과는 크게 다른 모습으로 전개됐을 것이다. 그렇긴 해도 (어쩌면 그 결과로) 독일이 잇따른 해군법 개정을 통해 해군력을 확대하자 영국 함대는 극동 지역과 지중해에서 철수하는 한편 해당 지역에서 일본과 프랑스의 해양 세력과 연합할 수밖에 없었다.

제1차 세계대전은 처음에는 전통적인 방식으로 전개됐으나 1917년에 이르자 완전히 새로운 양상으로 진행되기 시작했다. 전쟁 초기에 영국 함대는 프랑스 함대의 지원에 힘입어 제해권을 확보한 상태에서 반도의 전장戰場을 모두 에워쌌다. 이에 독일 식민지 지역의 독일 군함은 고립됐고 독일 상선 역시 바다를 누빌 수 없었다. 영국의 파견군은 단 한 명의 군사나 말 한 필도 잃지 않고 영국 해협을 넘어 유럽으로 수송됐으며 영국과 프랑스는 대양 너머에서 보급품을 안전하게 전달받았다. 한마디로 영국과 프랑스의 영토는 전쟁 목적상 한 몸처럼 되었고 양국의 공동 국경은 독일 해안이 사정거리에

들어올 정도로 전진했다. 이 과정에서 프랑스의 일부 지역을 잃는 유감스러운 일이 벌어지기도 했지만 대단한 성과임에는 틀림없다. 마른 전투 이후 유럽의 전쟁 지도를 살펴보면 프랑스와 영국의 전선이 노르웨이, 덴마크, 독일, 네덜란드, 벨기에 해안을 거쳐(중립 지역의 해안으로부터 약 5킬로미터 거리를 두고) 형성되었으며, 벨기에와 프랑스에서 스위스 국경의 쥐라까지 구불구불한 전선이 이어졌다. 그 경계의 서쪽에서는 바다든 육지든 영국과 프랑스가 적에 맞서 방어 태세를 갖출 수 있었다. 9개월 후 이탈리아가 연합국에 합류했는데 이는 연합국의 해상 세력으로 인해 이탈리아의 항구가 활동을 이어갈 수 있었기 때문이다.

동부 전선에서도 전통적인 방식의 전투가 이어졌다. 여기서 대륙 세력은 두 편으로 갈라졌고 외부 세력인 러시아는 어울리지 않게도 서구 민주주의 해양 세력으로 구성된 연합국에 가담했다. 대체로 보면 한 세기 전 힘의 배치가 되풀이된 모양새였다. 과거에 영국의 해양 세력은 '반도'에서 포르투갈과 스페인을 지원했고 동부 대륙 세력 전제 군주 국가와 동맹을 맺었다. 나폴레옹은 오늘날로 따지면 서부전선과 동부전선 양쪽에서 싸워야 했다.

그러다 1917년에 미국이 세계대전 참전을 결정하고, 제정 러시아가 붕괴되면서 전투력을 상실하자 큰 변화가 일어났다. 전쟁의 세계 전략은 완전히 수정될 수밖에 없었다. 이후 우리는 세계를 민주주의를 위한 안전한 장소로 만들기 위해 전쟁을 해왔다고 (동맹국의 기분을 상하게 만들지 않고) 말할 수 있다. 이상주의 역시 마찬가지다. 동시에 새로운 현실을 직시할 필요도 있다. 전쟁이 막을 내릴 무렵에는 대륙 세력과 해양 세력 간에 직접적인 전투가 벌어졌고 해양 세력이 대륙 세력을 포위 공격하는 양상이었다. 영국이 승리를 거두기는 했지만 독일이 이겼다면 역사상 그 어느 나라보다 넓은, 최대 규모의 해양 기지를 세웠을 것이다. 이제 유럽, 아시아, 아프리카 세 대륙은 이론으로서가 아니라 실제로도 하나의 섬이 되었다. 앞으로는 이것을 기억하기 위해 이 섬을 '세계도 World-Island'라고 부르겠다.

오래전 해양 민족이 '세계도'라는 일반화된 표현을 감히 시도하지 못했던 이유는 일주가 불가능했기 때문이다. 북극해 주변에는 약 3200킬로미터에 걸쳐 해빙이 떠 있고 말단은 아시아의 북쪽까지 닿아 있다. 항해라는 일반적인 목적에서 보면 대륙이지 섬은 아니었던 것이다. 지난 4세기 동안 해양 민족은 마치 산꼭대기가 구름 위로 삐죽 솟아 있으나 구름 아래의 모습은 감춰져 있듯 세계가 막연히 북쪽에서 남쪽을 향해 돌출된 거대한 곶이라고 생각했다. 19세기에도 수에즈 운하가 개통됐지만 동방을 항해할 때 곶을 돌아간다는 점에는 변함이 없었다. 곶의 명칭이 케이프타운에서 싱가포르로 바뀌었을 뿐이다.

이상의 사실과 그 광대함으로 인해 인간은 대륙을 크기 이외의 면에서도 섬과 다르다고 생각했다. 대양을 대서양, 태평양, 인도양으로 나누듯 대륙을 유럽, 아시아, 아프리카로 나눈 것이다. 고대 그리스인조차 이론상으로는 대륙을 섬으로 여겼지만 명칭은 '세계'라고 붙였다. 오늘날 학교에서는 이 대륙을 반도의 쌍으로 구성된 '신세계'아메리카 대륙을 의미함와 대조해 '구세계'라고 가르친다. 해양 민족은 연속되는 육지라는 의미에서 '대륙'이라고 부른다.

여기서 잠시 멈춰 새로 발견한 '거대 섬Great Island'의 비율과 관계를 따져보자.* 거대 섬은 북극점을 기준으로 보면 지구의 어깨 부근에 있다. 아시아의 중심 자오선을 따라 북극과 남극을 이어보면 빙하로 덮인 바다가 시베리아 북부 해안까지 약 1600킬로미터이고 인도의 남단까지 육지가 약 8000킬

---

* 지도의 형태로 설명하면 오해의 소지가 있기 때문에 지구본으로만 제대로 살필 수 있다. 이에 따라 다이어그램으로 설명했으며 그림 12와 그림 13을 참고할 것.

로미터이며 빙하로 덮인 남극점까지 1만1000킬로미터가량이다. 그런데 벵골만이나 아라비아해를 통과하는 자오선에서 측정하면 아시아는 폭이 5600킬로미터에 불과하다. 파리에서 블라디보스토크까지가 약 1만 킬로미터이고 파리에서 희망봉까지의 거리도 이와 비슷한 수준이다. 이런 방법으로 측정하면 지구의 둘레는 4만2000킬로미터다. 실제 지구 둘레는 약 4만75킬로미터.

빙하가 일주를 가로막지 않았다면 옛 해양 민족도 '거대섬'과 비슷한 이름을 붙였을 것이다. 육지의 크기가 바다와 비교해 5분의 1 남짓에 불과하기 때문이다.

이 세계도의 끝은 각각 동북쪽과 동남쪽이다. 맑은 날 동북쪽의 곶에서 베링 해협 너머를 바라보면 길게 이어지는 반도 한 쌍의 시작점을 볼 수 있다. 우리가 아메리카 대륙이라 부르는 이 반도는 크기가 남과 북 각각 지구의 26분의 1이다. 언뜻 보면 구세계와 신세계는 모두 두 개의 반도로 구성됐다는 점에서 닮았다. 구세계는 아프리카와 유럽-아시아 반도로, 신세계는 북-남아메리카로 구성돼 있다. 하지만 이를 제외하면 다른 유사점은 찾아볼 수 없다. 아프리카 북부와 동북부의 약 6500킬로미터 길이의 해안은 바다 건너편의 유럽 및 아시아와 긴밀한 관계를 맺고 있다. 사실상 사회적 연속성을 단절시키는 데 있어 지중해보다는 사하라 사막이 더 강력한 장벽 역할을 한다. 앞으로 펼쳐질 항공 시대에 해양 세력은 대륙 세력이 용인할 때에만 지중해와 홍해를 수로로 활용할 수 있을지 모른다. 공군력은 해양 세력과의 대결이 펼쳐질 때 대륙 세력이 활용할 주요 무기이자 새로운 형태의 양용兩用 기갑부대인 것이다.

파나마로 가늘게 연결된 북아메리카와 남아메리카는 실질적인 목적에서 보면 반도라기보다 섬에 가깝다. 남아메리카는 북아메리카와 비교해 남쪽에 있기도 하지만 대체로 동쪽에 위치한다. 군대 용어로 표현하자면 두 땅덩어리가 제형 편대를 이루고 드넓은 대양이 일부 지역을 제외한 남아메리카 전체를 둘러싼 모습이다. 북아메리카와 아시아의 관계도 이와 비슷한데 베링 해협에서 대양을 향해 육지가 뻗어 나와 있다. 이 때문에 지구본에서 보면 베이징에서 뉴욕까지의 최단 거리는 베링 해협을 거칠 때이며, 훗날 기차나 비행기로 여행할 때 베링 해협이 중요한 역할을 할 수도 있다. 세 번째 신대륙인 오스트레일리아는 아시아 동남쪽 끝에서 약 1600킬로미터 거리에 있으며 지구 표면의 65분의 1에 불과하다.

지금까지 소개한 신대륙 세 곳은 면적 측면에서 구대륙의 위성 수준이다. 지표면의 12분의 9를 덮고 있는 거대한 바다가 있고 그 위에 지표면의 12분의 2를 차지하는 하나의 대륙, 즉 세계도가 떠 있다. 이 밖에 여러 섬이 존재하는데 그중 북아메리카와 남아메리카는 합쳐서 지표면의 12분의 1을 차지한다. 이제 우리는 역사적인 모양새뿐 아니라 실제 모습을 파악했으니 '신세계'는 그릇된 관점의 표현인 셈이다.

더 넓게 보면 남단의 희망봉까지 돌출된 거대한 세계곶과 북아메리카의 해양 기지의 관계는 앞서 살폈던 그리스반도와 크레타섬, 라틴반도와 브리튼섬과 더불어 반도와 섬의 관계를 설명할 세 번째 사례다. 하지만 근대적인 지상 통신 수단으로 통합이 이뤄지면 세계곶은 사실상 세계도가 된다는 점에서 나머지 두 사례와 차별된다. 세계도가 되면 섬으로서의 이점을 누리는 동시에 비할 데 없이 막대한 자원을 활용할 수도 있다.

최근 미국의 지도자들은 자국이 더 이상 다른 세계와 동떨어진 나라가 아니라고 강조하고 있으며, 이런 맥락에서 윌슨 미 대통령은 전 국민에게 제1차 세계대전의 참전 필요성을 호소했다. 그런데 북아메리카는 20세기 들어 하나의 섬으로 축소되고 있기 때문에 더 이상 대륙으로 볼 수도 없다. 미국인들은 780만 제곱킬로미터의 영토가 유럽 전체와 맞먹는다고 여기면서 언젠가 미합중국의 자매 격인 유럽합중국의 탄

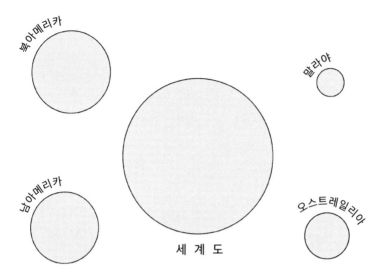

북아메리카

말라야

남아메리카

오스트레일리아

세 계 도

그림 12 세계도世界島와 위성 지역의 상대적 면적을 나타내는 원.

생을 거론하기도 했다. 일반적으로 거론되는 유럽의 면적은 약 1018만 제곱킬로미터, 미국의 면적은 980만 제곱킬로미터다. 유럽합중국의 실현 여부를 떠나 유럽을 아시아, 아프리카와 분리해서 생각해서는 안 된다. 구세계는 섬으로, 다시 말해 하나의 구성체이며 이는 지구상에 존재하는 지리적 단위로는 단연 최대 규모다.

유구한 영국 역사와 비교해 미국의 역사가 짧기는 하지만 양국은 식민지 단계, 대륙 단계, 섬 단계를 거쳤다는 점에서 유사하다. 앵글로색슨족은 브리튼섬의 동쪽과 남쪽 해안을 따라 정착했는데 영국이 북아메리카의 동부 해안에 세운 식민지 열세 곳을 예견하는 듯하다. 우리는 영국 역사에도 미국 링컨 대통령 시대의 대륙 단계에 해당되는 시기가 있었다는 사실을 잊곤 한다. 앨프리드 대왕과 정복왕 윌리엄 시대의 전쟁은 결코 잉글랜드의 작은 세력들 간의 다툼이 아니라 노르만족의 침입으로 촉발됐다. 잉글랜드가 진정한 의미에서 섬이 된 것은 엘리자베스 1세 때로, 스코틀랜드와의 적대관계에서 자유로워져 하나의 통일된 단위로서 이웃 대륙과 관계를 맺었다. 미국인들은 내부의 차이를 극복하기 위해 싸운 끝에 오늘날 하나의 단위로 기능하고 있다. 일련의 사건을 통해 미국인은 자신들의 대륙이 진정한 대륙으로서 같은 지구 위에 있음을 인식하게 되었다.

이제 1918년의 전쟁을 세계지도 위에 그려보자. 제1차 세계대전은 의심의 여지 없이 섬사람들과 대륙인들 사이의 전쟁이었으며 프랑스 반도의 내륙 전선이 주요 전쟁터였다. 이 전쟁에 참전한 영국, 캐나다, 미국, 브라질, 오스트레일리아, 뉴질랜드, 일본은 모두 섬나라다. 프랑스와 이탈리아는 반도 국가로서 이점이 있었지만 섬나라의 지원이 없었다면 전쟁을 수행하지 못했을 것이다. 인도와 중국^{만주} 전선에서 전쟁을 벌이고 있다고 가정할 때 여기서 중국은 만주국을 의미한다은 영국, 미국, 일본이라는 해양 세력의 전위 부대라 할 수 있다. 네덜란드령 자바는 서구의 동맹에 속하지 않은 유일한 인구 대국의 섬이다. 그런데 자바조차 대륙 편은 아니다. 섬사람들의 이 같은 일치가 얼마나 중요한지 간과해서는 안 된다. 러시아 혁명은 우리가 투쟁을 통해 추구해온 이상을 정화했는데 그 러시아가 붕괴되면서 우리는 냉엄한 현실을 바라보게 되었다.

같은 관점에서 전 세계 인구를 따져보면 좀더 명확하게 사실을 파악할 수 있다. 전 인구 16분의 14 이상이 거대 대륙에 살고 있고 16분의 1 가까이가 브리튼과 일본 섬에 산다. 이주가 시작된 지 400년 정도 흘렀으나 작은 대륙들에 사는 인구는 전체의 16분의 1에 불과하다. 시간이 흐른다 해도 이 인구 비율이 크게 변할 가능성은 없어 보인다. 북아메리카 중서부에서 혹시 1억 명을 추가로 부양한다면 아시아 내륙은 지금보다 2억 명 이상을 추가로 감당할 것이다. 남아메리카의 열대지방이 1억의 인구를 더 부양할 수 있다면 아프리카와 인도의 열대지역도 2억 명 이상을 추가로 부양할 것이다. 콩고 삼림을 농경지로 개발하면 (인구밀도가 오늘날의 자바 수준으로 유지된다는 가정하에) 4억 명가량을 먹여 살릴 수 있다. 물론 자바 인구는 지금도 증가하고 있다. 기후 조건과 역사를 고려했을 때 아시아 내부에서도 유럽, 북아메리카나 일본과 같은 생산력으로 인구를 부양할 수 있으리라고 기대해도 좋

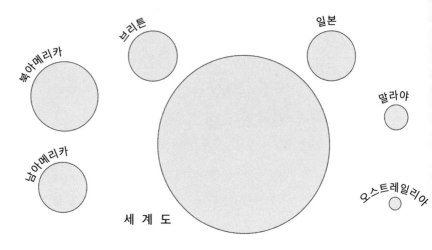

그림 13 세계도와 위성 지역의 상대적 인구 규모를 나타내는 원.

지 않을까?

언젠가 거대 대륙이 그 전체든 일부든 해양 세력의 통합된 단일 기지가 된다면 어떨까? 다른 섬 기지의 함대 건조와 해양 인력의 배출이 줄어들지 않을까? 물론 섬나라의 함대는 역사적으로 예외 없이 항상 등장했던 영웅적 정신을 발휘해 전투에 임하겠지만 결국에는 쇠락의 운명을 걸고 말 것이다. 최근의 세계대전에서도 섬나라 미국은 또 다른 섬나라 영국을 원조해야만 했는데 이는 영국의 함대가 바다를 통제하지 못해서가 아니다. 평화조약 혹은 정전협정을 맺을 때 독일이 함대 건조와 관련 인력을 양성하지 못하도록 하기 위해서였다. 그렇더라도 영국은 몇 년 후 함대 건조와 인력 면에서 분명 열위에 처하게 될 것이다.

북해 포스만에서 독일 함대의 항복은 눈부시게 기억될 순간이었다. 하지만 냉정을 되찾고 장기적인 안목에서 보면 거대 대륙의 상당 부분이 언젠가 단일 세력으로 통합될 가능성이 없는지, 무적의 해양 세력이 이 대륙을 기지로 삼을 가능성은 없는지 따져봐야 한다. 만약 그런 일이 일어날 수 있는 위협을 이번 전쟁을 통해 제거하지 않았다면, 우리는 앞으로 이를 막기 위한 새로운 시도의 기반을 만들어야 하지 않을까? 전략의 관점에서 이것이 전 세계의 자유에 대한 궁극적인 위협이라는 사실을 인식하고 새로운 정치체제로 맞서야 하지 않을까?

이번에는 대륙 내부에 거주하는 대륙 민족의 시각에서 이 문제를 살펴보자.

제4장
대륙 민족의 관점

지금으로부터 400여 년 전이 책이 집필된 시점은 1919년 콜럼버스, 다가마, 마젤란과 같은 위대한 탐험가의 항해로 인류의 세계관은 단 한 세대 만에 송두리째 바뀌었다. 그 전에는 대서양과 인도양의 조수가 비슷하다는 단순한 관찰을 근거로 대양이 하나라고 추측할 뿐이었다. 그리하여 '하나의 대양'이라는 아이디어는 실용적 사고를 하는 인간이 갖춰야 할 정신적 소양으로 자리 잡았다. 4세기 전과 비슷한 혁명이 오늘날에도 빠르게 진행되는 중이다. 근대적 통신 수단이 발전한 덕분에 육지와 하늘에서 대륙이 신속하게 통합되고 있는 것이다. 섬사람들은 무슨 일이 일어나고 있는지 파악이 더딘 상태

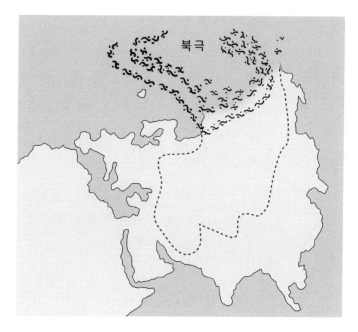

지도 14 아시아와 유럽의 거대 지역 하천들이 대양으로 나가지 않고 얼음에 뒤덮인 북부로 흐르거나 염호로 흐르고 있다. 지도에서 아프리카는 약 6500킬로미터에 걸쳐 유럽 및 아시아와 마주하고 있다.(정적도법)

다. 영국이 전쟁에 뛰어든 이유는 인접국인 벨기에와 프랑스의 방어를 위해서였다. 이는 인접국의 위험이 곧 영국에게도 위협이라는 막연한 추측과 더불어 벨기에와의 긴밀한 관계를 고려한 데 따른 것이다. 비극적인 루시타니아호 사건^{1915년 영}^{국의 정기선 루시타니아호가 독일 잠수함에 의해 침몰되면서 미국인 128명이 사}^{망한 사건}으로 충격에 사로잡힌 미국은 독일 잠수함이 중립국의 권리를 침해했다는 점을 들어 제1차 세계대전 참전을 결정했다. 앵글로색슨계 민족 중 누구도 처음에는 제1차 세계대전의 전략적 의미를 제대로 이해하지 못했다. 해양 민족이기니, 말라바르, 코로만델, 무르만스크를 '해안'이라고 명명했듯 앵글로색슨은 대륙을 외부에서 바라보는 데 그쳤다. 런던이나 뉴욕에 있는 어느 누구도 유럽 대륙의 카페에서 흔히 논의되는 방식으로 국제정치를 고찰하지 않았다. 그러므로 대륙의 시각을 제대로 이해하려면 우리도 '해안'이라는 거대한 고리 안에 들어가 밖을 바라보는 관점을 가져야 한다.

먼저, 우리가 알고 있는 지식을 '편제'해보자. 그래야만 대륙이 제시하는 전략적 사고의 현실을 올바로 사유할 수 있다. 연대장은 대대 단위, 사단장은 연대 단위로 판단하듯 거대한 대상을 고찰할 때는 넓게 생각해야 한다. 우리의 연대를 편제하기에 앞서 꼭 알아야 할 지리적인 사실을 구체적으로 살펴보자.

• • •

아시아의 북단은 빙하에 가로막혀 접근이 거의 불가능한 해안이다. 여름에 짧게나마 국지적으로 빙하가 녹으면서 해안을 따라 좁은 물길이 형성된다. 그러나 겨울이 되면 빙반과 육지 사이가 다시 얼어붙는다. 동일한 현상이 세계의 3대 하천인 레나강,* 예니세이강**과 오비강***에서 일어난다. 북부로 흐르는 이 3대 하천은 시베리아를 거쳐 아시아 북단에서 끝나기 때문에 실질적으로 일반적인 대양과 하천 항해의 체계에서 분리된다.**** 시베리아 남부에는 대양으로 흘러 나가지 않고 염호로 유입되는 하천들이 있다. 카스피해로 흐르는 볼가강과 우랄강 유역, 아랄해로 흐르는 옥서스강과 야크사르테스강 유역이 대표적인 예다. 지리학자들은 이런 내측 분지를 '대륙성'으로 분류한다. 북극과 대륙적 유역에 해당되는 지역을 모두 합하면 아시아의 절반과 유럽의 4분의 1에 달하며, 대륙의 북부와 중앙으로 연속해서 이어지는 지형적 형상을 보이고 있다. 평탄하고 얼음으로 뒤덮인 시베리아 해안에

* 러시아 시베리아 동부를 흐르는 강으로 바이칼호 서쪽 연안의 바이칼 산지에서 발원해 북극해로 흘러들어간다.
** 시베리아 중부를 흐르는 세계적인 강이며 사얀산맥에서 발원해 북극해로 흘러든다.
*** 러시아 연방을 흐르는 강이다. 알타이산맥에서 발원해 오비만으로 흘러든다. 강 부근에 곡창지대, 쿠즈바스 공업지대 따위가 있어 러시아 경제상 중요한 하천이다.
**** 오늘날에는 티네사이드 등이 최신 기술의 쇄빙선을 활용해 오비강과 예니세이강 어귀까지 곧바로 연결되는 수로를 열기 위한 시도를 하고 있다. 현실화되면 여름철 서시베리아로 수송이 가능해질 것이다.

서부터 경사가 가파르고 무더운 발루치스탄 해안과 페르시아에 이르는 이 지대는 바다에서 배를 이용한 접근이 불가능했다. 게다가 지금까지 도로가 없다시피 했기 때문에 철도가 개설되고 조만간 항공 노선이 생기면 그제야 인류는 좀더 드넓은 지리적 사실을 접하는 혁명을 맞이할 것이다. 대륙의 이 거대한 지역을 '심장지대heartland'라고 부르기로 한다.

심장지대의 북부와 중부, 서부는 해발고도가 수십 미터 수준에 불과한 평원이다. 지구상 최대 규모의 이 저지대는 서시베리아, 투르키스탄,* 유럽의 볼가강 분지를 아우른다. 우랄 산맥이 길게 이어지기는 하나 그리 높지 않으며 카스피해로부터 북쪽으로 약 500킬로미터 거리에서 소멸되어 시베리아에서 유럽으로 진입하는 드넓은 관문이 된다. 이 광활한 평원을 '대저지대Great Lowland'라고 부르자.

대저지대의 남쪽 경계에 있는 고원은 평균 고도가 800미터 가량이고 능선은 약 2400미터 높이다. 페르시아, 아프가니스탄, 발루치스탄이 위치한 이 일대를 이란 고원이라 한다. 심장지대는 북극해와 대륙의 하천 유역을 아우르는 대저지대와

* 7세기 무렵부터 터키계 모든 민족에게 정복당해 그들의 거주지가 된 중앙아시아 지방이다.

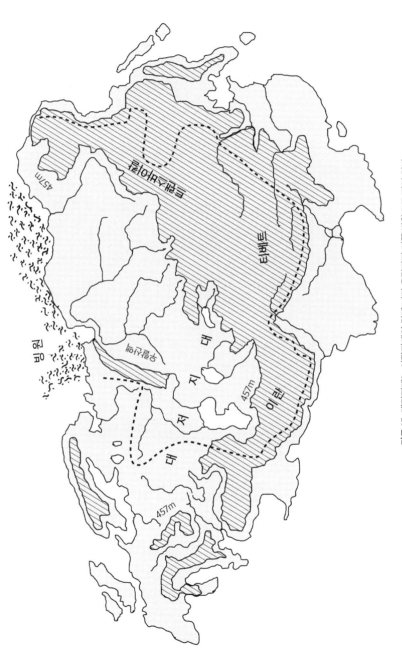

지도 15 대저지대는 심장지대의 경계 너머 유럽까지 서쪽 방향으로 뻗어 있다.

지도에서 심장지대의 동쪽 경계는 태평양과 인도양으로 흐르는 하천이 발원하는 높은 고원의 경로를 포함한다.

이란 고원의 대부분을 포함한다. 고원은 긴 곡선형을 가진 높은 페르시아산맥의 가장자리까지 이어지며 그 너머에는 유프라테스 계곡과 페르시아만에 의해 형성된 침하지대가 자리하고 있다.

이제 시야를 아프리카 서부로 옮겨보자. 위도상 카나리아 제도와 카보 베르데 제도 사이에는 해안 사막이 있다. 이 해안은 중세 시대 뱃사람들이 남쪽으로 항해해 아프리카를 우회하려는 시도를 오랫동안 좌절시킨 것으로 악명 높다. 그리고 대서양에서 시작해 북아프리카를 가로질러 나일 계곡까지 너비 1600킬로미터가량의 사하라 사막이 이어진다. 사하라 전체가 사막은 아니어서 오아시스도 다수 존재한다. 배수가 되는 계곡에는 지하로 물이 스며드는 우물이 있는가 하면 때로 구름이 모여드는 구릉도 있다. 하지만 면적이 유럽 대륙에 육박할 정도로 거대한 사하라 사막에서 이러한 예외는 극히 일부에 불과하며 서로 멀리 떨어져 있다. 사하라 사막은 세계에서 정복이 가장 어려운 자연적 경계로, 인류 역사에서는 백인과 흑인의 왕래를 가로막는 장벽이 되기도 했다.

사하라와 심장지대 사이에는 아라비아라는 드넓은 공간이 있다. 나일 계곡을 기준으로 서쪽은 리비아, 동쪽은 아라비아다. 그 너머 페르시아산맥 기슭에는 유프라테스강 저지대가 있으며 이 지역은 아라비스탄, 즉 아랍인의 국가라고 불린다. 아라비아가 나일강에서 유프라테스강 너머 약 1300킬로미터에 이르는 지대에 걸쳐 있다고 보면 해당 지역에서의 인식과 완벽하게 맞아떨어진다. 알레포 북쪽의 토로스산맥 기슭에서 아덴만까지의 거리는 2900킬로미터가 안 된다. 아라비아반도의 절반은 사막이며 나머지 절반은 대부분 건조한 스텝지대다. 사하라 사막과 같은 동일한 위도대에 위치하고 있지만 아라비아반도가 훨씬 기름져서 베두인 유목민족을 부양할 수 있다. 게다가 오아시스의 규모도 커서 큰 도시가 많다. 무엇보다 아라비아반도를 가로질러 바다와 연결되는 거대한 수로 세 곳(나일강, 홍해, 유프라테스 및 페르시아만)은 반도를 심장지대, 사하라와 구분 짓는 핵심 요소다. 하지만 자연 상태에서 아라비아의 이 수로들은 건조대를 가로지르는 완벽한 연결 통로 역할을 하지 못한다. 나일강은 지중해에서 사막 가운데 위치한 제1폭포까지만 항해가 가능했으나 아스완에 수문을 설치하면서 제2폭포까지 접근이 가능해졌다. 유프라테스강 역시 지중해에서 160킬로미터 거리까지만 항해가 가능하다. 오늘날 수에즈 운하가 지중해와 홍해를 연결하고는 있지만 과거 이 지역의 왕래를 가로막았던 장애물은 지협뿐만이 아니었다. 무역풍 기류의 영향으로 암석으로 둘러싸인 홍해의 북단까지 북풍이 끊임없이 불기 때문에 선박은 수에즈 운하를 향해 북쪽 방향으로 항해를 시도하지 않는다. 증기선이 아니라면 일반 선박에는 운하가 큰 도움이 되지 못하는 상황이다. 과거에는 홍해에서 지중해를 가려면 서쪽 해안의 쿠세이르에서 사막을 건너 나일강의 케나를 거쳐 나일강 하류로 이동했다. 100년 전쯤 나폴레옹이 이집트와 팔레스타인을 침략했을 당시 인도를 출발한 영국군은 바로 이 경로를 통해 이집트로 이동했다.

이제까지 살펴본 바에 따르면 심장지대, 아라비아반도, 사하라 사막으로 구성된 드넓은 만곡지대는 아라비아의 수로 세 곳을 제외하고는 해양 민족의 접근을 차단했다. 이 지대는 북극해에서 대서양 해안에 이르는 거대한 대륙을 완전히 가로지른다. 아라비아반도가 인도양에 접하면서 대륙의 나머지 지역이 세 곳으로 나뉘고 이 지역의 하천은 부동해不凍海로 흘러든다. 구체적으로 살펴보자면 아시아의 태평양과 인도양 연안, 유럽 및 지중해의 반도와 섬, 사하라 이남 아프리카의 거대한 곶이 포함된다. 그런데 사하라 이남의 아프리카는 매우 중요한 측면에서 나머지 두 곳과 성격을 달리한다. 니제르강, 잠베지강, 콩고강 같은 거대 하천뿐만 아니라 오렌지강, 림포푸강 등 소규모 하천이 내륙의 고원을 가로질러 좁은 해

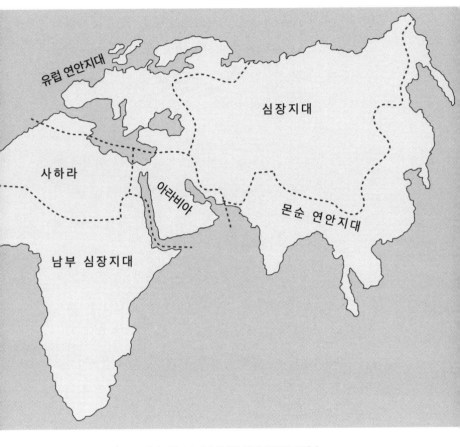

지도 16 여섯 지역으로 나뉜 세계도. 정적도법으로 그렸다.

안 저지대에서 바다를 향해 가파르게 떨어진다. 이 하천의 수천 킬로미터에 달하는 고지대 구간은 항해가 가능하지만 실제로는 시베리아의 하천처럼 대양에서 분리돼 있다. 나일강도 폭포 위쪽으로는 마찬가지 사정이다. 따라서 사하라 이남의 아프리카 내륙을 제2의 심장지대로 볼 수 있다. 아시아와 유럽의 북부 심장지대와 구별하기 위해 아프리카의 심장지대는 남부 심장지대라 부르겠다.

북부와 남부의 심장지대는 위도상 완전히 다른 위치에 있지만 상당히 유사하다. 독일 북부와 발트해 연안에서 만주까지 소나무, 전나무 같은 상록수가 주를 이루는 삼림지대가 펼쳐져 있다. 말하자면 유럽의 삼림과 태평양 연안의 삼림지대가 띠처럼 연결된 모습이다. 이 삼림대 남부의 심장지대는 수목이 강과 산에만 존재해 트인 공간이라 볼 수 있다. 이 광활한 공간은 부드러운 프레리 지대로, 봄에는 구근화가 자란다. 그러나 더 남쪽으로 갈수록 건조해지면서 풀이 거칠어지고 드물게 분포한다. 초목의 밀도에 관계없이 이 초지 전체를 편의상 스텝지대라고 부르자. 엄밀하게는 투르키스탄과 몽골의 사막지대를 둘러싸고 있는 비옥도가 떨어지는 남부 지역만을 일컫는다. 스텝지대는 말의 최초 서식지로 추정되며 그 이남은 쌍봉낙타의 서식지로 보인다.(지도 18 참고)

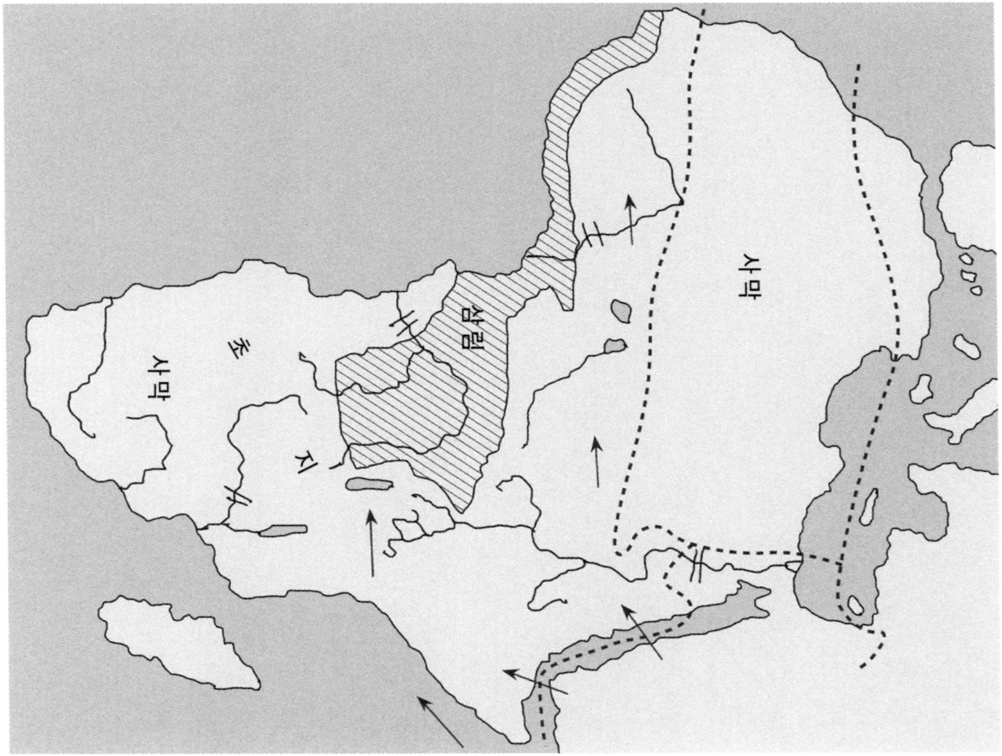

사막

삼 림

초

지

사막

지도 17 — 남부 삼림지대 ☰강 폭포 ←아랍인 침략의 경로

남부 심장지대에도 넓게 트인 초지가 있다. 사하라의 경계인 수단에서 기니 해안의 열대우림과 콩고로 가면서 토양이 점점 비옥해진다. 우림이 인도양까지 완전히 펼쳐진 것은 아니지만 수단의 초지와 남아프리카의 초지를 연결하는 초원 고지대가 이어진다. 수단에서 케이프 벨트까지 풀이 우거지며 탁 트인 지역에 영양, 얼룩말을 비롯한 유제동물발굽이 있는 포유동물이 서식한다. 이는 북부 심장지대가 야생마와 야생 나귀의 서식지인 것과 비교할 수 있다. 남아프리카 토착민이 동물로 짐을 나르는 관습을 보유하지 않았고 얼룩말을 가축으로 길들이지도 못했지만 아라비아의 단봉낙타와 말은 일찍부터 이동 수단으로 도입됐다. 물론 북부 심장지대에서 더 두드러지긴 했지만, 북부와 남부 심장지대에서는 짐승의 도움으로 이동성을 확보해 대서양과 태평양 연안의 선박 운송을 대신하는 모습이 공통되게 나타났다.

앞서 살펴봤듯이 북부 심장지대는 아라비아반도와 수백 킬로미터에 걸쳐 인접해 있으며 이란 고원이 유프라테스 계곡으로 급격하게 이어진다. 남부 심장지대의 동북쪽 모서리에는 아비시니아(에티오피아)와 소말릴란드가 있으며 바다를 사이에 두고 아라비아반도의 남부 끝자락에 있는 비옥한 예멘을 마주한다. 이에 따라 사막을 에워싼 아라비아의 스텝지

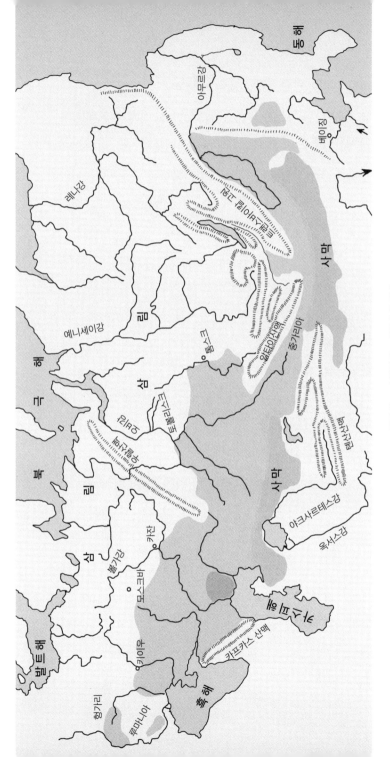

지도 18 ─ 스텝지대   ////// 초원 지대

대가 북부와 남부 심장지대의 통로 역할을 한다. 또한 누비아를 거쳐 나일 강둑을 따라 난 길이 있다. 따라서 북부 심장지대, 아라비아, 남부 심장지대는 기마민족과 낙타 유목민에게 드넓은 초원길을 제공해 시베리아로부터 페르시아, 아라비아, 이집트를 경유해 수단에 이르게 한다. 체체파리를 비롯한 각종 전염병이 아니었다면 말과 낙타를 타고 수월하게 희망봉 근처까지 남하했을지도 모른다.

세계도에서 아라비아, 사하라 사막과 북부 및 남부의 심장지대를 제외하면 비교적 협소한 지역 두 곳만 남는데, 이곳은 지구상에서 가장 중요한 지역이라 해도 과언이 아니다. 지중해 주위와 유럽의 반도 및 섬에 약 4억 명이 거주하며 아시아의 남부 및 동부 연안, 역사적 표현으로 하자면 인도 제도에 8억 명이 살고 있다.

두 지역에 세계 인구의 4분의 3이 거주하는 셈이다. 오늘날의 현실을 단적으로 표현하자면 거대 대륙, 즉 세계도 인구 5분의 4가 면적상으로는 5분의 1에 불과한 두 지역에 살고 있다.

이 두 곳은 중요한 측면들에서 유사점을 보인다. 우선 대양으로부터 항해를 통해 하천 대부분에 접근할 수 있다. 인도 제도에는 바다로 흘러 나가는 인더스강, 갠지스강, 브라마푸

트라강, 이라와디강, 살윈강, 메남강, 메콩강, 쑹화강, 시장강, 양쯔강, 황허강, 바이허강, 랴오허강, 아무르강 등 일련의 거대 하천이 있다. 대부분 어귀에서 수백 킬로미터까지 내륙으로 항해가 가능하다. 언젠가 영국 전함이 양쯔강에서 바다로부터 약 800킬로미터 떨어진 한커우漢口까지 흘러들어간 적이 있을 정도다. 반면 유럽 반도에는 이런 하천이 많지 않으며 다뉴브강, 라인강, 엘베강 정도가 바다와 직접 연결된 활발한 수송을 자랑한다. 라인강에서 상류 500킬로미터 정도에 위치한 만하임은 제1차 세계대전이 발발하기 전까지 유럽의 주요 항구로 손꼽혔다. 부두에는 약 90미터 길이에 화물 1000톤을 선적한 바지선이 떠 있었다. 유럽의 나머지 반도 지역에서는 하천 교통이 크게 발달하지 못했는데 오히려 이는 해상 수송을 위한 시설을 더 발전시키는 요인으로 작용했다.

'연안지대' 두 곳 사이에는 하천의 항해 가능성 외에 다른 유사점도 있다. 세계도의 강우량을 나타내는 지도를 놓고 건조지대에서 산악 지형이라 국지적 강우가 내리는 곳을 제외해보면 연안지대가 얼마나 비옥한지 한눈에 알 수 있다. 산지와 더불어 넓은 평야에도 비가 광범위하게 내리기 때문이다. 여름 계절풍인 몬순은 서남쪽에서 인도로, 동남쪽에서 중국으로 바다의 습한 공기를 운반한다. 대서양에서 불어오는 서풍 덕분에 유럽에서는 사계절 내내, 지중해에는 겨울에 비가 내린다. 이에 두 연안지대에 존재하는 기름진 경작지를 통해 많은 인구를 부양할 수 있다. 유럽과 인도 제국은 농민과 뱃사람의 터전이었지만 북부 심장지대, 아라비아, 남부 심장지대는 개간이 안 됐을 뿐만 아니라 원양 어선을 띄울 수도 없었다. 자연스럽게 말과 낙타로 이동하면서 소와 양을 방목하는 생활을 했다. 말과 낙타가 없는 열대 아프리카의 사바나 지역에서도 원주민들은 소와 양을 부의 척도로 삼았다. 비록 편의를 위한 일반화로 인해 지역마다 많은 예외가 있기는 하겠지만 이는 지리적 사실을 기술하는 데 있어 충분히 사실적이다.*

• • •

이제 역사의 도움을 얻어보자. 인간의 행동을 이끌어내는 실용적인 아이디어는 정적으로 파악될 수 없기에 우리 자신

---

* 지리적 '사실'은 다시 말해 역사를 제약하고 인구와 문명을 오늘날과 같은 모습으로 만들었다. 현재 풍요로운 초지에서 식량 생산이 고도로 조직화되고 있어 이 '사실'에도 새로운 변화가 일고 있다.

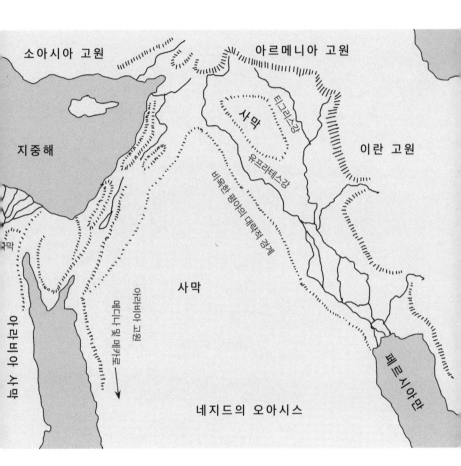

지도 19 아라비아 북부.

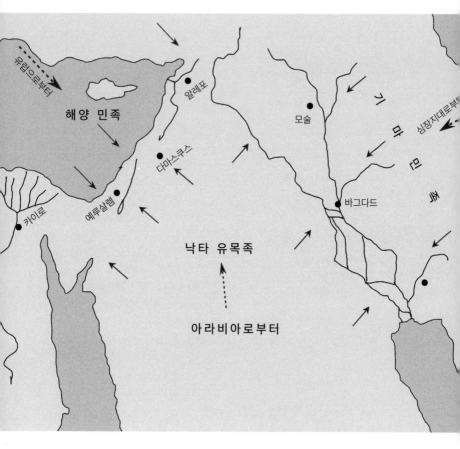

지도 20 경작지를 침입한 이동성이 뛰어난 정복자들.

의 경험이나 인류의 역사를 통해 사고를 발전시켜야 한다. 시에서 동방의 오아시스는 지상낙원으로 그려지는데, 이는 사막에서 접근했기 때문이 아닌가!

기록된 역사는 아프리카 북부의 거대 오아시스에서 시작한다. 우리가 확실히 알고 있는 최초의 국제정치는 유프라테스강 하류와 나일강 하류의 충적평야에서 성장한 두 나라 간의 교류와 관련돼 있다. 강의 범람을 막는 제방과 수자원을 배분하는 수로 관리 과정에서 사회질서와 규율이 발전했다. 두 문명은 성격이 서로 달랐는데 양자 간에 차이가 있었기에 활발한 교류가 일어났을 것이다. 이집트는 비교적 좁은 계곡의 암반 지대에서 건축에 필요한 석재를 조달했고 파피루스로 기록했다. 반면 바빌로니아의 드넓은 평야에서는 벽돌을 건축재료로 활용했고 점토판에 설형문자를 새겼다. 문명 간 교류를 가능케 한 도로는 유프라테스강에서 아라비아 사막의 시리아와 팔미라의 샘을 거쳐 다마스쿠스까지 서쪽 방향으로 이어졌다. 다마스쿠스는 안티레바논산맥과 헤르몬산에서 발원하는 아바나강과 파르파르강에서 형성된 오아시스를 기반으로 건설됐다. 다마스쿠스에서 이집트로 갈 때 해안을 따라 저지대를 통과하거나 요르단 계곡 동쪽의 사막 고원 가장자리를 따라 가는 길도 있었다. 저지대와 고원 길 사이에 있는 유대의 암석 산에는 예루살렘이라는 구릉 요새가 있었다.

헤리퍼드 대성당에는 십자군이 활동하던 시대에 한 수도사가 그린 지도가 걸려 있다. 지도에서 예루살렘은 기하학적 중심지로 표시돼 세계의 중심임을 나타낸다. 예루살렘 성묘교회의 바닥에도 중심의 위치가 정확하게 표시돼 있다. 탐험의 결과로 지리적 사실들을 파악해 올바른 결론을 향해 나아가고 있는 오늘날에 돌아봐도 중세 성직자들이 크게 틀리지 않았던 것이다. 세계도가 필연적으로 인류의 주 근거지이고, 유럽에서 인도 제국으로, 북부에서 남부 심장지대로 가는 통로인 아라비아가 세계도의 중심이라면 예루살렘 요새는 세계의 현실을 감안했을 때 분명히 전략적인 위치에 있다. 중세의 관점에서 봤을 때 근본적으로 이상적인 위치이며 고대 바빌론과 이집트 사이에 있는 전략적 거점이기도 하다. 전쟁에서도 확인됐지만 수에즈 운하는 인도 제도와 유럽 사이의 상당한 수송량을 소화하면서 멀리 떨어진 팔레스타인에 위치한 부대에까지 수송을 가능케 한다. 이미 야파 인근의 해안 평야를 통과하는 간선 철도가 건설되고 있는데 이것이 완공되고 나면 북부와 남부의 심장지대를 연결할 것이다. 게다가 다마스쿠스를 차지하면 유프라테스 계곡 아래 두 바다 사이에 난 대체 통로로 측면에서 접근할 수 있게 된다. 그러니 이 지역이

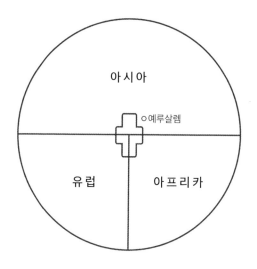

지도 21 중세의 원형 지도. T-O 지도라고도 한다.

역사의 시발점이자 현대 고속도로의 가장 중요한 교차 지점이 된 것은 우연이 아니다.

역사의 여명기에 셈의 자손, 곧 셈족*은 아라비아 사막 주변의 농경지를 정복했다. 사막 주위의 정착지와 에게해 주변에 그리스인들이 세운 정착지 사이에는 유사점이 적지 않다. 요르단 너머에서 '약속의 땅'으로 침입한 이스라엘의 자손,

---

* 아리아족과 함께 유럽 3대 인종의 하나. 기독교의 성경에 나오는 노아의 맏아들인 셈의 자손이라 전해지며 아시리아인, 아라비아인, 바빌로니아인, 페니키아인, 유대인 등이 이에 속한다.

베니 이스라엘은 베두인의 후손일 가능성이 있다. 아브라함은 칼데아의 도시로서 사막의 경계에 위치한 우르를 떠나 팔레스타인으로 이주했다. 칼데아인은 셈족이었는데 훗날 바빌로니아가 된 땅에서 비셈계의 아카드인을 몰아냈다. 고대 이집트의 힉소스 왕조 역시 셈계였다. 아라비아반도의 아랍인, 바빌로니아인, 아시리아인, 시리아인, 페니키아인, 히브리인 등 모든 종족은 셈계 어족의 방언을 썼다. 현재 아라비아어는 토로스산맥에서 아덴만까지, 페르시아산맥에서 나일강 서쪽의 사하라 오아시스까지 보편적으로 사용되고 있다.

아라비아 고원은 모든 방향에서 해안으로 급경사를 이루는데, 동북 방향에서는 예외적으로 유프라테스와 페르시아만에 의한 저지대까지 완만한 경사를 이룬다. 유프라테스강의 발원지인 아르메니아 고원의 협곡에서부터 페르시아만 어귀의 호르무즈 해협에 이르는 이 저지대는 길이가 약 2900킬로미터에 이른다. 심장지대의 이란 고지대 경계에 있는 페르시아산맥은 저지대를 굽어보고 있다. 키루스 대왕의 지휘 아래 고지대의 페르시아인이 유프라테스 평야를 침공한 사건은 고대사에서 손꼽히는 장면 중 하나다. 페르시아인은 바빌론을 정복한 뒤 시리아의 도로를 따라 다마스쿠스를 거쳐 이집트 정복을 위해 전진했다.

아르메니아 고지대에서 형성되는 유프라테스강의 협곡은 하구에서부터 직선거리로 1300킬로미터가 넘으며 알레포 인근 지중해의 동북부에서는 불과 160킬로미터 남짓 떨어져 있다. 이 협곡의 서쪽으로는 아르메니아 고원이 있는데 평균 고도가 2400미터이며 소아시아의 훨씬 낮은 반도 고원으로 이어진다. 고대사에서 두 번째로 중요한 사건은 알렉산드로스 대왕이 이끄는 마케도니아가 다르다넬스를 건너 소아시아의 탁 트인 중심부를 가로지른 일이다. 이들은 토로스산맥에서 내려와 실리시아를 거쳐 시리아에서 이집트로 침공해 들어갔다. 그러고는 이집트에서 다시 시리아를 거쳐 유프라테스 하류로 이동해 바빌론을 공격했다. 알렉산드로스는 육로를 통해 아라비아반도까지 이동했지만 사실은 해상력을 기반으로 공격을 감행했다고 봐야 한다. 이는 공격 이후 그리스어를 쓰는 거대 항구도시 알렉산드리아와 안티오크가 단기간에 성장했다는 사실에서 알 수 있다. 이 항구도시는 말하자면 내륙을 공략하는 해양 민족의 해안 수도 역할을 했다.

지리적 관점에서 이상의 사건들을 살펴보면 비옥한 지대가 서북쪽의 유프라테스강까지 확대됐다가 시리아의 빗물이 모이는 산맥을 따라 남쪽으로 구부러지고 서쪽의 이집트에서 마무리되는 모습이다. 비옥한 지대에는 농민들이 정착해 많은 인구가 거주했다. 불모지 두 곳을 제외하고 고대의 간선도로는 바빌론에서 멤피스에 이르는 곡창지대를 관통했다. 고대사의 주요 사건들을 살펴보면 이 농경 지대의 민족이 뛰어난 기동력을 갖춘 인근 민족의 지배를 받았다는 특징이 있다. 남쪽에서는 낙타 유목민이 거대한 아라비아반도를 배경으로 메소포타미아를 향해 동북쪽으로, 시리아를 향해 서북쪽으로, 이집트를 향해 서쪽으로 진격했다. 동북쪽에서는 거대한 심장지대를 배경으로 기마민족이 이란 고원에서 메소포타미아로 내려왔다. 서북쪽에서는 해양 민족이 (소아시아반도를 거치거나 곧바로 레반트 해안으로) 시리아와 이집트를 향해 이동해 유럽의 모든 수로를 장악했다.(지도 20 참조)

로마인은 아시아에서 마케도니아 점령지의 서부 지역만을 접수했다. 로마군단이 방어했던 라인강과 도나우강(다뉴브강)이 지중해에서 북쪽으로 로마 침투를 한계 지었듯 북쪽에서 남쪽으로 흐르다 도중에 동남쪽으로 굽이치는 유프라테스강의 상류도 지중해에서 동쪽으로의 침투를 한계 짓는 역할을 했다. 넓게 보면 로마 제국은 전체가 대서양 연안지대에 속한다는 점에서 지역 제국의 성격이 짙었다. 마케도니아의 지배 아래 있던 속주 다수가 이란에서 메소포타미아로 이동한 페르시아인의 후예, 파르티아인에게 정복당했다.

그러던 중 낙타 유목족에게 다시 기회가 왔다. 네지드의 중앙 오아시스와 메카와 메디나가 위치한 헤자즈의 서부 지역 아랍인들은 무함마드의 설교에 용기를 얻어 사라센군을 보냈다. 이들은 메소포타미아에서 파르티아인을 몰아내고 시리아, 이집트에서 로마인을 축출해 카이로, 다마스쿠스, 바그다드 등 고대 도로상의 비옥한 지역에 내륙 수도를 건설했다. 사라센군은 풍요로운 기반을 토대로 진정한 세계 제국을 건설하려는 듯 인근 모든 지역에 위세를 떨쳤다. 무슬림들은 바그다드에서 이란을 향해 동북쪽 방향으로 진격하면서 파르티아와 페르시아인의 남진을 이끌었던 경로를 활용했고, 인도 북부까지 영향력을 뻗쳤다. 남쪽으로는 아라비아의 예멘을 건너 사하라 이남의 아프리카 해안까지 진출했으며 낙타와 말을 활용해 수단 전 지역을 파고들었다. 이에 따라 사라센이라는 대륙 세력이 세운 제국은 아라비아 중심부를 기준으로 거대한 독수리처럼 한쪽 날개는 북부 심장지대를 거쳐 아시아의 깊숙한 곳까지, 다른 날개는 남부 심장지대를 거쳐 아프리카의 깊숙한 곳까지 영역을 확대했다.

사라센인들은 스텝과 사막에만 적합한 이동 수단으로 제국을 지배하는 데 만족하지 않았다. 앞서 페니키아인과 시바인이 그랬듯 이들도 바다로 나아갔다. 아프리카 북부의 해로와 육로를 따라 서쪽으로 이동해 바르바리와 스페인에 이르렀다. 이곳의 고원은 사하라처럼 완전히 불모지도 아니면서 유럽 반도의 대부분을 덮고 있는 삼림지대도 아니었다. 자연환경으로는 대체로 고향 땅과 비슷했던 것이다. 한편으로는 예멘에서 동쪽의 홍해 어귀와 오만의 페르시아만 어귀를 출발해 여름 계절풍을 타고 인도의 말라바르 해안까지 진출했다. 심지어 말레이 제도까지 닿았다가 겨울 계절풍을 타고 되돌아왔다. 아랍의 다우선은 지브롤터 해협에서 믈라카 해협까지, 대서양의 관문에서 태평양의 관문에까지 이르는 해상 제국을 누볐던 것이다.

사라센은 낙타 유목족이 북쪽과 남쪽을 지배하고 뱃사람들이 서쪽과 동쪽을 다스리는 원대한 계획을 세웠지만 이 구상에는 한 가지 치명적인 결함이 있었다. 사라센의 근거지인 아라비아반도에는 계획을 실현시킬 만한 인력이 충분치 않았던 것이다. 세계 제국을 열망하는 모든 정부의 전략적 사고를 고민해야 하는 현실의 연구자 누구도 역사가 일러주는 경고를 잊어서는 안 된다.

• • •

사라센 제국의 멸망이 유럽이나 인도 제국이 아닌 북부 심장지대의 공격 때문이었다는 사실에 주목할 필요가 있다. 아라비아는 심장지대 방향을 제외한 모든 방향이 바다나 사막으로 둘러싸여 있다. 아랍의 서부 해양 세력은 베네치아와 제노바의 공격을 받았고 동부의 해양 세력은 희망봉 우회에 성공한 포르투갈인에게 제압당했다. 하지만 아라비아반도에서 사라센은 대륙 세력인 튀르크인 때문에 멸망했다. 이제 거대한 북부 심장지대와 긴 초원지대의 특성을 더 자세히 살펴볼 필요가 있다. 삼림지대 남쪽에 위치한 이 초원지대는 서쪽과 동쪽 방향에서 연안지대 두 곳의 일부와 겹친다.

  스텝지대는 헝가리 평야가 동알프스와 카르파티아산맥으로 완전히 둘러싸여 있는 유럽 중부에서 시작된다.(지도 18 참조) 오늘날 밀과 옥수수 재배지가 초지를 상당 부분 대체했지만, 철도로 시장 접근성이 확대되기 전인 100년 전만 해도 이곳은 다뉴브강 헝가리 동부의 해수면과 고도가 동일한 대초원 지대*였다. 당시 헝가리인에게는 말과 소가 가진 것의 전부였다. 카르파티아산맥의 삼림 경계 너머에 주요 벨트의

---

* 대초원 지대는 스텝steppe이라고도 불린다. 동유럽 남부에서 시베리아 서남부로 이어지는 초원을 일컫는다.

스텝지대가 동쪽으로 펼쳐지며 남쪽에는 흑해 연안, 북쪽에는 러시아 삼림의 경계가 위치한다. 삼림 경계는 북위 50도의 카르파티아산맥 북단에서 북위 56도의 우랄산맥 기슭까지 사선 방향으로 러시아 평야를 구불구불 가로지른다. 모스크바는 삼림지대에서 가까운데 최근 남쪽의 스텝지대를 식민화하기 전까지는 이 삼림을 개간한 곳에 러시아인 전부가 살다시피 했다. 볼가강과 돈강까지의 스텝지대 대부분은 현재 밀밭으로 바뀌었다. 하지만 100년 전만 해도 러시아의 코사크 전초 기지는 드네프르강과 돈강을 기반으로 했고 물결치는 초지나 눈밭 사이에서 제방을 따라 서 있던 수목만 유일하게 눈에 띌 뿐이었다.

우랄산맥의 끝자락을 덮은 삼림은 광활한 스텝을 향해 남쪽으로 돌출된 곶 형태다. 하지만 초원은 우랄산맥과 카스피해의 북단 사이에 위치해 유럽에서 아시아로 이어지는 평원의 관문을 거쳐 이어진다. 스텝지대는 이 관문 너머에서도 이어져 유럽보다 더 넓은 지역을 덮고 있다. 북쪽으로는 여전히 삼림이 덮고 있으나 남쪽은 투르키스탄의 사막과 반건조 스텝지대다. 시베리아 횡단철도는 첼랴빈스크에서 초원 지대를 가로지른다. 우랄산맥의 동쪽 기슭에 위치한 첼랴빈스크 역에서 페트로그라드선과 모스크바선을 만나며 바이칼호가 유출되는 앙가라강이 위치한 이르쿠츠쿠로 향한다. 철로를 따라 밀밭이 초지를 밀어내고 있기는 하나 인구가 거주하는 지역은 가늘게 이어질 뿐이며 드넓은 지역에서는 여전히 타타르와 키르기스 기마민족이 유목생활을 하고 있다.

삼림의 경계는 서시베리아와 동시베리아 간 경계를 따라 남쪽으로 굽어 있다. 동시베리아는 울창한 삼림과 구릉이 주를 이루며 트랜스바이칼 고원에서 베링 해협으로 돌출된 아시아의 동북쪽 곶으로 갈수록 고도가 점차 낮아진다. 초원지대도 남쪽으로 굽어 있고 몽골 고원의 낮은 지대를 따라 동쪽으로 이어진다. 대저지대에서 몽골까지의 경사지는 남쪽으로 톈산天山산맥을, 북쪽으로 알타이산맥과 접하고 있는 중가리아準噶爾 분지의 '육지 해협'을 지난다. 중가리아 너머의 스텝지대는 이제 고지대에 위치하며 고비사막 북쪽의 알타이산맥과 트랜스바이칼산맥을 지나 아무르강 상류 지천까지 이어진다. 이곳에서는 몽골 고원을 만주의 저지대로 떨어지게 하는 다싱안링大興安嶺이 있고 그 동쪽을 따라 삼림지대가 펼쳐진다. 만주의 저지대는 8000킬로미터 떨어진 스텝지대 서단의 헝가리 초지와 마찬가지로 고립된 모양새다. 하지만 만주의 초지는 태평양 연안까지 이어지지는 못한다. 삼림이 울창한 해안 산맥이 훤히 트인 지역을 에워싸고 있으며 동쪽으로 흐르는 아무르강의 흐름을 북쪽으로 바꾸기 때문이다.

긴 리본 형태의 스텝지대에서 현대식 철로와 곡물 재배지를 제거하고 기마민족인 타타르, 곧 튀르크족이 거주한다고 상상해보자. 콘스탄티노플의 터키어를 오늘날 레나강 어귀에 사는 극지방 민족이 이해할 수 있다고 한다. 가뭄처럼 해마다 반복되는 사건 때문에 타타르 기마민족이 세를 결집해서 마치 눈사태가 나듯 중국이나 유럽의 농경민족을 짓밟는 일이 종종 발생했다. 서양에서는 처음에 이 기마민족을 훈족이라고 불렀다. 5세기 중반에 훈족은 위대하지만 잔악한 지도자 아틸라의 지도 아래 헝가리를 습격했고 다시 이곳에서 서북쪽, 서쪽, 서남쪽 방향으로 공격을 이어갔다. 서북쪽에서는 훈족에게 침략당한 게르만족이 대혼란에 빠졌으며 바다에 인접한 앵글족과 색슨족은 바다를 건너가 브리튼섬에 새 터전을 잡기까지 했다. 훈족은 서쪽의 갈리아까지 침투했지만 저 유명한 샬롱 전투에서 패했다. 샬롱에서는 프랑크족과 고트족, 로마 속주가 단결해 동쪽에서 침입한 공공의 적에 맞섰고 오늘날 프랑스인의 뿌리도 이때 형성됐다. 아틸라는 서남쪽에서 밀라노까지 진격했다. 이 과정에서 로마의 주요 도시인 아퀼레이아와 파두아를 파괴했는데 약탈을 피해 바다 위의 석호潟湖로 도망친 사람들이 세운 도시가 베네치아다. 아틸라

지도 22 동유럽의 삼림과 스텝지대.
부록에 실린 저자의 논문 「지리학으로 본 역사의 추축」의 다이어그램 참고.

는 밀라노에서 로마 교황 레오 1세를 만났다. 이유는 알 수
없지만 아틸라가 진격을 멈춘 덕분에 로마 교황은 체면을 지
켰다. 결과적으로 보면 해양 세력이 심장지대의 맹공에 맞서
는 과정에서 잉글랜드인과 프랑스인, 베네치아의 해양 세력,
교황이라는 중세 최고 권위의 제도가 형성됐다. 오늘날 현대

판 훈족의 맹공에 맞서는 과정에서도 위대하고 이로운 일이 벌어지지 않으리라고 누가 장담할 수 있겠는가?

몇 년 후 훈족은 배후의 인력이 충분치 않았는지 공격을 중단했다. 때리는 힘은 질량뿐 아니라 속도와도 관계있다. 훈족의 일부 세력은 헝가리 평야의 초지에 남아 서부로 진격하는 또 다른 기마민족 아바르인에 흡수된 것으로 추정된다. 샤를마뉴가 진격을 저지하기 위해 맞서 싸웠던 아바르인이 바로 오늘날의 마자르인이다. 앞서 10세기에 독일 지역을 유린한 마자르 튀르크인은 서기 1000년에 로마 기독교로 개종해 라틴 기독교에 일종의 방어벽 역할을 했다. 이에 타타르도 더 이상 헝가리를 넘볼 수 없었다. 그렇긴 해도 불과 100년 전까지 마자르인의 경제 터전은 스텝지대를 크게 벗어나지 못했다.

중세의 암흑시대 수백 년을 돌아보면 북쪽 바다에서는 노르인 이교도들이, 지중해에서는 사라센인과 무어인 이교도들이 해적 행위를 일삼았다. 아시아에서 온 튀르크 기마민족은 적대적인 해양 세력이 에워싸자 기독교 반도의 중심지에 일격을 가했다. 우리는 오늘날의 유럽을 형성한 절구와 절굿공이의 관계에 대해 숙고할 필요가 있다. 여기서 절굿공이 역할은 심장지대의 대륙 세력이었다.

· · ·

지금껏 살펴본 역사적 사건을 지도에서 확인해보면 중요한 의미를 지닌 전략적 사실이 드러난다. 대저지대의 연속적인 평야가 심장지대의 대륙 및 북극해의 유역부터 유럽 반도의 동쪽까지 겹친다는 점이다. 드네프르강과 다뉴브강 등 유럽의 하천으로 형성된 유역에는 기마민족의 서진을 막아줄 만한 장벽이 존재하지 않았다. 심장지대에서 유럽으로 통하는 탁 트인 통로와는 대조적으로 심장지대의 동쪽과 동남쪽에 위치한 자연적 장벽으로 인해 인도와의 경계가 만들어졌다. 인구 대국인 중국과 인도는 지구상에서 가장 거대한 산지의 동쪽과 남쪽 경사면을 따라 자리잡고 있다. 인도 북부에 2400킬로미터에 걸쳐 있는 히말라야산맥의 남쪽 면은 해발고도가 300미터에서 시작해 정상이 8500~8800미터에 달한다. 하지만 히말라야는 티베트 고원의 경계에 불과하다. 티베트 고원의 총면적은 프랑스, 독일, 오스트리아-헝가리를 합친 정도이며 평균 고도는 4500미터로 알프스의 최고봉인 몽블랑의 높이와 같다. 이런 사실과 비교해보면 낮은 고원과 저지대, 이란 고원과 대저지대의 구분이 부차적으로 느껴진다. 티베트와 이에 딸린 히말라야, 파미르, 카라코람, 힌두쿠시,

톈산을 총칭해 티베트 고산지대라 부른다면, 면적으로나 높이의 위용에서 지구상에 티베트 고산지대에 필적할 만한 대상은 없다. 문명의 발전으로 사하라 사막을 하루에 왕복하는 시대가 온다 해도 '세계의 지붕' 티베트는 우회할 수밖에 없을 것이다. 중국과 인도 간 육상 경로도 분리된 상태를 유지할 가능성이 크다. 양국에게 서북 경계는 특별한 의미를 가질 수밖에 없다.

티베트의 북쪽은 대륙의 유역 상당 부분을 차지하는 심장지대에 포함되며, 마찬가지로 심장지대에 속하는 몽골 고원으로 이어진다. 고도 측면에서 몽골 고원은 티베트보다 훨씬 낮으며 이란 고원과 비슷한 수준이다. 자연적으로 형성된 통로 두 곳이 몽골의 건조한 지대를 지나 중국의 비옥한 저지대를 향한다. 하나는 티베트의 간쑤성甘肅省을 거쳐 동북단을 돌아 인구 100만의 쓰난思南 구이저우성 퉁런에 있는 현으로 가는 길이며, 다른 하나는 바이칼호에서 동남 방향으로 (역시 인구 100만의 도시) 베이징으로 곧장 가는 길이다. 중국의 저지대에 위치한 쓰난과 베이징은 심장지대에서 침략한 정복자가 건설한 수도다.

이란 고원과 인도 사이에도 자연적 통로 두 곳이 존재한다. 하나는 힌두쿠시의 높고 좁은 등성이를 따라 카불 계곡까지 이어지며 카이베르 고개를 지나 아톡의 인더스강 도하 지점까지 이르는 길이다. 또 하나는 헤라트와 칸다하르를 거쳐 아프가니스탄 산마루의 끝자락을 돌아 인더스강까지 볼란 협곡을 지나는 길이다. 인더스강 바로 동쪽에 위치한 인도 사막은 대양부터 히말라야까지 이어진다. 이에 따라 볼란과 카이바르 길은 펀자브에서 합쳐져 인도의 내측 입구를 향하며 사막과 산맥 사이의 통로가 된다. 줌나-갠지스강 항해의 출발 지역에 위치한 델리는 중국의 쓰난, 베이징과 마찬가지로 심장지대의 정복자가 설립한 수도다. 중국과 인도 모두 좁고 험준한 길을 따라 이동한 심장지대의 세력에게 반복적으로 침략을 당했다. 하지만 침략의 결과 설립된 제국은 이내 스텝지역에서 온 세력의 지배로부터 벗어났다. 예컨대 인도의 무굴 제국은 내륙의 몽골족 후손이 세웠다.

• • •

지금까지의 논의를 종합하면 심장지대와 이란, 투르키스탄, 시베리아의 더 광활한 서부 지역 간의 관계가 중국, 인도나 아프리카의 남부 심장지대보다는 유럽, 아라비아와 더 밀접하다는 결론을 얻을 수 있다. 북부 심장지대와 아라비아, 유

지도 23 티베트 고산지대와 심장지대에서
중국, 인도에 접근하는 경로.

발트해

흑해

심장지대

페르시아만

아덴만

아라비아해

벵골만

태평양

지도 24 심장지대에 흑해, 발트해 유역과
중국 및 인도 하천의 최상류 (고원) 계곡을 추가한 지도.

럽을 합한 지역에는 사하라 사막, 티베트 산악지대처럼 강력
한 자연적 장벽이 존재하지 않는다. 이 세 지역 간의 긴밀한
관계는 메소포타미아와 시리아 역사의 핵심적인 특징을 이루
게 한 지형적 특성에서 잘 드러난다. 메소포타미아와 시리아
의 농민은 언제나 심장지대의 기마민족 후예들, 아라비아의
낙타 유목족, 유럽 해양 세력의 침략에 노출돼 있었다. 그렇
더라도 심장지대와 아라비아 및 유럽 사이의 경계는 유동적
으로 변하는 성질이 있어 면밀히 살펴볼 가치가 있다.

페르시아산맥은 메소포타미아의 북쪽 끝을 돌아 서쪽으로
길게 굽어 있으며 소아시아의 반도 고원 남쪽 끝자락에 위치
한 토로스산맥과 이어진다. 소아시아의 중앙에는 사막이 있
고 그 가까이에 스텝지대가 있으며 토로스산맥에서 발원하는
하천이 유입되어 형성된 염호도 있다. 규모가 더 큰 하천은
발트해를 향해 북쪽으로 흐른다. 에게해 너머에는 역시 발트
해로 유입되는 다뉴브강으로 형성된 거대한 분지가 있다. 다
뉴브강 지류의 원류는 아드리아에서 매우 가까운 일리리아
고원에 위치한다. 일리리아 고원의 가파른 끝자락은 아름다
운 달마티아식 해안 위에 디나르 알프스라는 이름의 거대한
벽을 만든다.

이에 따라 토로스산맥과 디나르 알프스는 지중해와 아드리

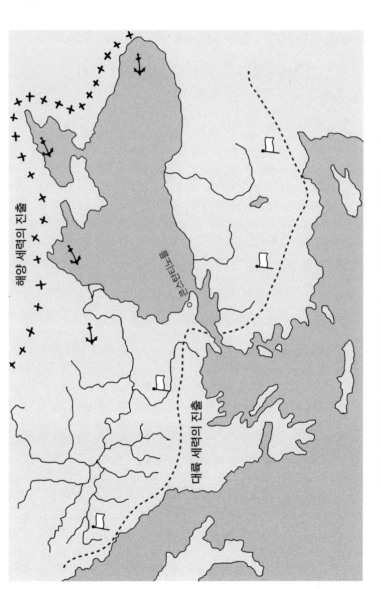

해양 세력의 진출

콘스탄티노플

대륙 세력의 진출

지도 25 지중해 지중해가 해양 세력이 흑해에 진입했을 때(+++)와 대륙 세력이 스텝지대에서 토로스 및 디나르 알프스로 진출했을 때(―――) 심장지대의 경계를 보여주는 지도.

아해를 향한 가파른 장벽이 되는 동시에 긴 하천을 흑해로 연결한다. 흑해를 향해 고원을 가로지르는 에게해가 없었다면, 또 흑해의 모든 하천수와 함께 남쪽으로 흐르는 다르다넬스 해협이 없었다면 토로스와 디나르 알프스는 높이 솟은 단일 산맥으로서 내측의 흑해를 외측의 지중해와 아드리아해에서 분리하는 육상 장벽 역할을 했을 것이다. 그 끝자락이 심장지대의 경계가 되는 다르다넬스 해협이 없었다면 흑해와 흑해에 유입되는 모든 하천은 '대륙'의 수계에 포함됐을 것이다. 제1차 세계대전에서 그랬듯 대륙 세력으로 인해 다르다넬스 해협이 지중해의 해양 세력에게 폐쇄된다면 인간의 이동에 관한 한 앞서 언급한 가정이 현실화될 수 있다.

로마 황제는 다뉴브강과 유프라테스강 경계의 중앙에 위치한 콘스탄티노플에 동로마의 수도를 건설했다. 콘스탄티노플은 유럽에서 아시아로 향하는 교량 도시에 가까웠다. 지중해 세력인 로마는 흑해 북쪽 연안을 병합하지 않았기 때문에 흑해 자체가 로마 제국의 경계 역할을 했다. 스텝지대는 스키타이인(터키족)이 차지했고 크림반도의 해안을 따라 해양 세력이 드문드문 무역소를 설치하는 정도였다. 이에 따라 콘스탄티노플은 지중해의 해양 세력이 중앙의 해상 경계를 지키는 한편, 로마 군단이라는 대륙 세력이 하천을 따라 서쪽과 동쪽의 경계를 지키는 지점이었다. 큰 그림에서 전략적 의미로 보면 로마 제국은 소아시아와 발칸반도를 포함한 심장지대까지 진출했다고 볼 수 있다.

이후의 역사는 기초적인 지리적 사실과 좀더 분명한 관계가 있으나 방향은 그 반대였다. 중앙아시아의 튀르크족 일부는 아라비아로 가는 도중 이탈해서 메디아와 아르메니아의 고원을 내달려 소아시아의 광활한 스텝지대를 새로운 터전으로 삼았다. 한두 세기 전 마자르 튀르크인이 발트해 북부를 돌아 헝가리의 스텝지대로 이동한 사건과 유사했다. 오스만 왕조의 튀르크 기마병들은 위대한 지도자의 지휘 아래 다르다넬스 해협을 건넜다. 마리차와 모라바 계곡의 '회랑'을 따라 발칸산맥을 통과한 이들은 마자르 헝가리의 정복에 성공했다. 1453년 콘스탄티노플이 튀르크인의 손에 함락당하던 순간부터 베네치아와 제노바 해양 세력은 흑해에 접근할 수 없었다. 로마 제국 당시 해양 세력은 활동 영역을 흑해의 북부 해안까지 확대했지만, 오스만튀르크 시대에는 기마민족의 영역인 심장지대가 디나르 알프스와 토로스산맥까지 확장됐다. 이처럼 중요한 사실은 튀르크가 심장지대 너머 아라비아로 세력을 뻗치면서 간과됐지만 오늘날 영국이 아랍인의 아라비아를 재정복했을 때 분명하게 드러났다. 최근 심장지대

내에서 흑해는 영국의 적인 독일이 전략적 계획을 추진하는 통로가 되었다.

당초 우리는 하천 유역을 기준으로 심장지대를 정의했다. 하지만 역사는 전략적 사고 차원에서 심장지대를 더 넓게 볼 것을 요구하고 있다. 인류의 이동성과 다양한 이동 수단이라는 관점을 고려하면 현재 대륙 세력이 흑해를 폐쇄할 수 있기 때문에 흑해 유역 전체를 심장지대로 봐야 한다. 항해 측면에서 거의 가치가 없는 바이에른의 다뉴브강 정도만 심장지대에서 제외할 수 있을 것이다.

이 밖에 한 가지 자연환경을 더 추가해야 한다. 지리와 역사적 사실을 기초로 심장지대 개념이 부각되고 있기 때문에 심장지대라는 전체 개념을 살펴야 한다. 발트해는 현재 대륙 세력에 의해 '폐쇄'될 수 있는 바다다. 킬에 위치한 독일 함대가 발트해에 연합국의 소함대 진입을 막기 위해 기뢰와 잠수함을 배치하기는 했지만 이것이 대륙 세력에 의한 '폐쇄'의 의미를 충분히 보여주고 있진 않다. 연합군이 해양 세력 덕분에 프랑스에 주둔할 수 있었던 것처럼 독일이 발트해에 방어 시설을 갖춘 것은 대륙 세력 덕분이었다. 향후 또 다른 전쟁의 발발을 막을 평화 조약을 체결할 때 최우선적으로 고려할 사항이 있다. 하원에서 관련 장관이 인정했듯, 현 조건 아래에서 섬사람들의 함대가 흑해로 다닐 수 없듯 발트해로도 다닐 수 없음을 인식하는 일이 무엇보다 시급하다.

전략적 사고 차원에서 심장지대는 발트해, 항해가 가능한 다뉴브강 중류 및 하류, 흑해, 소아시아, 아르메니아, 페르시아, 티베트, 몽골을 아우른다. 따라서 심장지대 안에는 브란덴부르크–프로이센, 오스트리아–헝가리, 러시아라는 광대한 인적 기지 세 곳이 존재한다. 역사적으로 기마민족은 이처럼 풍부한 인력을 확보하지 못했다. 심장지대는 현대적 조건 하에서 해양 세력의 접근이 차단될 수 있는 곳이다. 이곳을 지리적으로 긴밀하게 연결시키는 물리적인 환경이 존재한다. 무더운 메소포타미아를 굽어보는 페르시아산맥의 끝자락을 포함해 심장지대 전체가 겨울에 눈으로 뒤덮인다는 사실이다. 1월의 평균 결빙 온도를 나타내는 선은 노르곶을 출발해 남쪽 방향으로 노르웨이 연안을 지나 덴마크를 거쳐 독일 중부와 알프스로 연결된다. 또한 알프스에서 발칸산맥을 따라 동쪽으로 이어진다. 오데사만과 아조프해, 발트해의 상당 부분은 일 년 내내 결빙 상태라 한겨울 달에서 지구를 보면 심장지대는 거대한 흰색 방패에 덮인 모습일 것이다.

중세가 막을 내릴 무렵 러시아 코사크인이 처음으로 스텝 지대를 장악하면서 거대한 변화가 일어났다. 아랍인이나 타타르인은 제국의 유지에 필요한 충분한 인력을 확보하지 못했지만 코사크인의 배후에는 러시아 농민들이 있었다. 흑해와 발트해 사이의 비옥한 평야를 일구는 이 농민들의 숫자는 현재 1억 명으로 증가했다. 19세기에는 대심장지대 내에서 러시아 제국이 무척 거대해 보였고 아시아와 유럽의 주변부 전체를 위협하는 듯했다. 그러나 19세기 말 프로이센과 오스트리아의 독일인은 슬라브인을 진압해 중국, 인도, 아라비아와 더불어 아프리카의 심장지대로 향하는 육로인 심장지대를 차지하기로 결정했다. 독일은 육로의 종착지인 자오저우만膠州灣 중국 산둥성 동부의 만과 동아프리카에 군사적 식민지를 세웠다.

오늘날 군대는 대륙 횡단철도뿐 아니라 자동차, 항공기를 활용해 어디든 이동할 수 있다. 항공기는 대륙 세력이 해양 세력에 맞서는 무기 역할도 한다. 게다가 현대식 대포는 함대에 대해 가공할 만한 위협을 가하고 있다. 즉, 심장지대와 아라비아를 차지한 거대 군사 강국은 수에즈에 위치한 전 세계의 교차로를 손쉽게 손에 넣을 수 있다. 해양 세력은 제1차 세계대전 초반부터 흑해에 잠수함이 배치됐다면 운하를 지키기가 매우 어려웠으리라는 사실을 깨달았을 것이다. 이번에는 우리가 이런 위험을 피해갔지만 지리적 사실에는 변함이

지도 26 조만간 세계도는 철로, 항공로 덕분에 하나가 될 것이다.
항공로는 철도의 주요 노선과 나란히 뻗어 있다.

없기 때문에 대륙 세력이 해양 세력에 맞설 전략적 기회는 점점 커질 것이다.

세계도가 대양에 둘러싸여 있듯 그 세계도 안에는 심장지대가 (경계는 불분명하더라도) 분명히 존재한다. 불과 100년 전만 해도 세계도 속의 심장지대라는 요새는 전 세계의 자유를 위협할 만한 인적 기반을 충분히 갖추지 못했다. 국제연맹의 성문 헌장은 심장지대가 또다시 세계대전의 중심지가 되는 것을 막기에는 역부족인 종잇조각에 불과하다. 아직 연맹의 틀이 유동적인 만큼 지리적, 경제적 사실에 근거해 미래에 인류의 안전을 보장할 방안을 강구할 수 있다. 이를 염두에 두고 최근 심장지대가 폭풍우에 휩싸이게 된 과정을 살펴보는 일은 충분히 가치가 있다.

제5장

제국의 각축전

대항해 시대에 바다 탐험에 나선 서유럽의 뱃사람들과 심장지대의 스텝을 누비던 러시아 코사크인들은 흥미진진한 대비를 이뤘다. 코사크의 수장 예르마크는 마젤란이 세계 일주에 성공한 10년 뒤(1533)에 말을 타고 우랄산맥을 넘었다. 비슷한 대비가 20세기 초에도 반복되려 한다. 1900년 영국은 바다 건너 1만 킬로미터 가까이 떨어져 있는 곳에서 보어인들과 전쟁을 하면서 25만 명의 군인을 파견하는, 역사상 전례 없는 모험을 강행했다. 비슷한 시기인 1904년에 러시아가 기차로 6500킬로미터 떨어진 만주 지역에서 일본군과 싸우기 위해 25만 명의 병력을 배치한 사건 역시 놀랍다. 우리는 바다에서의 이동성이 육지를 앞지른다고 흔히 생각하며, 얼마간 이것은 사실이었다. 50년 전 북아메리카를 횡단하는 최초의 철도가 개통됐음에도 당시 세계 물류의 90퍼센트를 해상 운송이 담당하고 있었다는 사실은 기억할 만하다.

우리는 코사크인의 스텝지대 장악이 얼마나 중요한 의미를 갖는지 제대로 평가하지 못하고 있다. 그 원인 중 하나는 러시아에 대한 인식에 있다. 우리는 러시아가 독일, 오스트리아 국경에서 동쪽으로 수천 킬로미터 떨어진 저 멀리 베링 해협까지 지도상에서 동일한 색으로 표현되는 방대한 면적에 얼마 안 되는 인구가 사는 나라라고 막연히 인식한다. 그런데 제1차 세계대전 발발 이후 3년 동안 러시아군이 모집한 병사의 80퍼센트 이상을 공급한 '실질적인' 러시아는 지도상의 표시 지역보다 훨씬 더 협소하다. 러시아인의 본거지에 해당되는 러시아는 온전히 유럽에 속하며 유럽에서 일반적으로 러시아라고 간주하는 지역의 절반 정도에 불과하다. 이런 점에서 러시아의 경계는 프랑스나 스페인의 해안선 못지않게 명확하다. 지도를 펼쳐놓고 선을 그려보자. 페트로그라드지금의 상트페테르부르크를 출발해 동쪽으로 볼가강 상류를 따라 카잔의 하천에서 큰 활 모양을 그리고 볼가강 중류를 따라 남쪽으로 이동해 차리친지금의 볼고그라드에서 또다시 활처럼 휘어진

지도 27 — 러시아의 인구 밀집 지역 경계를 나타내는 선.

선이다. 마지막으로 이 선을 서남쪽 방향으로 그어 돈강 하류를 따라 로스토프와 아조프해에서 마무리한다. 이 선의 서쪽과 남쪽에 러시아인이 1억 명 이상 거주한다. 러시아의 주류인들은 볼가강과 카르파티아 사이, 발트해와 흑해 사이의 평야에 거주하며 평균 인구밀도는 평방마일당 약 150명이다.

인구밀도는 앞서 그렸던 선을 넘어가면 급격히 떨어진다.

페트로그라드와 카잔의 북쪽은 북러시아로 울창한 삼림이 거대하게 펼쳐지고 이따금씩 습지가 나타난다. 러시아 전체 면적의 절반 이상을 차지하는 이 지역을 러시아인의 본향이라고 정의한다. 북러시아의 인구는 200만이 채 되지 않는다 (평방마일당 3명 미만). 볼가강과 돈강 동쪽에서 우랄산맥과 카스피해까지가 동러시아로, 면적은 북러시아와 비슷하며 약 200만의 인구가 거주한다. 하지만 북러시아와 동러시아 사이의 카마 계곡은 인구 집약도가 높은 지대다. 인구 벨트는 카잔과 사마라에서 동쪽으로 우랄산맥 방향을 향해 뻗어 있으며 예카테린부르크 광산을 지나 시베리아로, 서시베리아를 넘어 바이칼호 인근의 이르쿠츠크에 이른다. 볼가강 동편의 인구 밀집지에 약 2000만 명의 사람이 산다. 카잔과 사마라에서 이르쿠츠크에 이르는 전 지역은 기마민족을 제외한 농경민족으로만 따지면 정주 역사가 그리 오래되지 않았다.

카잔에서 차리친으로 남쪽 방향으로 흐르는 볼가강 중류는 러시아뿐 아니라 유럽 쪽에서도 중요한 해자垓字 역할을 한다. 볼가강 동쪽 기슭에는 '목초지 안岸'이, 맞은편 서쪽 기슭에는 '구릉 안岸'이 있다. 서안西岸은 수백 미터 높이의 경사면으로 1100킬로미터에 이르는 하천을 굽어본다. 이곳은 인구 거주 지역을 나타내는 경계로 고도가 해수면보다 약간 더 높다. 경계에 서서 드넓은 하천 너머 동쪽을 내려다보면 등 뒤에는 인구가 밀집한 유럽이, 눈앞에는 키 작은 초지가 건조한 스텝지대의 반불모지를 향해 점차 옅어져간다. 광활한 중앙아시아의 입구에 서 있는 셈이다.

러시아 내전러시아 혁명 직후 일어났으며 1917년 11월에서 1922년 10월까지 이어졌다이 벌어지면서 최근 몇 달 동안 이 지역에서 자연적, 사회적으로 극적 대비가 나타나게 된 요인에 대한 설명이 많이 제시되었다. 북러시아 전체를 통틀어 마을보다 규모가 큰 소도시는 두세 곳 정도밖에 없고 볼셰비키는 도시를 근거지로 하기 때문에 볼가강 북부에서는 볼셰비즘이 이렇다 할 영향을 미치지 못했다. 또한 삼림 노동자 위주로 구성되고 인구밀도가 낮은 변경의 정착지에서는 식민지 전통이 유지돼 일반적인 농촌의 정치적 감정이 싹틀 기반이 없었다. 그러니 소농들이 볼셰비키를 지지할 리가 없었다. 덕분에 아르한겔스크에서 드비나강 상류의 볼로그다에 이르는 철도 노선을 따라 바다, 서유럽과의 교류가 오랫동안 유지됐다. 시베리아 횡단철도는 페트로그라드를 출발해 볼로그다를 지난다. 모스크바에서 볼로그다까지 곧바로 연결하는 지선도 있는데 볼가강 위에 설치된 야로슬라프의 다리를 지나면 진정한 러시아를 떠나 북러시아로 진입한다고 볼 수 있다. 연합국이 페트로그라드와 모스크바에서 철수했을 때 대사관을 볼로그다에 잡은 것도 이 때문이었다. 이것은 아르한겔스크, 블라디보스토크와 교류할 수 있는 편의를 제공하는 대체 지역이기도 했지만 볼셰비키의 러시아 바깥에 위치한다는 사실이 특히 중요했다.

체코-슬로바키아 군대가 시베리아 횡단철도의 모스크바선을 따라 펼친 작전은 더 주목할 만하다. 우랄 코사크인의 도움으로 우랄산맥에서 진군한 이들은 '목초지 안岸'을 지나는 철도가 위치한 사마라를 차지했다. 이어 시즈란의 강을 건너는 거대한 교량도 손에 넣었고 심지어 인구밀도가 그리 높지 않은 지역에서 철로를 따라 '진정한' 러시아에 속하는 펜자까지 단거리로 침투하기도 했다. 또 하천을 거슬러 카잔에 당도했다. 체코-슬로바키아인은 '진정한' 러시아라고 부를 만한 지역의 경계를 맴돌면서 외부에서 위협을 가했다. 이를 고려하면 영국의 원정대가 아르한겔스크에서 배를 타고 드비나강에서 코틀라스까지 이동한 뒤 철도로 시베리아 횡단철도의 바트카까지 이동한 작전은 꽤 신중해 보이기까지 한다.

진정한 러시아에 대한 정의는 러시아뿐 아니라 19세기 유럽에도 새로운 의미가 있다. 지도에서 유럽을 살펴보자. 스칸

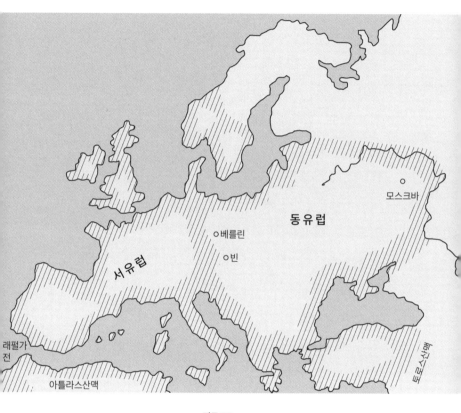

지도 28

'진정한' 유럽인 동유럽 및 서유럽에 바르바리, 발칸반도, 소아시아를 추가한 영역.

디나비아, 핀란드, 러시아의 북부 전체와 남쪽의 캅카스에 이르는 동러시아는 텅 비어 있다시피 하므로 논외로 한다. 발칸 반도에서 터키가 지배하는 지역도 제외하자. 영국의 여행작가이자 역사가인 킹레이크는 1844년 『외텐Eöthen』에서 배를 타고 사브강을 건너 베오그라드로 이동하면서 동으로 진입한다고 묘사했다. 베오그라드 조약(1739)으로 결정된 튀르크 제국과 오스트리아의 경계는 1878년까지 그대로 유지됐다. 그러므로 진정한 유럽, 다시 말해 유럽 민족이 거주하며 해외에 식민지를 보유하고 있는 기독교인 유럽은 상당히 명확한 사회적 개념이었다. 육상 경계는 페트로그라드에서 카잔까지 직선으로 이어지다가 볼가강과 돈강을 따라 카잔에서 흑해까지 휘어지고 터키의 변방을 따라 아드리아해 근처에 이른다. 이 유럽의 한쪽 끝에 바다를 향한 세인트빈센트곶이 있고 다른 한쪽 끝에는 볼가강의 만곡으로 형성된 카잔의 육지 곶이 있다. 베를린은 세인트빈센트와 카잔의 정중앙에 위치한다. 제1차 세계대전에서 프로이센이 승리했다면 세인트빈센트부터 카잔까지의 대륙적 유럽과 더불어 아시아의 심장지대를 해상 기지로 삼아 영국, 미국을 상대로 또 다른 전쟁을 벌였을 것이다.

이제 유럽을 동과 서로 나눠보자. 아드리아해에서 북해까지 선을 연결하되 베네치아와 네덜란드, 유럽사 초기부터 게르만이 차지했던 독일 지역은 서쪽에 위치시키고 베를린, 빈은 동쪽에 놓는다. 프로이센과 오스트리아는 게르만이 정복해서 어느 정도 강제로 튜턴화한 국가이기 때문이다. 이렇게 지역을 나눈 지도를 통해 지난 4세대의 역사를 '숙고'해보면 새로운 일관성이 드러난다.

• • •

영국의 명예혁명은 군주의 권력을 제한했고 프랑스 혁명은 인민의 권리를 주장했다. 프랑스 내부가 무질서한 상황에서 외세의 침략이 이어지자 조직자 나폴레옹이 구원자로 떠올랐다. 나폴레옹은 벨기에와 스위스를 침공하고 주변의 스페인, 이탈리아, 네덜란드 왕의 자리에 자기편을 앉혔다. 또한 속국이었던 옛 독일과 라인동맹을 맺었다. 나폴레옹은 브리튼섬을 제외한 서유럽 전체를 통일한 셈이다. 이어 나폴레옹은 동유럽으로 진군해 오스트리아, 프로이센에 대해 승리를 거뒀지만 병합시키지는 않았다. 다만 러시아로 진격했을 때 두 나라가 동맹 노릇을 하도록 압박했다. 우리는 러시아가 퇴각한 모스크바 너머에 광활한 공간이 있었다는 이야기를 흔히 들곤 한다. 사실 나폴레옹은 모스크바에 당도하자마자 당시 러시아의 주요 인구 밀집 지역으로 곧장 진군했다.^{교전 중인 군대에} 물자를 보급할 수 있는 영토로 진군한 것이다. 나폴레옹이 패배한 원인은 프랑스군의 기력이 쇠해서이기도 했지만 근본적으로는 서유럽의 프랑스 영토가 영국이라는 해양 세력에게 포위된 데있었다. 영국은 유럽 외부에서 자국으로 물자를 수송하면서 서유럽으로의 보급을 차단시킬 수 있었다. 영국은 동유럽의 강국과 동맹을 맺었는데 동맹국과 교류할 수 있는 통로는 단한 곳, 바로 발트해였다. 영국이 코펜하겐에서 두 번이나 해상 작전을 펼친 이유가 여기에 있었다. 제해권 덕분에 영국은 네덜란드, 스페인, 이탈리아에 군대를 상륙시켜 후방에서 나폴레옹의 전력을 약화시킬 수 있었다. 흥미롭게도 트래펄가에서 거둔 결정적 승리와 모스크바에서의 전세 역전이 '진정한' 유럽 지역의 양극단에서 발생했다. 나폴레옹 전쟁은 면적이나 인구 면에서 큰 차이가 없었던 서유럽과 동유럽 사이의 싸움이었다. 서유럽은 고도의 발전으로 우위에 있었지만 영국이라는 해양 세력의 견제를 받았다.

동유럽은 워털루 전투 이후 러시아, 오스트리아, 프로이센 삼국의 신성동맹으로 통합됐다. 세 나라는 마치 자석에 이끌리듯 서쪽 방향으로 진격했다. 러시아는 폴란드의 영토 대부분을 차지해 정치적 반도를 유럽 반도의 심장부로 확대했다. 오스트리아는 달마티아 해안과 더불어 이탈리아 북부의 베네치아, 밀라노를 손에 넣었다. 프로이센은 서유럽에서 옛 독일에 해당되는 지역을 차지했다. 이 영토는 라인란트와 베스트팔렌으로 나뉘어 있었다. 프로이센의 옛 독일 영토 합병은 러시아의 폴란드 합병이나 오스트리아의 이탈리아 합병보다 훨씬 더 중요했다. 라인란트는 고대부터 문명화된 지역이며 나폴레옹 법전을 채택해 지금까지도 사용하고 있는 곳이다. 프로이센이 서유럽으로 세력을 확대한 순간부터 자유주의 성향인 라인란트와 보수주의 성향인 베를린의 브란덴부르크는 서로 다툴 수밖에 없었다. 하지만 당시 유럽은 싸울 기력이 남아 있지 않았기에 갈등은 잠시 수면 아래로 가라앉았다.

그 사이 영국 해군은 헬골란트, 포츠머스, 플리머스, 지브롤터, 몰타에서 서유럽을 에워쌌다. 1830~1832년에 촉발된 변화로 서유럽의 일시적 반동은 그쳤고 영국, 프랑스, 벨기에에서 중산층이 권력을 잡았다. 1848~1850년에는 민주주의 운동이 라인강 동쪽으로 퍼져나갔다. 중부 유럽은 자유와 민족주의 사상으로 활활 타올랐지만 오직 두 사건 정도만 결정적이었던 것으로 보인다. 우선, 1849년에 러시아군이 헝가리로 진격한 사건을 들 수 있다. 그 결과 마자르족은 또다시 오스트리아의 지배를 받게 됐고 오스트리아는 이탈리아와 보헤미아에 대한 패권을 주장하기에 이르렀다. 두 번째는 1850년 올뮈츠에서 열린 협약이다. 서유럽의 프랑크푸르트는 프로이센 국왕을 전체 독일의 황제로 추대하기로 결의했지만 협약에서 러시아와 오스트리아가 거부했다. 이로 인해 동유럽 통일의 필요성이 계속 제기됐고 라인란트의 자유주의 운동은 명백하게 실패로 돌아갔다.

파리와 페트로그라드의 대사를 지내고 프랑크푸르트에 머물던 비스마르크는 1860년 베를린에서 프로이센의 수상에 임명됐다. 그는 서유럽과 프랑크푸르트의 이상주의뿐 아니라 베를린과 동유럽의 조직을 기반으로 독일을 통일하려는 구상을 세웠다. 1864년과 1866년 베를린은 서독일을 침략해 하노버를 합병했고 이로 인해 융커근대 독일 특히 동프로이센의 보수적인 지주 귀족층을 일컫는 말 군국주의가 라인란트로 진출할 수 있는 길이 열렸다. 한편으로 베를린은 마자르족이 오스트리아–헝가리 이중 정부를 세우도록 지원해 경쟁국인 오스트리아의 세력을 약화시켰다. 앞서 프랑스는 밀라노를 서유럽으로 회복시켰다. 1866년에 벌어진 프로이센과 오스트리아의 전쟁은 기본적으로 내전의 성격이 짙었다. 프랑스와의 전쟁에서 이미 힘을 과시한 프로이센이 1872년 3제 동맹을 형성해 잠시나마 신성동맹의 동유럽을 복원했을 때 이 사실은 분명해졌다. 이제 동유럽의 중심지는 러시아가 아니라 프로이센이었다. 또한 동유럽은 서유럽에 맞서 라인 강변에 '세력 경계 지역'을 형성했다.

비스마르크는 프로이센-프랑스 전쟁 뒤 약 15년에 걸쳐 동유럽과 서유럽 모두를 지배했다. 서유럽에서는 프랑스, 이탈리아, 스페인이라는 로망스 세력을 분리시키는 전략을 썼다. 세 나라와 아랍인의 '서쪽 섬' 바르바리의 관계를 이용해 성과를 냈다. 프랑스는 바르바리의 중앙부인 알제리를 차지했는데 비스마르크는 프랑스가 동쪽의 튀니스와 서쪽의 모로코까지 세력을 확장하도록 부추겼다. 이 때문에 프랑스는 이탈리아, 스페인과 갈등을 빚었다. 동유럽에서는 발칸반도를 놓고 러시아와 오스트리아도 갈등관계에 있었다. 그런데 비스마르크는 서유럽과 달리 동유럽에서는 두 동맹의 단결을 추진했다. 1878년 오스트리아와 2국 동맹을 맺은 뒤 그는 비밀리에 러시아와 재보장 조약을 체결했다. 동유럽에서는 프로이센의 통제 아래 단단한 결속을 추구하면서 서유럽에서는 분열을 조장했다.

• • •

　지금껏 살펴본 사건은 그저 흘러간 과거와 죽은 역사가 아
니다. 동유럽과 서유럽이 본질적으로 대립관계임을 일깨워주
는 사건으로, 세계적 차원에서도 중요한 의미를 지닌다. 독일
을 가로지르는 경계선은 역사적으로 동유럽과 서유럽의 경계
를 나타내는 한편, 전략적 의미에서 연안지대와 심장지대를
분리하는 역할도 하기 때문이다.

　서유럽을 구성하는 핵심 요소로 로망스와 튜턴을 꼽을 수
있다. 이 지역에서 가장 중요한 두 나라인 영국과 프랑스를
보면 오늘날 어느 한 나라가 다른 나라를 침략할 가능성은 없
다. 양국 사이에는 해협이 놓여 있지 않은가? 물론 중세 시대
에 프랑스 기사가 3세기에 걸쳐 영국을 통치하고 영국이 1세
기 동안 프랑스 지배를 시도한 것은 사실이다. 그러나 메리
여왕이 칼레를 상실하면서 이런 관계는 반복되지 않았다. 18
세기에 벌어진 양국 간 전쟁은 프랑스 군주의 유럽 대륙 지배
를 막기 위한 것이었다. 라인 강변 튜턴계의 경우 과거에 프
랑스와 뿌리 깊은 적대관계를 맺지 않았다. 알자스 지방에서
독일어를 쓰기는 해도 정서적으로는 프랑스에 가깝다.(오늘
날까지 영향을 미치는 중요한 역사적 사실의 하나다.) 프로이센

지도 29 코트부스의 웬드어(슬라브 방언) 구사 지역으로, 급속히 확산된 독일어에 둘러싸여 있는 모양새다.

의 라인주는 현재 나폴레옹 법전을 채택하기까지 했다.

동유럽을 구성하는 핵심 요소는 튜턴과 슬라브다. 서유럽에서 로망스와 튜턴 사이에 평형이 이뤄지지 않았듯 동유럽도 마찬가지였다. 동유럽의 전체적인 상황을 이해하는 데 있어 핵심은 독일인이 슬라브인에 대한 지배를 주장한다는 것으로, 현시점에서 보면 절대 간과할 수 없는 대목이다. 서유럽 경계에 인접한 빈과 베를린은 중세 초기에 슬라브 영토에 해당되던 위치에 있다. 두 도시는 독일인이 동쪽을 노리는 침략자로서 본토를 벗어난 첫 번째 발걸음을 상징한다. 샤를마뉴의 통치기에는 잘레강과 엘베강이 슬라브족과 게르만족을 분리시켰다. 베를린에서 남쪽 방향으로 인접한 코트부스에서는 농민들이 수백 년 전 슬라브족이 썼던 웬드어라는 방언을 쓴다. 하지만 코트부스를 제외하면 슬라브족 소농들은 대토지를 다스리던 독일인 귀족들의 언어를 받아들였다. 농민이 순수하게 게르만족으로 구성된 남독일에서는 지주들이 소규모 토지를 소유하는 식이었다.

외부인의 시각에서 보면 오스트리아와 프로이센 귀족의 느낌은 사뭇 다르다. 오스트리아인은 남독일에서 동쪽으로 진출한 반면 프로이센인은 억센 북쪽에서 내려왔다는 점에서 차이가 난다. 흔히 '융커'라고 하면 프로이센인을 떠올리지만 오스트리아나 프로이센 모두 세계대전 이전까지 대토지의 지주들이자 전제 군주였다는 점에서는 차이가 없다. 양국의 소농은 불과 얼마 전까지만 해도 농노 상태였다.

지도에서 역사를 읽어내는 사람들은 동북쪽과 동남쪽 방향으로 길게 뻗어나간 프로이센의 영토 확장에서 깊은 역사적 의미를 발견한다. 지도에 드러난 역사는 전후 재건에서 반드시 다뤄야 할 중요한 현실이기도 하다. 그런 점에서 언어권의 분포도는 정치 지도보다 시사하는 바가 더 크다. 지도에서 보면 독일어 방언을 쓰는 곳이 둘이 아닌 셋으로 나타난다. 첫 번째 지역은 발트해 연안을 따라 동북쪽에 위치하며 중세 시대 게르만의 정복과 튜턴화 강제가 이뤄진 결과다. 뤼베크의 한자 동맹 상인들과 십자군 원정 의무에서 벗어난 튜턴 기사들은 페트로그라드까지의 연안을 정복했다. 가느다란 띠 형태의 '독일인Deutschthum' 지역은 이후 베를린 군주가 절반을 합병했고 나머지 절반은 러시아 제국의 발트주로 귀속됐다. 발트주의 리가에는 지금도 독일인 상인 공동체가 있고 도르파트 독일 대학과 독일인 지주 등에서 독일의 흔적을 찾을 수 있다. 독일계는 브레스트-리토프스크 조약 아래 다시 한번 쿠를란트와 리보니아 땅을 넘봤다.

독일어를 쓰는 두 번째 지역은 오데르강 상류로부터 모라비아 고개의 깊은 계곡까지다. 이 계곡은 폴란드에서 빈까지 이어지며 한쪽에는 보헤미아의 산맥이, 다른 한쪽에는 카르파티아산맥이 펼쳐진다. 오데르강 상류의 독일인 정착지는 슐레지엔이 됐으며 프로이센은 프리드리히 대왕 시절에 이 지역의 상당 부분을 오스트리아로부터 탈환했다. 동북쪽과

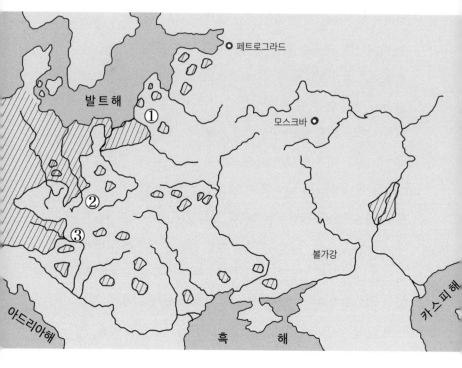

지도 30 독일어를 쓰는 주요 지역이 동쪽 방향을 향하고 있고 그 밖에 산발적으로 여러 곳에 흩어져 있다. ①프로이센 ②슐레지엔 ③오스트리아

동남쪽으로 돌출된 독일어권은 그 사이에 위치한 포즈난이라는 프로이센 주가 폴란드어를 쓴다는 점에서 더욱 도드라져 보인다.

독일어를 구사하는 세 번째 지역은 동쪽으로 다뉴브강 하류, 남쪽으로 알프스산맥 동부를 지난다. 빈 인근에서는 오스트리아 대공국이, 오스트리아 알프스에서는 케른텐 공국이 세워졌다. 독일어를 쓰는 슐레지엔과 오스트리아 사이에 슬라브어를 주로 쓰는 보헤미아가 서쪽 방향으로 파고든 모양새다. 포즈난과 보헤미아에서는 모국어를 유지하고 있다는 점, 그리고 세 방향으로 돌출된 독일어권은 곧 정복의 세 갈래 길을 의미한다는 사실을 기억해야 한다.

세 갈래 침략로 외에도 독일인 농민과 광부가 모여 사는 거주지가 산발적으로 흩어져 있으며 그중 일부는 최근에 형성됐다. 독일인 거주지는 헝가리 여러 곳에 분포하며 이 지역 독일인들은 정치적 목적에 따라 스스로를 마자르의 압제적 지배층과 동일시하고 있다. 트란실바니아에서 색슨족은 루마니아 농민을 다스리는 마자르족과 특권을 함께 누리고 있다.*러시아에는 독일인 거주지가 우크라이나 북부를 따라 동쪽 방향으로 키이우 인근까지 늘어서 있다. 독일인 거주지는 볼가강 중류의 사라토프 근처에서나 끝난다.

슬라브족에 미친 독일의 영향이 단순히 언어에만 국한된다고 볼 수 없다. 독일어가 확산되는 곳 어디에나 정신문화Kultur

---

* 이는 제1차 세계대전이 발발하기 전의 상태다. 과거의 기억이 막연하게 미래를 재구성하는 것보다 더 설득력 있기 때문이다.

가 같이 전파됐기 때문이다. 보헤미아의 슬라브 왕국은 독일 제국주의 체제에 완전히 병합됐다. 보헤미아 왕은 아우스터리츠 전투 이후 1806년에 폐지된 헌법에 따라 선제후_{신성로마}_{제국의 황제 선거권을 가졌던 독일 제후}의 한 사람이 됐다. 폴란드인, 체코인, 크로아티아의 남슬라브족, 마자르족은 로마 가톨릭, 다시 말해 로마 교회의 라틴 혹은 서부에 속했다. 이는 곧 러시아의 그리스 정교에 맞서는 독일의 영향력이 미쳤음을 뜻한다. 빈 포위(1683) 이후 18세기 오스트리아의 독일인들은 점차 활동 반경을 넓혀 헝가리에서 튀르크인을 축출했다. 1739년 베오그라드 조약에서 확정된 국경선은 100년 이상 유지됐으며 튀르크인이 기독교 세력권을 넘보지 못하는 경계로 작동되었다. 오스트리아인이 유럽에 지대한 공헌을 한 것은 사실이나 크로아티아인, 마자르인, 슬로바키아인, 트란실바니아의 루마니아인 입장에서는 자신들을 지배하는 대상이 튀르크에서 독일인으로 바뀌었을 뿐이다. 18세기 초 러시아의 표트르 대제가 수도를 모스크바에서 페트로그라드로 옮기면서 슬라브의 것들이 독일의 문화로 대체되었다. 페트로그라드의 독일식 이름인 상트페테르부르크를 사용한 데서 그 단서를 찾을 수 있다. 실제로 18~19세기 러시아 정부에 독일이 미친 영향은 막대했다. 러시아의 관료제는 차르 제국의 근간이었는데 발트주 독일 귀족 가문의 장남을 제외한 청년들 가운데서 관료들을 선발했다.

동유럽은 서유럽과 달리 독립적인 민족 집단으로 구성되지 않았다. 국경에 대한 문제의식을 가지고 본다면 프로이센이 알자스를 차지하기 전까지 동유럽은 대다수를 구성하는 슬라브계 인구를 독일계의 거대 조직 셋이 지배하는 형태였다. 물론 지역마다 독일인이 미치는 영향력의 정도에는 차이가 있었다. 1895년 프랑스-러시아 동맹이라는, 민주주의와 전제정치 사이의 어울리지 않는 이 전환적인 동맹의 의미를 보면 이와 같은 관계가 필요했던 급변한 상황이 존재했다. 러시아가 독일에 대항해 프랑스와 동맹을 맺은 것은 단순히 유럽이라는 게임 판에서 카드 패 섞기가 아니었다. 베를린은 동유럽에서 일어나는 근본적인 변화를 감지했다. 이 중대한 사건이 일어나기 전 러시아와 오스트리아는 발칸 문제로 오랫동안 갈등을 빚었다. 그렇다 해도 양자 간의 대립은 1866년 프로이센과 오스트리아의 단기전과 마찬가지로 한집안에서 벌어지는 싸움에 불과했다. 1853년 러시아가 튀르크를 향해 다뉴브를 건너자 오스트리아가 카르파티아에서 위협을 가했고 1815년 이래 유지돼온 신성동맹의 우정에도 금이 갔다. 비스마르크가 전제정인 세 나라를 규합해 1872년 3제 동맹을 맺기 전까지 냉랭한 관계는 지속됐다. 그렇더라도 러시아는 크림 전쟁에서 손실을 입어 튀르크를 향해 재차 진격할 입장이 아니었고 러시아와 오스트리아 사이에 회복 불가능한 갈등도 빚어지지 않았다. 하지만 3제 동맹은 오래가지 못했다. 1878년 오스트리아가 보스니아, 헤르체고비나의 슬라브 주를 차지하면서 발칸 지역을 향한 야욕을 드러냈기 때문이다. 이후 몇 년간 긴장이 이어졌고 독일은 착실히 세력을 구축해 나갔다. 러시아는 프랑스 공화정과 동맹을 맺거나 오스트리아처럼 독일에 종속되는 위치를 감내해야 하는 양자택일 상황에 내몰렸음을 뒤늦게야 깨달았다.

• • •

지금까지 빅토리아 왕조 시대의 서유럽과 동유럽에 대해 많은 내용을 훑어봤다. 이제는 유럽 이외 지역의 역사도 조명할 필요가 있다. 트래펄가에서 정점에 이른 해전은 이후 100년 가까이 세계사의 조류를 두 갈래로 나누었다. 영국은 해양 세력으로 유럽을 에워쌌지만 인도 제도에서의 이해관계 때문에 이따금씩 동지중해에 개입할 뿐 유럽 반도의 정치에 별다른 영향력을 행사하지 않았다. 영국 해양 세력은 희망봉을 말단으로 하는 거대한 세계곶을 에워싸고 인도 제도의 연안에서 활동했는데 이로 인해 당시 심장지대를 점점 장악하던 러시아 코사크 세력과 갈등을 빚었다. 크림 전쟁 이전에 러시아인은 먼 북쪽에서 아무르강을 따라 태평양 연안까지 내려왔다. 흔히 일본 개국의 공을 1853년 일본에 도착한 미국 페리 제독에게 돌린다. 하지만 사할린섬과 심지어 하코다테까지 진출해 있었던 러시아인이 그 길을 닦아놓았다고 볼 수 있다. 러시아가 영국에 가한 가장 직접적인 위협은 인도 서북부 경계에서였다.

19세기 영국은 바다를 원하는 대로 좌지우지했다. 아직 미국은 힘이 미약했고 유럽은 전쟁에 휘말려 여유가 없었던 때다. 정치사상적으로 맨체스터학파에 속했던 정권하에서 영국 국민의 주요 관심사는 해상 운송과 시장이었다. 인도 제국의 막대한 인구는 새로운 시장이 제공하는 이점 중 하나였다. 당시 아프리카는 미지의 땅이었고 세계 대다수 지역은 헐벗었으며 아메리카 대륙은 아직 인구가 많지 않았다. 영국은 미국의 대서양 연안을 제외한 비유럽 지역의 연안을 거의 병합할 수도 있었겠지만 인도로 향하는 영국 선박의 기항지를 요구하는 정도에 그쳤다. 또한 영국 모험가들의 어찌해볼 수 없는 요구에 따라 점령되지 않은 지역에서 식민지를 개척하는 수준이었다. 그렇더라도 인도에서는 지배를 확대해나갈 수밖에 없었다. 과거 로마 제국도 이미 확보한 영토의 기지를 침략자들에게 잃지 않도록 새로운 속주를 하나씩 늘려나갔던 것처럼 말이다.

지도를 보면 19세기에 러시아와 영국 사이에 형성된 긴장 관계가 전략적으로 어떤 특성을 띠는지 어렵지 않게 파악할 수 있다. 러시아는 심장지대 대부분을 장악한 상태에서 인도로 향하는 육상 관문을 노렸다. 이에 대해 영국은 서북쪽에서의 위협을 견제하기 위해 인도의 해상 관문을 통해 육지로 세력 확대를 타진하며 중국의 해상 관문을 공략했다. 러시아는 동유럽의 막대한 인력을 기반으로 심장지대를 지배했으며 코사크 기병의 이동성에 힘입어 인도의 관문까지 세력을 뻗쳤다. 반면 인도 해안선을 따라 세를 떨친 영국의 기반은 멀리 떨어진 서유럽 지역 섬이었고 함대를 활용해 이동했다. 서양에서 동양으로 향하는 대체 항로상 중요한 지점 둘이 있는데 오늘날 '곶(희망봉)'과 '운하(수에즈)'라고 부르는 곳이다. 19세기 내내 희망봉은 육상에서 위협을 거의 받지 않았기에 남아프리카는 사실상 섬에 가까웠다. 수에즈 운하는 1869년에야 개통됐는데 건설 과정이 순탄치 않았기 때문이다. 이집트와 팔레스타인에 새로운 중요성을 부여한 사람은 다름 아닌 프랑스인 나폴레옹이었다. 이는 마치 같은 프랑스인으로서 18세기에 인도 총독이었던 뒤플렉스가 무굴 제국의 폐허 위에 인도 제국의 건설을 주장한 것과 같은 상황이었다. 무굴 제국은 델리를 중심으로 세력을 확대했지만 뒤플렉스는 연안으로부터 내륙을 향해 제국을 건설하자고 주장했다. 나폴레옹과 뒤플렉스의 아이디어는 근본적으로 해양 세력의 관점이며 서유럽 반도의 프랑스 입장에서는 자연스럽게 떠올릴 수 있는 생각이었다. 나폴레옹은 이집트 원정에서 영국 함대를 지중해의 나일 전투에 끌어들이고 인도에 주둔하고 있던 영국 육군을 처음으로 나일 계곡까지 불러들이기도 했다. 그러니 심장지대에서 러시아가 세를 불리자 영국과 프랑스의 눈은 수에즈에 쏠릴 수밖에 없었다. 영국은 실용적인 목적에서 관심을 가졌겠지만 프랑스는 위대한 나폴레옹의 전통에 대한 향수가 있는 데다 반도 서부에서 안위를 누리려면 지중해가 자유로워야 한다고 생각했을 것이다.

당대 사람들은 러시아의 대륙 세력이 아라비아를 위협할 수준은 아니라고 판단했다. 심장지대에서 유럽으로 향하는 지형상의 출구는 콘스탄티노플 해협을 통과하는 해로였다. 로마가 흑해를 통과하는 경계를 설정하고 스텝지대의 스키타이인에 맞서 콘스탄티노플을 지중해 해양 세력의 기지로 건설했다는 사실은 앞서 살펴본 바 있다. 니콜라이 황제 치하의 러시아는 로마의 정책을 역으로 활용해 흑해와 남쪽으로의 출구를 장악함으로써 대륙 세력을 다르다넬스까지 확장하려 했다. 그러자 서유럽이 러시아에 맞서 세력을 결집했다. 러시아의 계략으로 제1차 영국-아프가니스탄 전쟁(1839)에 휘말린 영국은 보스포루스의 러시아군 야영지를 평온하게 바라보고 있을 수 없었다. 이집트의 총독 무함마드 알리가 시리아를 통해 술탄을 공격할 가능성이 있었기에 영국과 프랑스는 1840년 시리아를 공격해 무함마드 문제를 처리했다. 1854년 영국과 프랑스는 또다시 러시아와 대립했다. 프랑스는 근동 유럽과 가까운 서아시아 지역에서 기독교의 수호자 역할을 했는데 러시아가 예루살렘 성지와 관련해 프랑스의 위신을 떨어뜨리는 일이 발생했다. 프랑스와 영국은 러시아군이 다뉴브강으로 진격할 때 터키를 지원했다. 숨을 거두기 직전 솔즈베리경은 터키를 지원한 것이 판단 착오였다며 탄식했다. 19세기 중반에 벌어진 사건에 대해 확신을 갖고 판단할 수 있을까? 국제 외교에서 가장 중요한 요소는 시간이며 정치에서는 기회주의가 능력이다. 이를 좀더 가벼운 주제로 생각해보면 일상적인 사회 소통에서 바른말이라도 적절치 않은 시기에 하는 경우가 있지 않은가? 1854년에 동유럽의 중심 세력은 독일이 아닌 러시아였다. 그리고 러시아는 심장지대를 통해 인도를 압박했고 콘스탄티노플 해협을 활용해 심장지대에서 서쪽으로 진출할 거리를 찾았다. 이때 프로이센은 러시아 편이었다.

1876년 터키가 또다시 문제에 휘말리자 이번에도 영국은 지원에 나섰지만 프랑스는 그럴 형편이 아니었다. 영국은 콘스탄티노플에서 러시아 세력을 저지하는 데 성공했지만 독일이 발칸 회랑에 첫발을 딛게 하고 말았다. 이전까지 터키가 지배하던 슬라브 주, 보스니아와 헤르체고비나를 오스트리아에 넘긴 것이다. 이때 영국 함대는 터키의 묵인 아래 다르다넬스를 통해 콘스탄티노플의 첨탑이 보이는 곳까지 접근했다. 러시아 정책의 방향에는 큰 변화가 없었고 러시아나 영국이나 베를린이 어떤 경제적 방법으로 향후 활용할 인력을 구축할지 짐작하지 못했다.

프랑스 혁명 이후의 100년을 되돌아보되 동유럽을 단일 세력의 근거지로 생각해보자. 빅토리아 왕조 시대에 유럽 정치가 유럽 이외 지역의 정치와 분리돼 있다고 생각했지만 사실은 그렇지 않았음을 우리는 알고 있다. 동유럽은 심장지대를 지배했고, 영국이라는 해양 세력과 대치했다. 영국은 중국에서 인도를 거쳐 콘스탄티노플에 이르기까지 심장지대 경계의

4분의 3 이상을 에워쌌다. 프랑스와 영국은 콘스탄티노플 문제에 있어서는 공동 작전을 펼쳤다. 1840년 총독과 술탄의 갈등으로 인해 유럽이 전쟁에 휘말릴 가능성이 높아지자 모든 사람의 시선은 라인 강변에 전초기지를 건설한 프로이센으로 쏠렸다. 독일의 애국심을 고취하는 노래 「라인의 수비 Die Wacht am Rhein」가 쓰인 시기도 이때가 아니던가! 하지만 프랑스에 위협을 가한 것은 알자스와 로렌 문제가 아니라 프로이센에 대한 러시아의 지지였다. 다시 말해 본질은 동유럽과 서유럽의 힘겨루기였다.

1870년 영국은 프로이센과 전쟁을 벌이던 프랑스를 지원하지 않았다. 되돌이켜 생각해보면 (승산이 없는 터키를 지원했던 전례와 반대로) 올바른 선택을 하지 않은 것을 정당화할 수 있을까? 섬사람들은 트래펄가 해전의 승리에 취해 사리를 올바로 분간하지 못하는 상태였다. 해양 세력이 바다에서 누리는 자유에 대해서는 잘 알면서도 해양 세력이 기지의 생산성에 크게 의존한다는 사실은 망각했다. 동유럽과 심장지대가 거대한 해상 기지 역할을 할 수 있다는 사실도 간과했다. 이와 함께 비스마르크 시대에 동유럽의 무게중심이 페트로그라드에서 베를린으로 옮겨갔지만 당대인들은 세 제국러시아, 독일, 오스트리아 사이의 갈등이 갖는 의미, 프로이센과 프랑스 간 전쟁의 근본적인 의미를 깨닫지 못했다. 유럽에서 제1차 세계대전은 독일에 대한 슬라브 민족의 반란에서 발생했다. 1878년 오스트리아가 보스니아와 헤르체고비나의 슬라브 민족 주州들을 점령한 것과 1895년 러시아와 프랑스의 동맹에서 문제가 시작됐다고 할 수 있다. 1904년에 영국과 프랑스가 맺은 협정은 상대적으로 중요성이 떨어진다. 영국과 프랑스는 19세기에 대체로 협력관계를 이어왔으며 베를린이 페트로그라드 대신 동유럽에서 위험의 중심지가 됐음을 프랑스가 먼저 간파했을 뿐이다. 영국과 프랑스 정책의 차이는 수년 동안 서로 다른 시각을 견지한 데서 발생한 것이다. 섬이든 반도든 서유럽에 속한 국가는 동유럽과 심장지대의 자원을 조직하는 세력을 반드시 막아내야 한다. 그런 관점에서 보면 지난 100년 동안 영국과 프랑스의 정책은 큰 그림에서 일관성이 있었다. 우리는 러시아가 과거 50년 동안 동유럽과 심장지대에서 위협적인 지배 세력이었다는 점에서 반反 독일 성격의 러시아 제국과 맞섰다. 또한 통일 독일의 게르만 황제 통치Kaiserdom에도 대항했다. 독일은 동유럽 지배권을 러시아 제국으로부터 빼앗아 반항하는 슬라브족을 진압했으며 동유럽과 심장지대를 차지했다. 러시아가 채찍으로 다스렸다면 독일은 그들의 정신문화와 이것의 조직화를 통해 러시아의 채찍 지배를 전갈 채찍의 지배로 만들었다.『구약성경』「역대하」10
장 10절 "내 아버지는 채찍으로 너희를 징계했으나 나는 전갈 채찍으로 너희를
징계하리라"에 빗댄 표현이다.

• • •

지금까지 전략적 기회의 관점에서 제국들 사이의 각축전을
살펴봤다. 이를 통해 해양 세력 및 대륙 세력에 관해 세계도
와 심장지대의 구분이 궁극적인 지리적 사실이며 동유럽은
본질적으로 심장지대에 속한다는 결론에 이르렀다. 이와 더
불어 인력에 관한 경제적 사실도 고찰할 필요가 있다. 앞서
해양 세력에게 기지는 안전뿐 아니라 생산성 측면에서도 중
요하다고 언급했다. 생산성이 뛰어난 기지는 선박에 승선하
는 인력을 조달하고 해상 운송과 관련해 육지에서 일어나는
서비스에도 기여한다. 영국은 과거 어느 때보다 이를 분명히
인식하고 있다. 대륙 세력의 경우 과거 낙타 유목족과 기마민
족이 충분한 인력을 확보하지 못해 제국을 유지하지 못했다.
그런 점에서 러시아는 심장지대 지배자로서는 최초로 진정으
로 위협적인 인적 기반을 갖춘 나라였다.

다른 모든 조건이 동일하다면 인력의 규모를 가늠하는 데

있어 절대적인 숫자가 중요하긴 하지만 머릿수가 전부는 아니다. 또한 건강과 기술 수준이 꽤 중요하기는 해도 단순히 효율적인 인간이 몇 명이냐가 전체를 설명해주지도 않는다. 오늘날 인력, 즉 여러 인간이 만들어내는 힘은 조직, 곧 '계속적 존재going-concern'라는 사회 유기체에 크게 의존한다. 독일의 '수단과 방법'의 철학으로 요약되는 정신문화는 외부 세계에 위험 요소로 작용한다. 지리적 사실과 경제적 사실을 인식하되 오로지 이 두 요소로만 사고하기 때문이다.

영국의 '정치'경제학과 독일의 '국민'경제학은 공통적으로 애덤 스미스의 저서에서 출발했다. 모두 노동 분업과 더불어 노동 생산물의 가격을 결정하는 경쟁이라는 요소를 고려했다. 그런 맥락에서 19세기 다윈의 이론으로 요약되는 주류의 사상적 경향과 조화를 이룬다고 볼 수 있다. 정치경제학과 국민경제학의 차이는 경쟁의 단위에 있다. 정치경제학에서는 개인이나 기업을 경쟁 단위로 보지만 국민경제학에서는 국가로 경쟁 단위가 확대된다. 독일 국민경제학의 창시자 프리드리히 리스트가 제시한 이 개념을 토대로 설립된 관세동맹 Zollverein은 독일 대부분의 지역을 아우르는 수준으로 확대됐다. 영국의 정치경제학자들은 관세동맹이 자유무역과 같은 맥락에 있다고 보고 환영했다. 하지만 실상을 들여다보면 관세동맹은 내부에서 제거한 경쟁을 외부로 돌리고, 개인 간 경쟁을 거대한 국가 조직이 대체하려는 목표를 지향했다. 다시 말해 국민경제학자들이 역동적인 사고를 했다면 정치경제학자들은 방임적으로 사고한 것이다.

처음에는 독일의 정신문화와 민주주의 사이의 대조적 특성이 실질적인 중요성을 갖지 못했다. 그러던 중 1850~1860년대에 독일인들은 내부적으로 전쟁 상태에 있었다. 비스마르크가 언급했듯 영국의 제조업자들은 승자였고 자유무역은 강자 위주의 정책이었다. 독일은 1878년 처음으로 과학적 관세라는 경제적 검을 칼집에서 뽑아들었다. 비슷한 시기에 수송 기술 면에서 거대한 변화가 일어났는데 지금까지 그 중요성은 간과돼왔다. 당시 미국에서 개통된 영국의 기차와 대서양을 누빈 영국의 강선은 벌크 화물을 실어 날랐다.

밀, 석탄, 철광석, 석유 등 벌크 화물이 수송되기 시작했다는 사실은 무엇을 뜻하는가? 오늘날 캐나다 서부에서는 100만 명의 농민이 2000만 명분의 곡물을 생산하고 있다. 이 곡물을 소비할 1900만 명의 소비자는 머나먼 캐나다 동부, 미국 동부, 유럽에 있다. 1878년 이전에는 목화, 목재, 석탄과 같은 상대적으로 가벼운 원자재를 선박으로 운송했다. 당시의 수송량은 전부 다 합쳐도 오늘날에 비해 미미한 수준이었다. 새로 펼쳐진 환경에서 독일은 수입한 식량과 원자재로 인력을 양성할 수 있고 이들을 전략적으로 활용할 수 있음을 간파했다.

이 당시 독일인은 영국인과 마찬가지로 자유롭게 해외로 이주했으며 새로 정착한 나라에서 영국 출신 못지않게 영국산 제품의 수요를 늘렸다. 이에 영국인의 숫자는 본토에서뿐만 아니라 식민지와 미국에서도 증가했다. 이것은 코브던과 브라이트두 사람은 자유무역론자로서 1839년 반곡물법동맹을 조작했다가 이미 예견했던 바다. 둘은 저렴한 식량과 원자재가 확보되면 값싼 수출품의 생산이 가능하다고 판단했다. 하지만 영국을 제외한 다른 나라에서는 자유무역을 자유의 수단이 아닌 제국의 수단으로 간주했다. 영국과는 상이한 측면에서 자유무역에 접근한 것이다. 그들은 대영제국을 위해 육체노동자와 제도사로 일해야 했다. 안타깝게도 영국의 섬사람들은 자국의 번영이 자유무역에 기반한다고 생각했지만 사실은 영국이라는 거대한 '계속적 존재'가 경쟁자보다 먼저 구축되어 작동했다는 점이 유리하게 작용했다. 이는 1846년에 이미 영국이 '강자'였고, 자유무역의 채택으로 직접적인 이익을 누리면서도 심각한 불이익은 직접 겪지 않았다는 데서 원인을 찾을 수 있다.

1878년부터 독일은 자국에서 고용을 늘리는 가운데 자체적으로 인력을 육성하기 시작했다. 과학적 관세라는 일종의 체로 수입품을 '걸러내', 특별히 숙련된 노동력을 일정 수준 이상으로 유지하는 방법을 이용했다. 동시에 자국에서 생산력이 뛰어난 계속적 존재를 키우기 위해 가능한 모든 수단을 동원했다. 국가가 철도를 사들여 특혜 운임을 적용했다. 은행도 주식 상호 보유 방식으로 국유화하고, 산업을 육성하기 위한 신용을 조직했다. 카르텔과 합동기업을 조직해 생산 원가 및 판매 비용을 절감했다. 그 결과 1900년경에는 그러잖아도 점차 감소 추세에 있던 독일 이민자 수가 적어도 순증하지는 않는 수준으로 줄었다.

경제적인 공세는 해외 시장 개척으로 더욱 활발해졌다. 독일은 해운업에 보조금을 지급하고 해외 도시에 설치된 은행을 무역 전초기지로 활용했다. 독일의 주도 아래 국제 카르텔이 형성됐는데 여기에는 프랑크푸르트의 유대인이 큰 기여를 했다. 마침내 1905년 독일은 인접한 7개국을 경제적으로 예속시키는 상업 조약을 체결했다. 이 7개국에는 전쟁과 혁명으로 피폐해진 러시아도 포함됐다. 세간에서는 이 조약을 구상하는 데 10년은 족히 걸렸을 것으로 추정하니 가히 정신문화의 개화라고 볼 수 있다!

독일 경제의 급성장은 조직력으로 일군 승리다. 다시 말하면 전략적인 '수단과 방법'의 승리라고 할 수 있다. 대부분의 기초과학 아이디어는 해외에서 들어왔고 그토록 자랑해 마지않는 독일의 기술 교육은 조직의 산물에 불과했다. 전체 체계는 계속적 존재의 현실에 대한 분명한 이해, 즉 조직된 인력을 기초로 했다.

하지만 계속적 존재는, 인간이라는 동물이 갖는 첫 번째 정치적 속성, 즉 열망에 기반한다. 세계대전이 발발하기 10년 전 독일의 인구는 사망자와 출생자의 차이를 계산했을 때 연간 100만 명 정도 순증했다. 이는 생산성을 갖춘 계속적 존재의 유지뿐만 아니라 '계속' 상태를 끊임없이 가속시켜야 함을 뜻했다. 40년 동안 시장을 발굴하려는 독일의 열망은 세계가 직면한 가장 끔찍한 현실이 되었다. 러시아와 체결한 상업 조약의 연장 논의(1916)가 전쟁의 한 원인이 되었으리라 추측해볼 수 있다. 독일은 어떤 수를 써서라도 슬라브족이 독일을 위한 식량을 재배하는 한편 독일산 제품을 구매하도록 강제하려 했다.

댐에 가득 차 있는 물처럼 과밀하게 갇혀 있던 독일 인력은 1914년 갑작스럽게 방류되었다. 당시 이 레버를 당긴 베를린의 관계자는 무시무시한 전투에서 싸워야만 했던 세대에 책임을 져야 한다. 하지만 이들이 역사 앞에서 느껴야 하는 죄책감은 지난 수년에 걸쳐 계속적 존재가 유지되도록 한 사람들도 함께 져야 한다. 그런 점에서 영국의 정치가와 영국 국민도 비난에서 완전히 자유롭다고 할 수 없다.

자유무역 이론에 따르면 세계의 각 지역은 자연환경이 제각각이기 때문에 그 환경에 맞게 생산품을 특화하고 서로 자유롭게 교환하며 서비스를 제공해야 한다. 이 과정에서 평화와 인류애가 싹튼다고 자유무역의 주창자들은 굳게 믿었다. 애덤 스미스 이후의 한두 세대 동안에는 자유무역이 타당하게 여겨졌는지 모른다. 하지만 오늘날의 환경에서는 계속적 존재, 다시 말해 금융과 산업 역량의 축적 여부가 자연환경보다 훨씬 더 중요하다. 랭커셔 면공업은 계속기업이 이를 대규모로 실현한 사례다. 수출품은 근소한 가격 차로 시장 자체를 잃거나 얻는데, 거대한 계속기업은 가격 인하를 감내할 여유가 있다. 덕분에 랭커셔는 100년 동안 모든 경쟁자를 제치고 살아남았다. 원자재의 공급처와 완제품의 주요 소비 시장이 먼 곳에 존재하는 상황에서 자연환경적으로 랭커셔에 유리한 조건이라고는 석탄의 보유와 습도가 높다는 점밖에 없다. 이마저 다른 지역에서 흔히 발견되는 요소다. 결국 랭커셔 면공업은 지금까지 성장을 추동해온 탄성 덕분에 명맥을 이어가는 것이다.

하지만 생산물의 특화는 불균형 성장이라는 결과를 낳았다. 1878년 이후 영국의 농업은 기울었으나 공업은 성장을 이어갔다. 이제는 영국의 공업 내에서도 성장 불균형이 진행되는 실정이다. 면공업과 조선업은 계속 성장하는 반면 화학과 전기 분야의 성장은 이에 미치지 못한다. 독일이 계획적으로 영국의 핵심 산업의 수요를 갉아먹기도 했지만 세계 다른 나라에서도 생산물의 특화가 진행되고 공업화가 이뤄지면서 분야별 희비가 엇갈리고 있다. 영국은 일부 산업에 노력을 집중시켜 큰 발전을 이루었지만, 특화된 전문 분야에 있어서는 전 세계를 독차지해야 했기에 영국도 독일 못지않게 '시장에 목마른' 상황에 처했다.

독일과 달리 영국은 관세를 협상 무기로 쓸 수 없었기에 세계 앞에 무방비 상태로 노출된 것이나 다름없었다. 따라서 일부 중요한 시장을 공략할 때는 해양 세력을 무기 삼아 위협을 가하는 수밖에 없었다. 훗날 코브던이 이를 예견하고 강력한 해군의 구축을 주장했는지도 모른다. 반면 맨체스터학파의 일반 구성원들은 자유무역이 평화에 기여한다는 주장에 경도된 나머지 특화된 산업에 해상력을 동원하는 방안에 거의 관심을 두지 않았다. 이들이 보기에 이익이 나기만 한다면 어떤 무역이든 동일하게 이로웠다. 하지만 영국은 마닐라 사건에서 독일을 견제하기 위해 먼로 독트린을 지지하면서도 남아메리카 시장을 놓고 싸우고 있었다. 또한 인도 시장을 지키기 위해 남아프리카 전쟁에서 영국의 함대는 독일의 접근을 저지하고 있었다. 영국 함대가 러일전쟁에서 일본을 지원했을 때는 중국 시장을 개방하기 위해 문을 두드리던 중이었다. 랭커셔는 면화를 무상으로 수입할 수 있었던 것이 인도에 무력을 행사했기 때문임을 알았을까? 물론 인도도 영국의 지배로 막대한 이익을 누렸으니 랭커셔도 무상 수입에 대해 큰 죄책감을 느낄 필요는 없다. 하지만 제국 안팎에서 이와 유사한 일이 반복되고 있다. 자유무역과 평화를 애호하는 랭커셔는 역설적이게도 제국이 행사한 무력 덕분에 번성했다. 이 사실을 간파한 독일은 자체적으로 함대를 건조했고, 함대는 제1차 세계대전이 막을 내릴 때까지 존재하면서 영국의 해상활동 효과를 반감시켰다. 독일의 함대가 아니었다면 영국은 프랑스를 지원하는 병력을 파견할 수 있었을 것이다.

민주주의에서는 계속기업의 모멘텀을 변화시키기가 매우 어렵다. 세계대전에서 깨달은 교훈을 통해 민주주의도 앞으로 장기적인 시각을 갖길 희망한다. 경제적으로 불균형한 공동체에서 다수를 차지하는 세력은 고성장한 쪽인데 민주주의에서는 그 다수가 지도자를 선출한다. 이로 인해 기득권 세력은 노동자가 소득과 구매에 더 많은 관심을 쏟고 자본가는 더 많은 이익을 추구하도록 만든다. 전반적으로 노동자와 자본가 모두 근시안적 사고를 벗어나지 못한다.

민주주의와 마찬가지로 독재국가에서도 계속기업의 모멘텀을 변화시키는 데 어려움을 겪는다. 그저 그 어려움이 다른 방식으로 느껴질 뿐이다. 민주주의에서는 다수가 경제활동의 틀을 바꾸지 않지만 독재국가에서는 감히 바꿀 생각을 못 한다. 황제가 다스리는 독일은 세계 제국을 건설하기 위해 인력을 양성하면서 경제적 편법에 기댔다. 편법이 너무나 성공적인 나머지 그 편법 때문에 전쟁으로 내몰리는 순간에도 기존 정책을 버릴 수가 없었다. 정책을 폐기하는 순간 혁명이 일어나기 때문이다. 독일은 마치 프랑켄슈타인처럼 손쓸 수 없는 괴물을 만들어낸 것이다.

자유방임형의 자유무역이든 약탈형의 보호무역이든 제국의 정책이라는 점에서 동일하며, 모두 전쟁으로 치닫는다. 영국과 독일은 동일한 노선을 달리는 고속 열차에 앉아 있지만 서로 마주보며 달리는 형국이다. 어쩌면 1908년 이래 양국의 충돌은 불가피했는지도 모르며 브레이크가 더 이상 말을 듣지 않는 순간이 온 것이다. 영국과 독일이 져야 하는 책임의 차이를 열차에 비유할 수 있다. 영국 기관사는 먼저 출발해서 신호를 무시하고 부주의하게 달렸다. 반면 독일의 기관사는 기차가 충격에 견디도록 일부러 튼튼하게 만들고 무장한 뒤 엉뚱한 노선을 달렸다. 그리고 최후의 순간에 스로틀 밸브를 열어 속도를 더 높였다.

오늘날 계속기업은 거대한 경제적 현실로 자리 잡았다. 독일은 계속기업을 범법적으로, 영국은 맹목적으로 활용했다. 부연하자면, 볼셰비키는 계속기업의 존재 자체를 잊었음에 틀림없다.

제6장

국가의 자유

연합국은 제1차 세계대전에서 승리를 거뒀다. 그런데 대체 어떻게 이길 수 있었을까? 그 과정을 살펴보면 경각심이 들지 않을 수 없다. 승리의 첫째 요인은 영국 함대가 전투태세를 갖췄고, 실제로 배치를 결정한 것이다. 덕분에 프랑스와 영국은 교신을 이어갈 수 있었다. 이와 같은 준비성과 결단은 영국인이 여러 일을 엉성하게 처리하면서도 한 가지 본질적인 점에는 충실한 그 습성에 기인한다. 유능한 아마추어의 태도라고 해도 좋다. 승리의 둘째 요인은 프랑스 군사학교École Militaire 출신의 한 천재가 여러 해 동안 심혈을 기울인 작전을 마른 전투에서 전개한 것이다. 이를 제외하고 다른 면에서 프

랑스군은 용기 이외에 전투에 임할 준비가 전혀 안 돼 있었
다. 셋째 요인은 영국 직업군인의 희생이었다. 역사에서 이프
르는 테르모필레에 필적하는 격전지로 기록될 것이다. 대체
로 예지와 준비가 부족했지만 이를 극복할 수 있었던 소수의
천재와 영웅들의 행동이 있었기에 우리는 구원받을 수 있었
다. 민주주의의 강점과 약점이 동시에 드러나는 사례다.

그 후 2년가량 전선은 고착됐고 육지에서는 참호전이, 바
다에서는 잠수함전이 전개됐다. 소모전은 영국에는 유리하나
러시아에는 불리한 것으로 평가됐다. 1917년 러시아는 무참
히 분열됐다. 독일은 동부전선을 장악했음에도 서부전선의
적을 섬멸하기 위해 슬라브 정복을 잠시 유예했다. 자력으로
는 동부전선과 같은 운명을 피해갈 수 없었던 서유럽은 미국
에 도움을 청할 수밖에 없었다. 이번에도 시간이 필요했다.
미국은 민주주의 대국 가운데 세 번째로 참전했으나 영국과
프랑스에 비해 전쟁 준비가 부족한 상황이었다. 미국이 지원
하기까지 영국 해군은 용맹하게 바다를 지켰고 영국의 상선
은 희생을 불사했으며 프랑스군과 영국군은 프랑스에서의 그
들을 압도하는 독일의 공격을 인내심 있게 견뎌냈다. 즉 독일
의 조직력에 맞서 이번에도 각국이 강점을 발휘했고 올바른
통찰력까지 더해져 가까스로 이길 수 있었다. 특히 마지막 순

간 영국은 전략사령부의 원칙을 받아들여 프랑스군이 활약할 기회를 제공했다.

하지만 탁월함과 굴욕이 교차했던 서부전선 및 해상 전투의 경험은 국제사회의 재건에 있어 어떠한 역할도 못 하고 있다. 동유럽과 서유럽은 직접적으로 맞붙어 싸우지 않았으며 프랑스가 알자스와 로렌을 회복하기 위하여 독일을 공격한 것도 과거의 일이었다. 제1차 세계대전이 독일에 항거하는 슬라브족을 진압하는 것에서 시작됐음을 절대 잊어서는 안 된다. 슬라브의 보스니아에서 오스트리아 대공이 암살당한 사건은 전쟁을 일으키기 위한 구실에 불과했다. 또한 오스트리아가 세르비아에 최후통첩을 한 것은 전쟁을 강요하는 수단일 뿐이었음을 우리 모두는 잘 알고 있다. 그렇더라도 동유럽의 패권을 쥐려 했던 게르만인과 이에 복종을 거부했던 슬라브인 사이의 뿌리 깊은 적대감이 전쟁으로 격화됐음을 계속해서 환기할 필요가 있다. 독일이 프랑스와 마주한 짧은 접경 지역에서는 방어만 하고 러시아를 공격하는 데 자원을 집중했더라면 오늘날 세계는 평화를 유지했겠지만 심장지대 전체를 장악한 독일 때문에 동유럽에는 암운이 감돌았을 것이다. 또 영국과 미국의 섬사람들이 전략적 위험에 처했다는 사실을 깨달았을 때는 이미 너무 늦었을 것이다.

향후 새로운 변화가 일어나지 않는다면 지금으로서는 세계 대전의 결과를 수용하기 어렵다. 결국 전쟁은 동유럽에서 독일과 슬라브 간의 갈등을 해결하지 못했기 때문에 일어났다. 독일과 슬라브는 각각 진정한 독립을 유지하면서 균형점을 찾아야 한다. 동유럽과 심장지대에 갈등의 불씨를 남겨서 독일이 다시 야망을 펼치도록 두어서는 안 된다. 우리는 최근 가까스로 위험을 피한 상태다.

로마의 한 개선장군은 '승리'로 거둔 화려한 전리품과 함께 로마에 입성했다. 이때 장군이 탄 전차를 따르던 한 노예가 다가와 인간은 죽을 수밖에 없는 존재라는 사실을 상기시켰다. 영국의 정치인들이 패전국과 협상을 진행할 때도 천사들이 이따금씩 다가와 속삭여줘야 한다.

동유럽을 지배하는 자가 심장지대를 호령하고
심장지대를 지배하는 자가 세계도를 호령하며
세계도를 지배하는 자는 전 세계를 호령할 것이다.

• • •

영국의 에드워드 그레이 외상은 최근의 비극적 사건이 일어난 원인을 1908년 오스트리아의 유럽 공법 파기로 요약했다. 오스트리아는 1908년 보스니아와 헤르체고비나를 병합하면서 베를린 조약을 파기했다. 의심의 여지 없이 역사적으로 중대한 사건이긴 하지만 좀더 근본적인 원인을 찾기 위해 1878년으로 거슬러 올라가보자. 이때 오스트리아는 방금 언급한 베를린 조약에 따라 터키에 속해 있던 슬라브 주 두 곳을 차지했다. 슬라브인은 1876년 튀르크와의 전쟁(세르비아-튀르크 전쟁)으로 지켜낸 영토를 오스트리아가 차지한 배후에 프로이센이 있음을 간파했다. 이 전쟁이 베를린 회의의 소집으로 이어졌음을 기억해야 한다. 처음에 보스니아와 헤르체고비나의 슬라브족이 튀르크에 대항했고 갈등은 유럽으로 번졌다. 인접한 세르비아와 몬테네그로가 동정심을 품으면서 이들 역시 튀르크에 반기를 들었다. 1878년 이후 수년 동안 러시아가 주저하는 사이 독일은 군비를 증강했다. 그러다 1895년 러시아와 프랑스 공화국이 동맹을 체결하는 사건이 일어났다. 프랑스는 여전히 상처로 남아 있는 알자스 때문에 동맹국이 필요했고 러시아 입장에서도 독일의 위협을 견제할 동맹이 필요했다. 러시아와 프랑스는 서로 인접한 국가도 아니고 전제주의와 민주주의라는 상이한 정치체제를 보유하고 있었지만 각자 처한 환경 때문에 동맹이 되기에 이르렀다. 어쨌든 러시아에겐 필요한 조치였다.

1905년 러시아는 러일전쟁과 러시아 혁명이라는 이중고로 세력이 약해졌고 이 틈을 타 독일은 감당하기 어려운 수준의 관세를 부과했다. 이에 1907년 러시아는 두 세대 동안 적대적 관계에 있었고 최근에 맞붙은 일본의 동맹인 영국과 손을 잡기에 이르렀다. 러시아의 궁정과 관료제에 독일이 막강한 영향력을 행사해왔음을 돌이켜보면 러시아의 압박감이 얼마나 심했을지 짐작할 수 있다.

1908년 오스트리아가 보스니아, 헤르체고비나를 합병하는 조치를 취한 것은 그레이 외상이 앞서 그 중요성을 언급한 바와 같이 그러잖아도 아픈 곳을 강타한 격이었다. 약소국 세르비아는 저항했고 맏언니 격의 러시아가 세르비아를 거들었다. 오스트리아의 조치는 14세기에 코소보 전투에서 대패한 이래 세르비아가 지녀온 역사적 독립의 열망에 찬물을 뿌리는 행위나 다름없었다. 하지만 독일의 카이저는 빈에서 '빛나는 갑옷'을 입고 나타나는가 하면 페트로그라드에서는 러시아 차르의 면전에서 '완력'을 휘둘렀다. 긴장관계가 몇 년 더 지속되다 1912년 발칸반도의 슬라브족이 연합해 독일식 훈련을 받은 튀르크군을 공격하면서 1차 발칸전쟁이 발발했다. 이듬해에 불가리아의 슬라브족은 튀르크로부터 돌려받은 영토 관련 분쟁을 발칸의 동맹조약에 따라 차르의 중재에 맡기는 대신 독일의 계략대로 세르비아의 슬라브족을 공격하는 방안을 택했다. 이에 2차 발칸전쟁이 터졌는데 불가리아인은 루마니아의 개입 때문에 패배했다. 부쿠레슈티 조약은 독일의 야심에 중대한 견제 장치를 마련했고 오스트리아의 지배 아래 있던 슬라브족에게는 새 희망이 생겼다.

부쿠레슈티 조약이 체결되고 3개월 후 프랑스의 쥘 캄봉 대사가 베를린에서 파리로 보낸 보고서는 주목할 만하다. 대사는 독일이 대리전쟁에서 얻을 수 없던 지위를 스스로 차지하기로 결단했다는 점을 분명히 했다. 그동안 축적된 증거들은 독일이 프란츠 페르디난트 대공의 암살이 일어나자마자 이를 구실 삼아 자신들의 야심 달성에 이용하기로 결정했음을 보여준다. 오스트리아는 세르비아가 페르디난트 암살에 가담했다며 자유국가로서는 수용할 수 없는 수준의 처벌을 강요했다. 세르비아가 이를 최대한 받아들이고 오스트리아도 주저하는 사이 독일은 슬라브족 최후의 보루인 러시아에게 시비를 걸었다. 만약 러시아가 1908년처럼 굴복했다면 1916년에 독일과의 관세 협정을 갱신해 경제적 예속 상태를 받아들였을 것이다. 이상의 사건은 우리에게 낯설지 않지만, 재건의 핵심이 세계대전의 결전이 벌어진 서유럽이 아닌 동유럽에 있다는 사실을 환기시키기 위해서는 아무리 반복해도 지나치지 않는다.

그런데 독일은 왜 프랑스를 침공하는 동시에 벨기에를 거쳐 다시 프랑스를 향하는 실수를 저질렀을까? 독일의 벨기에 침공은 영국의 제1차 세계대전 참전의 이유가 되었다. 독일은 러시아의 약점을 잘 알고 있었고 '강압적 수단'에 대한 오해를 하지 않았다. 복잡한 공격을 한 것은 아마도 민주주의 국가인 영국이 그리고 같은 민주주의 국가인 미국이 분명히 잠들어 있을 것이라는 판단에 근거했다. 독일은 세계를 다스릴 게르만적 초인 über-mensch을 구상했으며 심장지대로 통하는 기나긴 여정 대신 지름길을 찾았다고 판단했다. 독일은 섬사람들로부터 프랑스라는 '교두보'를 빼앗을 수 있다면 심장지대를 차지하는 게 가능하다고 봤다. 그런데 독일이 복잡한 공격을 선택한 더 강력한 이유가 있다. 독일은 경제적으로 절체절명의 순간에 처해 있었다. 독일은 시장과 원자재, 드넓은 경작지를 확보하기 위해 슬라브족과 대치했다. 집에 틀어박혀 지내는 인구가 연간 100만 명씩 늘었다. 독일의 인력이라는 계속적 존재가 전진하려면 불가피하게 정복으로라도 허기를 채워야 했다. 계속적 존재를 발전시키기 위해 독일은 해외 시장의 개척과 가내 공업을 육성할 함부르크를 건설했다. 함부르크는 스스로 모멘텀을 갖췄지만 동쪽을 향하지는 않았다. 그러므로 독일의 전략은 정치적인 필요에 의해 왜곡됐다고 볼 수 있다.

이상의 요인은 독일 정부가 심각한 실수를 저지르는 결과를 낳았다. 독일은 어느 전선에 먼저 집중해 승리를 거둘지 정하지도 않은 채 양쪽 전선에서 동시에 전쟁을 벌였다. 적군을 좌우에서 동시에 공격할 때는 상대를 전멸시킬 정도로 공격력이 강하지 않다면 어느 쪽의 공격이 속임수고 어느 쪽이 실제 공격인지 미리 정해야 한다. 독일 정부는 함부르크와 해외 거점 그리고 바그다드와 심장지대 이 두 가지 정치적 목적 가운데 하나를 결정하지 않았다. 그러니 전략적 목적도 불분명할 수밖에 없었다.

• • •

어찌할 수 없는 운명으로 독일이 실수를 저지르는 바람에 우리는 승리를 거뒀다. 그럼에도 동유럽과 심장지대의 안정적 재건을 위한 지혜를 모아야 한다. 큰 의미에서 동유럽 문제에 불완전한 해결책을 받아들인다면 잠깐 한숨은 돌릴지언정 우리 후손들은 심장지대를 차지하기 위해 또다시 군사력을 결집할 수밖에 없을 것이다. 재건 사업은 반드시 영토 문제에 집중돼야 한다. 동유럽과 나머지 심장지대 대부분은 이제 막 경제 발전을 시작한 단계이기 때문이다. 앞을 내다보지 않으면 인구 증가로 영토 불균형 문제가 다시 불거질 것이다.

혹자는 전쟁에서 패한 독일이 사고방식의 변화를 보일 수 있으리라 기대할지 모른다. 하지만 그런 사람은 미래 세계에 평화가 찾아와 모든 나라에서 사고방식의 변화가 일어나리라 기대하는 낙천적인 인물임에 틀림없다. 당장 장 프루아사르 1335~1405. 프랑스 연대기 학자나 셰익스피어의 작품을 살펴보라. 이미 잉글랜드인, 스코틀랜드인, 웨일스인, 프랑스인의 주요 특성이 과거부터 지금까지 고스란히 유지됐음을 알 수 있다. 프로이센은 장점과 강점이 분명한 민족이며 그들의 특성이 앞으로 유지될 것으로 가정하는 편이 현명하다. 우리가 독일에 얼마나 큰 패배를 안겼든 북독일이 인류 역사상 가장 열정적인 서너 민족 중 하나임을 인정하지 않는다면 우리의 승리는 빛이 바랠 것이다.

독일 혁명의 궁극적 효과도 지금 단계에서 단정해서는 안 된다. 1848년의 독일 혁명은 어안이 벙벙할 정도로 무익했다. 비스마르크 이래 유일하게 뛰어난 정치적 통찰력을 보였던 폰 뷜로 수상은 『독일 제국Imperial Germany』에서 "독일은 강하고 견고하며 확고한 인도 아래 항상 위대한 업적을 성취했다"고 주장했다. 오늘날의 무질서가 일단락되더라도 무자비한 조직이 새롭게 등장할지 모르며 이 무자비한 조직자들은 당초 계획한 목적을 이루고 나서도 멈추지 않을 것이다.

물론 프로이센의 사고방식이 변하지 않고, 프로이센의 민주주의 발전이 더뎌도 빈곤 상태의 독일이 다가올 미래에 해가 될 만한 일을 할 수 있겠냐는 의견이 제기될 수도 있다. 하지만 이런 주장은 오늘날의 환경에서 가난과 부의 진정한 성격을 호도한 것이 아닐까? 사라진 부보다 오늘날 더 중요한 것은 생산성이다. 미국을 포함해 우리 모두는 비생산적 자본을 다 소모해버렸고 독일을 포함한 전체는 아예 출발선부터 생산성 경쟁을 시작해야 한다. 세계는 프랑스가 1870년의 재앙을 빠른 속도로 딛고 일어서는 모습을 보며 놀라워하지 않았던가? 게다가 오늘날의 산업 생산력은 당시와 비교할 수 없을 정도다. 냉철하게 따져보면 영국은 전쟁 덕분에 추진된 새로운 방법과 산업 재편으로 생산력 향상을 경험했다. 막대한 전쟁 부채의 감채 기금과 이자를 충분히 만회하고도 남을 정도였다. 물론 우리에겐 파리 결의안이 있고 통제 불능의 독일이 앞으로 경쟁자로 올라서지 못하도록 원자재의 공급을 거부할 수 있다. 하지만 그런 방법을 쓰면 국제연맹의 설립은 요원하며 전쟁 당시의 연합국 연맹에서 앞으로 나아가지 못할 것이다. 게다가 경제 전쟁에서 우리가 이긴다는 보장이 있는가? 독일을 불리한 상황에 놓을 수는 있지만 그렇게 하는 데도 많은 노력이 든다. 나폴레옹은 예나 전투 이후 프로이센 현역병을 4만2000명 수준으로 제한했다. 프로이센은 나폴레옹이 정한 규정을 우회하려는 노력을 기울였는데 이것이 오늘날 국군 단기 복무 체제의 기원이 됐다. 오늘날 장기적으로 봤을 때 슬라브족에 이어 심장지대를 착취하는 독일의 경제 전쟁은 대륙과 섬, 대륙 세력과 해상 세력의 차이를 강조하는 역할을 할 것이다. 현대의 철도 환경에서 거대한 대륙의 통일에 대해 진지하게 생각해본 사람이라면 피할 수 없는 세계대전의 준비에 대해 그리고 이 전쟁의 궁극적인 결과에 대해 고민하지 않을 수 없을 것이다.

서유럽 국가들은 제1차 세계대전에서 너무나 큰 희생을 치른 나머지 베를린에서 벌어지는 어떤 일도 신뢰할 수 없게 되었다. 어떤 경우라도 안보가 확립돼야 한다. 다시 말해 게르만과 슬라브 사이의 문제를 해결해야만 하며 서유럽과 마찬가지로 동유럽도 독립국가로 분리되도록 해야 한다. 그럴 수 있다면 세계에서 독일 국민의 위상을 올바른 위치에 돌려놓고 우리도 국제연맹을 설립하기 위한 토대를 닦을 수 있다.

우리가 굴욕적 평화협정을 고집하면 국제연맹의 실효성을

떨어뜨리는 쓸쓸한 감정만 남길 것이다. 1871년 알자스 합병으로 벌어진 결과를 기억하고 있을 것이다. 하지만 하나의 사례를 들어 역사적인 교훈을 얻을 수는 없다. 위대한 미국 남북전쟁에서 양측은 팽팽히 맞섰지만 현재 남부인들은 북부인들과 다름없이 연방에 충성을 다하고 있다. 흑인 노예 해방과 일부 주의 연방 탈퇴 문제는 결국 해결되었고 더 이상 문젯거리가 아니다. 보어 전쟁도 물러설 수 없는 결전이었으나 보어인 게릴라를 이끌던 스뮈츠 장군은 영국 내각에서 명예직을 차지했다. 1866년 프로이센-오스트리아 전쟁도 결전이었지만 10여 년 사이에 오스트리아는 프로이센과 2국 동맹을 맺었다. 우리가 세계대전 승리를 십분 활용해 독일과 슬라브족 사이의 문제를 해결하지 않는다면 패배로 인한 적개심이 아니라 자부심 강한 수백만 명의 짜증과 마주쳐야 할 것이다.

• • •

동유럽 영토를 안정적으로 재편성하려면 2국 체제가 아니라 3국 체제로 나눠야 한다. 독일과 러시아 사이에 여러 독립국이 중간 지대를 형성해 양강을 분리시키는 방안이다.* 러시아는 군부의 독재가 아니라면 앞으로 한두 세대 동안은 독일의 침입에 자력으로는 저항할 수 없는 절망적 상황에 처해 있을 것이다. 문맹의 러시아 농민들은 오로지 도시의 혁명에 가담했을 때만 바라던 보상을 얻었다. 지금은 소지주이지만 자신의 토지를 어떻게 관리해야 할지 방법을 모르고 있다. 중산계급은 혁명으로 몹시 큰 고통을 받아서 그들이 증오하는 독일인의 명령조차 받아들일 준비가 돼 있다. 도시의 노동자들은 인구 규모로는 러시아 전체에서 소수이지만 교육 수준이 높고 통신의 중심지를 장악한 덕분에 지배층으로 올라섰다. 정신문화는 이들에게 '영향'을 미치는 방법을 잘 알고 있다. 러시아를 잘 아는 사람은 러시아가 독일에 맞서기 위해 스스로의 힘에 기댈 수밖에 없다면 불가피하게 독재로 흐를 것으로 내다본다.

독일과 러시아 경계 사이에 거주하는 슬라브족과 그 인접한 민족들의 역량은 무척 다르다. 예를 들어 체코인을 보자. 이들은 볼셰비즘에 맞서고 러시아의 놀라운 압박 아래에서 독립국가의 역량을 입증했다. 체코인들은 헝가리와 마주한

* 물론 여기서 다룬 영토 재편성 논의는 평화회의의 결정이 발표되고 나면 대체로 무용지물이 될 것이다. 하지만 내 목적은 우리가 당장 마주친 문제에 대해 모종의 대책을 논의하자는 게 아니라 내가 구축하고자 하는 일반적인 개념을 구체화하려는 데 있다. 앞서 1918년 크리스마스에 이 문제와 관련해 전망했던 내용을 명심하는 것 역시 내 목적에 부합한다.

지도 31 독일과 러시아 사이 중간 지대에 위치한 중간급 크기의 국가들.
여러 지역에서 국경 문제가 여전히 미해결 과제로 남아 있다.

한 면을 제외한 나머지 세 면에서 독일과 국경을 맞댔음에도 슬라브 보헤미아를 유지하고 새롭게 하는 탁월한 정치적 수완을 발휘했다. 또 보헤미아를 근대 공업과 근대 학문의 중심지로 만들었다. 적어도 체코인은 자율과 독립에의 의지를 접지 않을 것이다.

발트해와 지중해 사이에는 비게르만계의 일곱 민족이 존재한다. 폴란드인, 보헤미아인(체코인 및 슬로바키아인), 헝가리인(마자르인), 남슬라브인(세르비아인, 크로아티아인, 슬로베니아인), 루마니아인, 불가리아인, 그리스인들은 규모에서 보면 유럽 국가에 비해 작은 편이다. 이 중 마자르인과 불가리아인은 제1차 세계대전 당시 독일을 지지한 우리의 적이지만 나머지 다섯 민족에 둘러싸여 있어 프로이센의 지원이 없다면 해를 끼칠 수 없다.

일곱 민족을 차례대로 살펴보자. 우선 약 2000만의 폴란드인은 주요 수로인 비스와강과 유서 깊은 도시인 크라쿠프를 배경으로 살고 있다. 러시아가 폴란드 영토의 일부를 차지하긴 했지만 일반적으로 폴란드인의 문명화 수준이 러시아보다 높은 것으로 알려져 있다. 프로이센에 속하는 포즈난주의 폴란드인은 지배 민족인 독일의 정신문화를 향유하면서도 그 폐해는 경험하지 않았다. 폴란드인 사이에 파벌 성향이 두드러지긴 하지만 갈리시아의 폴란드 귀족은 더 이상 동갈리시아의 루테니아인에 대한 탄압을 허용하는 대가로 합스부르크 왕실을 지원해야 한다는 유혹에 넘어가지 않고 있다.

신생 폴란드에게는 반드시 발트해로 접근할 수 있는 방안을 마련해줘야 한다. 경제적 독립에도 중요하지만 심장지대의 전략적 폐쇄해인 발트해에 선박을 띄우는 편이 바람직하기 때문이다. 무엇보다 독일과 러시아 사이를 완전히 갈라놓을 수 있는 완충지대 역할이 필요하다. 폴란드가 발트해 출구를 확보한다면 언어상으로는 독일, 정서상으로는 융커인 동프로이센이 독일에서 분리될 것이다. 이 대목에서 비스와강 동편의 프로이센과 포즈난 지역의 거주자들을 교환하는 방안을 제안해본다.* 제1차 세계대전을 치르는 동안 우리는 수송뿐만 아니라 조직 면에서도 방대한 일을 진행했다. 예전에는 외교관들이 난맥상을 풀기 위해 온갖 종류의 '사용권'을 동원했다. 하지만 남의 땅에 대한 통행권을 얻어낸다 해도 이용이 번거로울 뿐만 아니라 분쟁의 소지가 있다. 인류애를 발휘해

---

* 이 부분을 집필하고 나서 M. 베니젤로스 그리스 수상은 1919년 1월 14일 『타임』 파리 특파원과의 인터뷰에서 이렇게 말했다. "여전히 소아시아 중심지의 그리스인 수십만 명이 튀르크의 지배 아래 있게 할 겁니다. 이 문제에 관한 한 한 가지 방법밖에 없습니다. 대규모 인구를 상호 교환하는 방안이지요."

인구 교환이라는 파격적인 방안을 추진하면 모든 방면에서 그 토지에 살고 있는 사람들에게 공평하고 관대한 처사가 되지 않겠는가. 각 지주는 토지를 맞바꾸되 국적을 유지하거나, 토지를 그대로 보유하되 국적을 바꾸는 방안 가운데 선택할 수 있다. 만약 후자를 선택한다면 학교 교육을 포함한 사회적 권리를 주장하는 데 있어 어려움이 없도록 배려해야 한다. 미국은 학교에서 모든 이민자가 영어를 반드시 쓰도록 강제하고 있다. 옛 정복자들의 무자비한 강압 덕분에 오늘날 영국과 프랑스 국민은 동질성이 강하고 근동 지역의 골칫거리인 인종의 혼합 문제에서 자유롭다. 우리도 현대적 운송 수단과 조직력을 활용해 공평하고 관대한 태도로 같은 효과를 노려보면 어떨까? 폴란드에 특별한 조치를 고려하는 이유는 그 영향이 결코 작지 않기 때문이다. 폴란드인이 거주하는 포즈난은 독일의 동부 국경을 위협하며 독일의 동프로이센은 독일이 러시아로 침투해 들어가는 징검다리 역할을 할 수 있다.*

'경계' 지대의 또 다른 민족으로 체코인과 슬로바키아인이 있다. 얼마 전까지만 해도 러시아와 오스트리아의 경계선 때

---

* 대인논증argumentum ad hominem에 대처하는 차원에서 언급하자면 아일랜드의 경우에서는 이와 유사한 전략적 필요성이 없다고 생각한다.

문에 이들은 분단을 경험했다. 마치 러시아, 프로이센, 오스트리아의 국경으로 폴란드인이 흩어진 것과 같은 모양새다. 체코인과 슬로바키아인의 총인구는 900만 명 정도로 추산되며 유럽에서 가장 정열적인 소수 민족이다. 이들의 거주 지역에는 석탄, 금속, 목재, 수력, 옥수수, 와인 자원이 풍부하며 발트해 및 바르샤바로부터 빈, 아드리아해까지의 간선철로도 중앙에 위치한다.

이어 남슬라브로 넘어가 세 민족 슬로베니아인, 크로아티아인, 세르비아인을 보자.(유고Jugo는 남쪽을 뜻한다.) 인구는 총 1200만 정도이며 역시 오스트리아와 헝가리의 국경 때문에 분단됐다. 게다가 이들 민족의 종교는 서로 대립관계인 로마 가톨릭 교회와 그리스 정교로 엇갈린다. 발칸반도의 사정을 잘 아는 사람이라면 로마 가톨릭의 슬로베니아인과 크로아티아인이 그리스 정교의 세르비아인과 코르푸 선언크로아티아의 정치 지도자 트룸비치는 1917년 7월 세르비아 총리 니콜라 파시치를 그리스 코르푸섬에서 만나 제1차 세계대전이 끝나는 대로 유고슬라비아 국가를 건설하기로 약속했는데, 이것이 '코르푸 선언'이다을 채택해야만 했던 상황이야말로 오스트리아-헝가리의 폭정을 웅변적으로 보여주는 사례라고 느낄 것이다. 앞으로 남슬라브인은 아드리아해의 달마티아 항구에 접근이 가능해질 것이며, 세계적인 간선철도가 사바강에서 베오그라드 그리고 모라바와 마리차의 '회랑'을 거쳐 콘스탄티노플을 연결할 것이다.

유럽 동편의 중앙부에서 살펴볼 다음 나라는 루마니아다. 자연환경 면에서 루마니아는 풍요로운 강과 광맥, 유정, 울창한 삼림을 갖춘 카르파티아산맥의 대▲트란실바니아 요새라 할 수 있다. 트란실바니아의 소농들이 바로 루마니아인이며 소수의 '특권층'인 마자르족과 '색슨족'의 지배를 받았다. 정치인들은 루마니아에서도 수완을 발휘해 서로 집을 바꾸거나 루마니아 국적을 완전히 수용하는 방안을 추진해봄 직하다. 물론 루마니아인과 색슨족 사이의 적개심은 폴란드와 프로이센처럼 심각하지는 않다.

루마니아의 나머지 지역은 현재 왕국이 위치해 있으며, 트란실바니아에서 동쪽과 남쪽 방향으로 경사를 이루고 있고 트란실바니아강에서 물을 공급받는다. 비옥한 경사지는 유럽의 기름, 밀, 옥수수 산지이며 1200만 명의 루마니아인을 부유하게 만들어줄 것이다. 갈라츠, 브라일라, 콘스탄차는 흑해로 나갈 수 있는 항구인데, 심장지대의 자연 폐쇄 수역인 흑해에 루마니아 선박을 띄우는 일은 모든 자유 민족에게 주요 관심사가 될 것이다. 역사의 어느 순간에도 국제연맹은 발트해와 흑해에 관심을 둘 수밖에 없다. 심장지대가 강력한 군국주의의 기반을 제공하기 때문이다. 문명은 자연뿐만 아니라 우리 자신을 통제하는 일이다. 국제연맹은 하나 된 인류의 최고 기구로서 심장지대와 잠재적 조직자들을 주의 깊게 살펴야만 한다. 런던과 파리의 경찰력이 단지 도시의 관심사가 아니라 국가적 차원의 사안으로 간주되는 것과 같은 이치다.

중간 지대의 일곱 민족 가운데 그리스인은 처음으로 세계대전 중 독일의 지배를 벗어났다. 심장지대 바깥에 위치해 있어 해양 세력의 접근 가능하다는 단순한 이유에서였다. 하지만 오늘날과 같은 잠수함과 항공기의 시대에 거대한 심장지대 세력이 그리스를 차지한다면 세계도를 좌우할 수 있을 것이다. 말하자면 마케도니아의 역사가 재현되는 셈이다.

이제 마자르인과 불가리아인으로 넘어가자. 두 민족은 프로이센에 예속까진 아니더라도 착취를 당한 공통점이 있다. 부다페스트의 사정을 아는 사람이라면 마자르인이 독일인에게 이질감을 느낀다는 사실에 익숙할 것이다. 최근의 동맹은 철저히 필요에 의한 것이었지 마음에서 우러난 행위는 아니었다. 마자르인 가운데 지배계층에 해당되는 100만 명은 나머지 900만의 동포를 마치 이민족을 억압하듯 다스렸다. 프로이센과의 동맹—실질적으로는 오스트리아가 아닌 프로이센과의 동맹이었다—은 프로이센의 마자르 과두제 지지에 대한 답례의 성격이 짙다. 또한 마자르인은 슬라브인과 루마니아인에 대한 깊은 적개심을 쌓아왔다. 하지만 독일 입장에서 농경 슬라브인에게 더 이상 이익을 취할 수 없는 상황이 되면 민주주의 체제의 헝가리는 곧 새로운 환경에 적응해나갈 것이다. 불가리아인이 세르비아와 동맹을 맺어 튀르크에 맞섰다는 사실을 기억할 필요가 있다. 세르비아와 불가리아 사이에 때로는 나쁜 감정이 오가기도 했지만 결국 한 가정에서 벌어지는 불화의 성격이 짙다. 최근에 양국 간 성장의 차이는 경쟁적인 교회 조직의 형성에 기인한 바가 크다. 불가리아인이 2차 발칸전쟁 당시의 배신을 악용하도록 해서는 안 되지만 연합국이 공정한 해결책을 내놓는다면 오랜 전쟁으로 피폐해진 불가리아와 세르비아 모두 흔쾌히 받아들일 것이다. 지난 20년간 불가리아에서는 오로지 독일 페르디난트 황제의 의지만이 중요하게 받아들여졌다.

동유럽의 중간 지대에 위치한 국가들과 관련해 가장 중요한 전략적 사실은 이들 중 가장 문명화된 폴란드, 보헤미아가 프로이센의 공격에 취약한 북쪽에 위치한다는 점이다. 아드리아해와 북해에서 발트해까지의 넓은 쐐기형 지대에 독립국가가 확장되지 않는다면 폴란드와 보헤미아의 독립을 지켜낼 재간이 없다. 총 6000만 명에 달하는 일곱 민족이 서로를 연결하는 철로를 통해 안전하게 교류하고 이들이 아드리아해, 흑해, 발트해를 통해 대양으로 진출할 수 있게 된다면 프로이센과 오스트리아 사이에 적절한 균형을 이룰 것이며, 사실 이외에 다른 대체 방안도 없다. 그렇기는 해도 국제연맹은 반드시 국제법에 따라 항상 전함을 흑해와 발트해로 파견할 수 있는 권한을 확보해야 한다.

· · ·

정치인들은 국제 무대에서 실로 위대한 성취를 이뤄냈다. 서구인들이 세계대전을 치르면서 그토록 염원했던 국제연맹이라는 민주주의 이상이 실현되지 못할 이유가 없어 보인다. 그렇다면 국제연맹이 실제로 설립되기 위해서는 어떤 조건들이 충족돼야 할까? 영국의 그레이 외상은 최근 펴낸 인쇄물에서 두 가지 조건을 제시했다. 첫째, "구상은 각국 행정수반이 진지하게 확신을 가지고 채택해야만 한다". 둘째, "각국 정부와 국민은 이 구상이 자국의 행위에 일정한 제약을 줄 수 있으며 불편한 의무를 이행해야 할 수 있음을 분명히 인식해야만 한다. 강대국은 무력을 사용해 약소국에게 자국의 이해를 강요하는 행위를 해선 안 된다".

그레이 외상이 제시한 이 같은 훌륭한 조건은 반드시 필요하지만, 이것만으로 충분할까? 일반적인 의무를 지우기에 앞서 구체적인 조건을 고려하는 방안이 낫지 않을까? 국제연맹은 눈앞에 놓인 현실을 직시해야만 한다. 제1차 세계대전이 발발하기 전부터 초기의 국제연맹이 존재했는데 당시 회원국은 국제법 체계의 당사국이었다. 세계대전이 일어난 이유는 당사국 가운데 강대국 둘이 처음에는 하나의 약소국, 나중에는 두 약소국을 상대로 국제법을 위반했기 때문이 아닌가? 또한 양 강국은 법을 지키기 위한 국제연맹의 강력한 개입을 실패 직전까지 몰아가지 않았던가? 그런 사실을 고려하면 강대국이 자국의 이해를 약소국에 무력으로 강제하는 행위를 '금지'해야 한다는 주장은 적절하다. 다시 말해 현실을 바로 보지 않으면 우리는 이상에만 빠져 있게 된다.

연맹이 영속하기 위해서는 어떤 나라도 인류의 일반 의지에 역행할 정도로 강력한 힘을 지녀서는 안 된다. 또 다른 시각에서 보면 연맹은 연맹을 넘어서는 지배적인 세력 혹은 세력 집단을 허용해서도 안 된다. 연방에 지배적 세력이 있을 때 성공한 사례가 있었던가? 미국의 경우 뉴욕, 펜실베이니아, 일리노이 등이 다른 주와 대비해 규모가 크기는 하지만 전체 연방에서 일부에 지나지 않는다. 캐나다는 퀘벡과 온타리오가 균형을 이루는 가운데 나머지 주가 퀘벡, 온타리오의 위협을 받지 않고 있다. 오스트레일리아 연방에서는 뉴사우스웨일스와 빅토리아의 세력이 비등하다. 스위스에서는 거대한 베른주라도 다른 주보다 유리하지 않다. 반면 독일 연방은 프로이센이 지배적 영향력을 행사하는 허울뿐인 연방이 아니었던가? 브리튼섬 내에서도 아무리 아일랜드인이 자체적으로 의견 일치를 본다 해도 잉글랜드의 지배적인 입지가 지방 분권을 방해하고 있지 않은가? 결국 세계대전이 일어난 원인도 독일이 나머지 유럽 국가를 딛고 일어섰기 때문이다. 세계대전 이전에 유럽에서 일어난 전쟁은 나폴레옹, 루이 14세, 펠리페 2세 치하에서 어느 한 국가에 지나치게 힘이 집중됐기 때문이다. 국제연맹이 성공하려면 지금까지 누적된 증거들을 얼버무리지 말고 직시해야 한다.

이와 더불어 우리가 조명해야 할 또 다른 현실이 있다. 바로 계속적 존재라는 현실이다. 연맹의 회원국이 안정적인 생활을 영위하려면 두 가지 측면을 살펴야 한다고 생각한다. 계속적 존재의 현실을 현재의 측면에서, 그리고 미래의 측면에서 고찰해야 한다. 현재 측면의 고찰은 함께 연맹에 참여하는 국가의 단위를 구체적으로 따져보는 일이다.

대영제국은 하나의 계속적 존재다. 영연방 자치령들은 세계대전이라는 시련에 굳건히 맞섰지만 앞으로 대다수는 대영제국의 일관성을 위해 위험을 무릅쓰지 않을 것이다. 따라서 대영제국의 통치 단위들은 점진적으로 연맹의 단위로서 발전할 것이다. 자치령 여섯 곳의 관계는 이미 평등하며 영연방으로부터 독립적이다. 이에 대한 최종 결정은 지난해에야 내려졌다. 영연방 자치령의 수상은 더 이상 식민장관을 통하지 않고 영국의 수상과 직접 의견을 교환한다. 웨스트민스터 의회는 더 이상 제국 의회가 아니라 영국 의회일 뿐이다. 영국과 해외 자치령들의 관계를 고려하면 국왕의 호칭에 대해서도 생각해봐야 한다. 자치령들의 평등한 관계를 인정해 모든 자치령의 왕과 같은 호칭을 쓸 수 있다. 현실적 측면에서도 영국, 캐나다, 오스트레일리아가 각각 함대와 육군을 보유할 텐데 전시에만 통합된 전략사령부를 가동할 것인가? 인구 문제에 있어서도 머지않아 캐나다, 오스트레일리아가 모국에 준하는 힘을 갖지 않을까? 그러면 나머지 세 곳의 소규모 자치령인 뉴질랜드, 남아프리카, 뉴펀들랜드의 중요성을 높여 주요 자치령 세 곳과의 균형을 도모해야 한다.

프랑스와 이탈리아 또한 계속적 존재다. 양국은 대영제국이 하나의 단위로 묶이는 연맹에 가입할 것인가? 다행히 우리는 제1차 세계대전이 막을 내릴 무렵 단일 전략사령부를 설치했고 베르사유라는 이름 앞에 새로운 역사적 의미를 더했다. 이제까지 영국, 프랑스, 이탈리아는 대사를 거치지 않고 수상끼리 직접 협의하는 관습이 있었다. 이 3개국은 연맹의 동료 회원국이 되기에 규모의 차이도 크지 않다. 캐나다와 오스트레일리아의 수상이 영국, 프랑스, 이탈리아 수상과 함께 회의에 초대받는 일이 일어나지 않을까? 단순히 서류상의 작업으로 진전을 이루기 전에 오늘날 계속적 존재가 처한 현실을 직시하는 일은 매우 가치 있다. 1918년 독일의 공격이 아니었다면 단일 전략사령부를 설치하지 못했으리라는 점을 기억해야 한다.*

그렇다면 미국은 어떤가? 미합중국에 속한 각 주가 연맹에 하나의 단위로서 참가할 수 있다는 가정은 무익하다. 제1차 세계대전이 일어나기 전 미국은 자국 역사상 최대 규모의 내전을 치렀는데 그 목적은 서로 진정한 내부 연합을 이루는 데 있었다. 하지만 미국은 동맹관계에 있는 서유럽 각국에 우세한 파트너로 인식된다. 미국은 반드시 연맹에 참여해야 한다. 다만 미국에 대항해 균형을 이루는 차원에서 영국의 자치령

---

* 이 글을 작성한 뒤 열린 파리회의에서는 대영제국을 "모종의 목적을 위해 모인 하나의 단위"라며 일종의 '혼성물hybrid'로 다뤘다.

여섯 곳이 하나의 단일 세력이 돼야 한다. 다행히 북아메리카의 약 5000킬로미터에 달하는 무방위 국경이 길조로 다가온다. 다만 해당 국경으로 분리되는 국가 간 힘의 차이가 덜했다면 국경은 더 중요한 의미를 가졌을 것이다.

그러나 국제연맹의 여러 회원국과 같이 강국 사이에 평등이 실현되지 않으면 장래에 다가올 위기에서 어느 한 편의 우세로 인한 위험이 대두될 것이다. 평등의 문제는 섬나라보다 대륙 회원국에 더 중요하다. 해상 세력에겐 그 나름의 분명한 제약이 있다. 섬나라나 반도의 세력 확장을 한정 짓는 자연적 경계가 존재한다. 따라서 연맹의 문제는 대륙의 심장지대에서 일어날 것이다. 이 지역의 자연환경은 궁극적으로 세계를 지배할 수 있는 모든 조건을 갖췄다. 인간은 예지력과 굳건한 약속으로서 심장지대를 어느 한 세력이 차지하지 못하도록 막아야만 한다. 혁명에도 불구하고 독일인과 러시아인 역시 계속적 존재이며 각각 강력한 역사적 모멘텀을 지니고 있다.

개별 국가들이 단일의 세계 체제로 묶였으니 이상주의자들에게 국제연맹이 지상의 생지옥에 대한 유일한 대안이라는 사실을 인식시켜야 한다. 그리고 이상주의자들이 동유럽의 세분화에 관심을 두도록 해야 한다. 독일과 러시아 사이에 진정한 독립을 이룬 국가들로 구성된 중간 지대를 배치하면 목적을 달성할 수 있지만 실패한다면 목적을 이룰 수 없다. 프리드리히 나우만이 『중부 유럽Central Europe』에서 제안한 대로 독일과 러시아 사이에 참호선을 긋는 정도에 그친다면 독일과 슬라브는 대립적인 관계에서 벗어나지 못할 것이며 항구적인 안정 또한 기대할 수 없다. 하지만 세계연맹에 미가입된 국가들이 지지하는 '중간 지대'는 동유럽을 2국가 이상의 체제로 만들 것이다. 게다가 힘이 거의 비등해진 중간 지대 국가는 연맹의 회원국으로 받아들여질 가능성이 더 높다.

세계 제국에 대한 유혹을 한번 없애보자. 그러면 독일과 러시아 사이에 어떤 일이 일어날지 누가 예측할 수 있을까? 영국이나 프랑스와 달리 완전히 인위적 구조인 프로이센이 여러 연방 국가로 쪼개지려는 징조가 벌써 나타나고 있다. 역사적으로 일부 프로이센 지역은 동유럽에 속했고 다른 지역은 서유럽에 속했었다. 또한 러시아도 여러 국가로 나뉘어 느슨한 형태의 연방제로 가지 않을까? 독일과 러시아는 서로 반목하는 가운데 거대한 제국으로 성장했다. 그러나 중간 지대에 있는 폴란드인, 보헤미아인, 헝가리아인, 루마니아인, 세르비아인, 불가리아인, 그리스인은 방위를 위해서가 아니라면 서로 연합하지 않겠지만 독일과 러시아와는 성격 자체가 다르다. 이 양 강대국이 동유럽 제국을 건설하기 위해 새로운 조직을 세우려 한다면 서로 간에 저항과 반목을 피할 수 없을 것이다.

심장지대와 아라비아반도에는 전략적 지점이 몇 군데 존재하기 때문에 세계가 예의주시할 필요가 있다. 이 지역을 차지하느냐에 따라 세계 지배의 여부가 판가름 날 수 있기 때문이다. 그렇다고 해당 국가의 운명을 미증유의 국제기구에 당장 맡기는 방안도 바람직하지 않다. 이 대목에서도 계속적 존재에 관한 진실을 되새겨볼 필요가 있다. 일반적으로 공동 통치가 성공하기란 쉽지 않다. 공동으로 통치하는 세력의 대리자는 거의 예외 없이 지역의 민족이나 집단 편을 들기 때문이다. 그러므로 국제적 관리의 가장 효율적인 방법은 어느 한 강대국이 인류의 신탁통치자로 권한을 위임받는 것이다. 물론 다른 강대국은 또 다른 입지를 부여받을 수 있다. 이 방법이 실험된 전례로 베를린 회의의 결정에 따라 오스트리아–헝가리 제국이 보스니아, 헤르체고비나의 행정을 위임받은 것을 들 수 있다. 적어도 물질적인 측면에 있어서는 보호 대상국에서 발전이 있었다. 그러니 계속적 존재에 관한 새 원칙과 사실을 파나마, 지브롤터, 몰타, 수에즈, 아덴, 싱가포르에 적용하지 않을 이유가 없다. 이 경우 미국과 대영제국이 세계의 신탁통치국이 되어 대양과 그 대양 유역을 연결하는 해협의 평화를 수호하는 역할을 하게 된다. 하지만 이는 기존 일들을 합법화하는 수준에 불과하다. 세계의 다른 원칙과 마찬가지로 이 원칙은 심장지대 및 아라비아에서 검증을 받아야 한다. 세계의 섬사람들은 코펜하겐이나 콘스탄티노플, 킬 운하의 운명을 절대 모른 척할 수 없을 것이다. 심장지대와 동유럽의 열강이 발트해와 흑해에서 해전을 준비할 수 있기 때문이다. 제1차 세계대전 당시 북해와 동지중해를 지키는 데 연합국의 전체 해군력이 동원됐다. 세계대전이 발발했을 때부터 흑해를 기지 삼아 충분한 잠수함 작전을 펼쳤다면 수에즈 운하에 위치했던 육군의 안전을 확보할 수 있었을 것이다. 따라서 팔레스타인, 시리아, 메소포타미아, 보스포루스, 다르다넬스, 발트해의 유출구가 어떤 식으로든 국제화돼야 한다는 결론이 나온다. 팔레스타인, 시리아, 메소포타미아의 경우 영국, 프랑스의 신탁통치에 대한 이해가 있었다. 그렇다면 유서 깊은 콘스탄티노플을 국제연맹의 수도로 삼아 문제를 해결하면 어떨까? 철도망이 세계도의 곳곳을 연결하면 콘스탄티노플은 철도, 증기선, 항공기로 인해 지구상에서 가장 접근이 쉬운 장소로 손꼽힐 것이다. 서유럽의 선도국들은 수세기 동안 압제를 받았던 콘스탄티노플에서 지역에 빛을 비출 것이다. 인류애의 관점에서 봤을 때 절실하게 필요한 빛이 아닐 수 없다. 또한 콘스탄티노플에서 우리는 동서양을 연결하는 대양의 자유로서 심장지대를 영원히 관통할 수 있다.

　팔레스타인에 유대인 국가의 설립을 약속한 것은 세계대전의 가장 주목할 만한 성과 가운데 하나다. 지금은 이 주제에 대한 진실을 논할 수 있다. 유대인은 수백 년 동안 게토에 갇혀 있었고 사회에서도 명예로운 지위에 오를 수 없었으며 평등하게 발전할 수 없었다. 유대인은 그 탁월함 때문에 대다수의 기독교인에게 증오의 대상이었다. 독일은 세계의 상업 중심지를 침투하면서 유대인 덕을 톡톡히 봤다. 독일이 유럽 동남부를 지배할 때도 유대인의 도움을 업고 마자르인과 튀르크를 통해 목적을 달성한 바 있다. 러시아 볼셰비키의 지도자 중 유대인도 있었다. 터전은 없지만 두뇌가 비상했던 유대인들은 국제주의자들의 활동을 적극 지원했으며 기독교 세계는 이런 유대인들의 활약을 인정하고 받아들여야 한다. 하지만 독립적이고 우호적인 국가로 구성된 국제연맹에서는 유대인의 전략이 먹힐 여지가 없다. 세계의 역사지리적 중심지인 '유대민족 국가National Home'에 유대인이 '정착'하도록 만들어야 한다. 유대인이 유대인을 바라보는 판단 기준은 팔레스타인 바깥에서 계속적 존재로 남아 있을 거대 유대인 공동체에서도 만들어져야 한다. 하지만 이는 일부 유대인이 잊고자 하는 국적 문제를 솔직하게 수용함을 의미한다. 일각에서는 유대교와 히브리인을 별개로 분리하려는 시도를 한다. 하지만 유대인을 인식하는 보편적인 정체성은 대체로 옳다.

거대한 사막과 고원 너머 아시아 및 아프리카의 광활한 인구 밀집 지역 또한 계속적 존재이며 영국령 인도 제국이 그 예다. 국제연맹에서 세계의 균형을 실현시키기 위해 성급하게 인도를 흔든다면 어리석은 일이 될 것이다. 하지만 자오저우만도, 동아프리카도 강대국의 수중에 다시 들어가서는 안 된다. 독일은 육군이 진군하던 중 두 지역이 준비된 요새임을 간파하고 전략적인 목적에서 차지한 적이 있다. 게다가 독일은 중국과 아프리카의 인력을 보조로 활용해 세계도를 정복하려는 분명한 목표를 가지고 있었다. '인도 제도'에 거주하는 인류의 절반이 궁극적으로 어떤 역할을 할지 누구도 예견할 수 없다. 다만 섬사람들은 심장지대로부터 인도와 중국을 보호해야 할 의무가 있다.

독일령 서남아프리카와 독일령 오스트랄라시아 식민지도 독일에 반환돼서는 안 된다. 연맹의 독립에 대한 원칙은 전략적으로 중요한 일부 지역에 대해서는 예외적으로 국제 신탁을 실시하되 각국이 자국 영토의 주인이 돼야 한다는 것이다. 남아프리카와 오스트레일리아도 이에 해당된다. 그 외의 다른 원칙은 미래에 분쟁을 일으킬 씨앗이 될 것이며 군비 축소를 가로막는다.

• • •

국제연맹의 발족과 오늘날 계속적 존재에 대해 많은 사항을 검토했다. 이제는 계속적 존재의 미래를 논할 차례다. 그레이 외상은 거대한 국제적 기구의 설립을 논할 때 필요한 자세를 설명한 바 있다. 이 문제와 관련해 좀더 구체적으로 기술해야 할 사항이 있지 않을까?

나는 자유방임형 자유무역과 독일식의 약탈적 보호무역제도 모두 제국주의의 원칙이며 필연적으로 전쟁을 향한다는 신념을 밝혀왔다. 다행히 영국의 신생 자치령은 맨체스터학파의 자유무역을 거부했다. 이들은 경제적 이상을 실현하기 위해 모국이 부여한 재정적 자립성을 활용했다. 미국의 위대한 정치가 알렉산더 해밀턴이 모든 부분에서의 균형적 발전이 진정한 독립국의 이상이라고 선언한 것이 그런 예다. 이는 대규모 국제무역을 지양하자는 주장이 아니라 무역이 목표한 균형점을 향해 가는 데 보탬이 되도록 통제돼야 한다는 의미다. 즉 경제적으로 어느 한편에 치우치는 결과가 회복의 가망

없이 계속 쌓여서는 안 된다.

만약 상업적 '침투'가 허용된다면 국제연맹은 안정적으로 기능할 수 없을 것이다. 그 침투의 목적은 한 나라가 다른 국가의 숙련된 인력이 일을 해 받을 수 있는 정당한 몫을 빼앗는 데 있으며 침투가 성공을 거두면 반드시 불화가 생긴다. 간단히 말하자면 제한 없는 코브던 체제하에서는 다른 나라의 산업 분화 때문에 자국은 허드렛일을 하도록 전락했다고 느끼는 일이 생긴다. 또 어떤 나라에서 특정 산업이 고도로 발전해 세계 시장 전체를 독식해버린다면 다른 나라의 경제적 균형은 깨질 것이다. 제1차 세계대전 후에는 어떤 주요국도 '기간'산업이나 '필수' 산업의 박탈을 좌시하지 않을 것이다.* 이 두 범주를 면밀히 고찰하면 보편적 경제 독립이라는 이상을 받아들일 수 있다. 그렇지 않으면 방어에 급급해 이 방편, 저 방편을 전전할 것이다. 부정적인 코브던주의를 인정하고 유지한다면 엉성하고 몸집만 큰 임시 기관을 만들어낼

---

* 용어상 기간산업과 '필수' 산업의 경계가 명확한 것은 아니다. 기간산업은 규모가 작을지라도 규모가 좀더 큰 다른 산업을 위해 꼭 필요하다. 예를 들어 세계대전 이전에 영국에서는 연간 200만 파운드어치의 아닐린 염료가 사용됐다. 이 염료로 2억 파운드 규모의 섬유와 제지가 생산됐다. 이 비율을 보면 잠긴 방에 들어갈 수 있는 열쇠와 같다. 한편 필수 산업은 작은 열쇠의 성격은 아니다. 예를 들면 20세기에는 철강 산업을 필수 산업으로 손꼽을 수 있다. 양자를 구분하는 것은 중요하다고 본다. 산업의 성격에 따라 방어책도 다를 수 있기 때문이다.

뿐이다. 관세율 인하와 보조금을 활용하면 시시각각 마주치는 문제를 빠르고 손쉽게 해치울 수 있다. 수중에 적합한 통제 장치를 갖추고 있기 때문이다. 여기서는 기관과 관련된 자세한 사항을 다루지는 않겠다. 다만 이상과 목적에 관한 문제는 짚어볼 필요가 있다. 코브던주의자들은 국제무역과 각국의 특화가 자연적으로 이뤄진 결과라면 그 자체로는 바람직하다고 본다. 반면 독일인은 국가 내에서 경제적 분업을 권장하되 이를 과학적으로 추진했다. 그리고 가장 많은 이윤을 내고 숙련된 노동자를 고용하는 산업을 집중적으로 육성했다. 그 결과는 동일하다. 산업의 계속적 존재는 국가를 장악하고 착취하며 다른 국가의 독립을 빼앗는다. 종국에는 분쟁과 충돌이 불가피하다.

비극을 불러일으키는 계속적 존재에 관해 세 가지 태도가 있다. 우선 자유방임은 곧 항복과 체념이다. 자유방임은 마치 자기 자신을 방치해 질병에 걸리는 상태를 자처하는 것과 같다. 계속적 존재를 인간의 몸에 비유한다면 기능의 불균형과 이것의 유기적 영향으로 결국 의사의 조언이나 수술도 소용없는 지경이 된다. 질병의 뿌리를 뽑는 순간 생명 그 자체가 기능을 멈추기 때문이다. 19세기 중반 영국은 따뜻한 햇살을 받으며 당장 오늘에 만족했고 신의 섭리를 믿었다. 그러다

1914년 8월 수술대에 올랐지만 다행히 질병이 목숨을 위협할 정도는 아니었다. 당시 입영 적령자 가운데 부적합 판정을 받은 숫자는 100만 명에 이르렀다. 어쩌면 전쟁은 절묘한 시점에 발발했는지도 모른다.

계속적 존재에 관련된 두 번째 태도는 극심한 공포다. 이는 프로이센의 태도인데 자유방임이라는 위로의 종교 못지않게 만족을 주는 초인 철학니체의 초인超人을 의미에 숨겨져 실상이 드러나지 않았다. 있는 그대로 말하자면 정신문화는 경쟁과 자연선택에 집착하다시피 했으며 그 결정체는 다윈주의다. 겁에 질린 프로이센은 생존을 위해 다른 사람을 잡아먹어야 한다면 식인종이 되겠다고 마음먹었다! 프로이센이라는 권투 선수는 근면성실하게 힘과 효율성을 키웠다. 독일인들은 계속적 존재를 통해 국가를 발전시켰지만 이 계속적 존재는 점점 더 허기를 느꼈고 결국 국가를 먹어야 했다. 이 세계의 잔악하고 이기적인 일은 극심한 공포 때문에 벌어졌다.

세 번째 태도는 무정부주의자와 볼셰비키에게서 볼 수 있다. 양자는 서로를 구별 짓지만 계속적 존재가 해체되거나 산산조각 나면 서로 마땅한 차이가 없는 집단이다. 세 번째 태도는 사회적 자살이나 다름없다. 볼셰비즘이 동유럽과 중부유럽을 장악하더라도 서유럽의 민주주의 국가들은 원칙을 고수하는 것이 중요하다. 서구인은 승리자들이며 국가에서 빈번히 되풀이되는 이상주의, 무질서, 기근, 폭정의 악순환을 전 세계가 겪지 않도록 방지할 수 있는 유일한 존재다. 현재 작동하고 있는 사회 기구를 성급하게 해체하지 않고 사회 원칙에 따라 이상을 성취한다면 안정적 생산을 가능케 하는 기본적인 현실을 유지할 수 있을 것이다. 오늘날의 문명은 그 어느 때보다 이러한 현실에 기대어 쉬고 있다. 지금도 우리가 결코 잊지 말아야 할 전 세계적 무질서로부터 질서를 회복시킬 지렛대로서 국가적 기반이 전혀 남아 있지 않은 상태다. 이에 따라 무정부 상태와 폭정이 무한하게 이어질 수 있다. 고대 로마가 무너진 후 로마인들이 일군 문명 수준에 다시 이르기까지는 수백 년이 걸렸다.

국가가 계속적 존재에 사로잡혀 표류하다가 질병을 얻는 것을 막고, 또 결과적으로 범죄를 양산하는 극심한 공포를 피하면서, 자살로 이어지는 반란의 흐름으로 가지 않기 위해서 우리는 어떤 길을 걸어야 할까? 우리는 통제, 곧 민주주의 국가로서 자기 절제의 길을 가야 한다. 제1차 세계대전에서 교훈을 찾자면 현대적 생산의 거대한 힘도 충분히 조절 가능하다는 사실이다. 많은 사람은 세계대전이 절망적인 금융의 붕괴를 야기할 것이라고 우려했다. 실제로 금융이 붕괴되기는 했지만 영국과 독일의 신용 시스템은 무척 손쉽게 절연됐다. 적지에서 뿌리째 뽑힌 개인 신용을 국가 신용이라는 단순한 장치가 대체했다.

계속적 존재의 통제가 목적이라면 연맹의 이상적인 국가 단위는 경제적으로 균형 발전을 이룬 국가여야만 한다. 자원은 전 세계에 불균등하게 존재한다. 각 지역의 기후에 따라 식량을 재배하는 일을 제외하면 인간의 주요 직업들은 최근에 발전했고 전체 산업에서 차지하는 비중도 낮다. 광물은 광산에서만 얻을 수 있고 열대작물은 열대지방에서만 자란다. 하지만 오늘날 광물이나 열대작물을 손쉽게 운송할 수 있게 되면서 인간의 선택과 의지에 따라 고도의 산업을 유치하는 게 가능해졌다. 인간의 직업이 그 인간을 만든다. 성숙한 인간의 성격에는 자신이 부름을 받은 소명이 각인되어 있다. 국가도 마찬가지다. 스스로 존중하지 않는 나라는 자기 몫의 고도 산업을 빼앗기고 만다. 게다가 고도 산업은 다른 산업과 서로 긴밀하게 연결돼 있어 균형 없이는 발전할 수 없다. 따라서 각국은 주요 산업을 육성하기 위해 갖은 노력을 기울여야 하며 이러한 노력들이 방해받아서는 안 된다.

지금껏 살펴본 이상이 이 땅에 평화를 가져오리라고 나는 확신한다. 일반 사회에서는 부의 격차가 큰 사람들끼리 진정한 친구관계를 맺기가 극히 어렵다. 친구라는 아름다운 관계는 보호, 의존과 양립할 수 없다. 문명사회에서는 서비스의 교환이 일어나는데 그 교환은 동등해야 한다. 화폐경제학은 동등하지 않은 가치를 산업 고용의 질이라는 관점에서 동등한 서비스로 평가했다. 각국의 만족을 위해 우리는 국가 발전의 기회가 동등하게 확보될 방법을 궁리해야 한다.

제7장

인간의 자유

지금까지 지구상의 지리적 사실을 검토하면서 우리는 국가가 자유를 확보하기 위해서는 주요 국가들이 자원의 평등한 분배에 합리적으로 접근해야 한다는 결론에 이르렀다. 또한 계속적 존재가 갖는 중요성을 고려할 때 각국의 성장이 과열로 치달아 충돌이 벌어지지 않도록 통제가 필요하다는 점도 살펴봤다. 그런데 이런 원칙이 인간의 자유와 어떤 관계가 있을까? 국제연맹에 속한 자유주의 국가는 시민들에게 더 많은 자유를 허용할 것인가? 전쟁에 동원되어 위험한 바다를 항해한 남자들이나, 가정에서 일하면서 아들과 남편이 돌아오기를 기다리고 애도한 어머니, 아내들은 단지 그들의 삶을 위협했던 위험이 물러나는 것만을 바라진 않을 것이다. 그들은 자신과 사랑하는 이의 삶에 더 큰 행복이 올 것이라는 긍정적 비전을 갖고 있다.

이런 시각에서 이 책의 앞머리에서 언급했던 민주주의 이상이 실현되는 일련의 단계를 살펴보겠다. 미국의 독립선언은 모든 인간에게 행복을 추구할 권리가 있음을 천명했다. 프랑스 혁명은 이를 '자유'라는 한 단어로 명료하게 담아냈고 통제를 암시하는 '평등'과 자기조절을 시사하는 '박애'를 추가했다. 박애는 민주주의의 성공에 가장 중요한 요소다. 일반 시민 대다수의 참여가 요구되기 때문에 통치 형태에서 달성이 가장 어렵고 가장 높은 단계에 있기도 하다. 여기까지가 민주주의 철학의 1단계로, 인간의 자유와 직접적이고 분명한 연관성이 있다.

2단계는 19세기 중반에 시작됐으며 국가들의 자유를 목표로 했다. 국가들의 자유가 주장하는 것은 구성원들이 서로 함께 행복을 추구할 권리와 더불어 자체적인 통제 체제를 갖춰 내부에서 평등을 이루는 것이었다. 박애 정신은 우리가 부대끼면서 함께 성장하지 않는 이상 형성되기가 쉽지 않다. 그래서 박애가 국민 정서로 작동한 것이다. 하지만 단순한 민족주의는 공동의 행복추구권을 주장하는 수준에 머물 뿐이다. 국제연맹이 창설돼야 비로소 프랑스 혁명의 3대 정신에 준하는 이상을 향해 나아갈 수 있다. 국제법 앞에서 국가 간 평등을 이루려면 연맹의 통제가 어느 정도 요구될 수밖에 없다. 나는 각국이 균형 잡힌 발전이라는 이상 속에서 박애 정신의 자기 통제를 해낼 수 있으리라 믿는다. 균형 발전이 이뤄지지 않으면 국가는 부주의하게든 의도적으로든 자국의 욕구를 채우려 할 테고 이 과정에서 다른 나라의 희생은 불가피하다. 다시 말해 우리는 내부적으로나 외부적으로나 통제를 가해야 국가 간에 항구적인 평등을 이룰 수 있다. 바꿔 말하면 국내 정치를 할 때 외교상의 효과를 염두에 둘 수밖에 없다는 의미다. 이것은 외견상 자명한 이치이지만 일반적으로 이해되는 것보다 시사하는 바가 더 크다.

국가도 일종의 지역사회이기 때문에 그 조직이 영속하려면 반드시 그 기반이 국가 차원의 '이해'가 아니라 지역 공동체에 있어야 한다. 이는 '하원the House of Commons'이라는 유서 깊은 영국적 구상에서 찾아볼 수 있다. 'common'은 공동체의 프랑스어 '코뮌commune'에 해당되는 단어다. 다시 말해 주shire와 자치도시burgh로 구성된 공동체 'the House of Communities'가 하원의 올바른 근대적 번역이 될 것이다. 인위적으로 획정한 선거구보다는 중세의 기사와 자치도시

공민이 공동체를 훨씬 더 완벽하고 조화롭게 대표한 측면이 있다.

만약 국가의 실제 조직이 지역성이 아니라 계급과 집단 이익에 기반한다면 이들 세력은 인근 국가의 동일 집단과 세를 규합하면서 국제사회의 수평적 분열을 불러올 것이다.* 다행히 바벨탑 사건으로 언어라는 거대한 계속적 존재가 형성됐고 국제주의를 저지하는 역할을 했다. 하지만 오늘날 자본가와 노동자가 갈등을 일으키면서 특정 표현과 단어가 국경을 넘나들며 국제화되었다. 이런 표현 및 단어는 일부 핵심 사상을 공동 통화로 형성했고, 제1차 세계대전 발발 당시 중요하게 부각된 특정 사회적 현실과 조응했다. 자본의 국제적 결합은 약소국들을 위압할 만한 힘을 형성했으며, 독일의 경우 경쟁 국가들에 침투해 경제 및 사회적 균형을 깨뜨리는 목적에 이를 활용했다. 노동자들은 자본가보다 한발 늦게 국제적 기구의 조직에 나섰다. 이어서 국제적 프롤레타리아와 국제적 부르주아지 간에 계급 전쟁의 가능성이 대두됐다. 제1차 세계대전 중 우리는 국제적인 자본 조직을 해체하려는 노력을

---

* H. G. 웰스가 지적한 바와 같으나 웰스는 현재의 조류에 굴복하고 '이해' 세력의 조직을 수용할 것이다.

기울였다. 그런 상황에서 노동자는 국제 자본과 맞서기 위해 발족한 국제 조직을 고수함으로써 국제 자본 조직의 해체로 우리가 거둔 성과를 전부 무위로 돌리려 하고 있다. 국제 노동 조직이 강력해지면 이에 맞서는 국제적 자본주의의 부활이 불가피하기 때문에 그간의 노력이 물거품으로 끝날 수 있다. 그 후에는 경제 전쟁이 벌어질 테고 볼셰비즘이나 자본주의 양쪽 가운데 어느 한 편이 승리하는 결말로 끝날 것이다. 승리한 편은 진정한 의미의 세계 정부를 설립할 것이다. 노동자가 승리한다 해도 노동 조직은 권력과 맹목적인 조직화에 집착하다 결국 새로운 혁명에 무너지면서 군부, 자본주의자들과 다를 바 없음을 입증할 것이다. 그러면 불안과 폭정이라는 역사의 수레바퀴가 또다시 반복될 공산이 크다. 어쩌면 미래의 학생들은 교회주의, 군국주의, 자본주의 시대에 이어 프롤레타리아 세력이 지배하던 '시대'를 배울지도 모른다. 세력이 막강해진 미래 노동 지도자들은 회오리바람을 일으키며 공포심을 불러일으켰던 기마민족이 그랬듯 주저 없이 대중을 향해 기관총을 발사할 것이다.

반대로 지역 공동체에 기반한 조직이 국가의 안정적이고 평화로운 생활에 필수라고 믿는다면 해당 지역 공동체는 국가의 생활과 양립하면서 자체적으로 완전하고 균형 잡힌 생활을 영위하도록 노력해야 한다. 다른 방법으로는 '계급과 이익'을 기반으로 한 조직이 지역의 조직을 침범 못 하도록 막지 못한다. 한 가지 단적인 예로 거대한 대도시가 주변 지역의 젊은 두뇌를 싹쓸이하는 상황이 이어지면 대도시에 자원이 과도하게 집중되고 계급과 이익이 전국 단위의 조직들로 커진다. 이를 인간의 자유라는 관점에서 보든, 국가의 자유 관점에서 보든 동일한 결론에 이른다. 중요한 것은 슬로건과 단순한 임시방편들로 무장한 계급 조직을 지방의 균형 있는 생활이라는 유기체의 이상으로 대체하는 일이다.

• • •

이제 인간의 자유 측면에서 논의를 진행해보자. 평범한 인간은 무엇을 원하는가? 존 스튜어트 밀은 음식과 주택 문제가 해결된 인간은 이어서 자유를 추구한다고 말했다. 오늘날의 민주주의자들은 단순히 기회의 자유뿐 아니라 기회의 평등도 중요하다고 강조한다. 건강한 삶을 살고자 하는 사람이 늘어나면서 이들은 자기 삶에 대해 생각하고, 그 생각을 실현하는 행동을 하면서, 잠재된 능력을 발휘할 기회를 요구하고 있다. 인간은 사랑, 고결한 자녀 양육, 기술, 자신의 재주로 얻는 기쁨, 종교와 영혼의 구원, 운동 경기에서의 탁월함, 사회 구조와 발전, 미의 감상, 예술적 표현 등에서 의미를 발견한다. 어디서 의미를 찾든 인간은 지적인 삶이 빛을 발하기를 원하며 이 과정에서 인간으로서의 존엄성을 인정받고 싶어한다.

일반 대중에게 초등교육이 실시되면서 고대 사회라면 노예로 태어났을 사람들도 관념을 조작하는 기술을 배우기 시작했다. 전혀 읽고 쓸 줄 모르는 사람들은 사물을 제한된 구체적인 용어로만 사유할 수 있다. 바로 이 때문에 종교 지도자들은 문맹자들에게 비유를 사용해서 천천히 설교했다. 문맹자는 이상주의의 기쁨에도, 위험에도 동요하지 않는다. 의심의 여지 없이 현세대의 서구 공동체는 위험한 단계를 지나고 있다. 제대로 교육받지 못한 이들은 타인의 말을 무척 잘 받아들이는데 이런 사람들이 세계의 대부분을 차지하고 있는 실정이다. 이들은 관념을 이해하기는 하지만 이를 검증하고 천천히 사유해보는 습관을 들이지 못했다. 다시 말해 대다수의 사람은 '암시suggestion 외부 자극에 대해 이성적 판단 없이 수동적·무비판적으로 반응하는 과정'에 빠질 가능성이 높다. 선거를 경험한 사람들은 이를 잘 알고 있으며 청중과 함께 사유하기 위해 멈추는 법이 거의 없다. 암시는 독일의 선전원들이 활용한 방법이다.

'기회의 평등'이라는 표현에는 두 가지가 관련된다. 첫째, 통제다. 일반적인 인간의 본성을 고려했을 때 통제 없는 평등이 존재할 수 없다. 둘째는 사유뿐 아니라 행위의 자유와 관련된다. 다시 말해 생각을 실천할 기회를 제공하는 것이다. 버나드 쇼는 "능력 있는 사람은 직접 행동하고 능력이 모자란 사람은 남을 가르친다"고 말했다. 여기서 능력의 '있음'과 '없음'을 기회의 있음과 없음으로 해석한다면 쇼의 회의적 경구에는 날카로운 진실이 담겨 있는 셈이다.* 자기 사유를 실천할 기회를 얻는 사람들은 책임 있는 사상가로 성장하지만 기회를 얻지 못하는 사람들은 무책임하게, 다시 말해 학구적으로 관념을 향유하는 데 그친다. 오늘날 신문을 읽는 지적 노동자 대다수가 후자의 환경에 처해 있다. 일부는 자신의 상황을 이해하고 유감스러워한다.

현대적 산업 생활에는 어떤 골칫거리가 있을까? 일과 사회, 공동체의 삶이 단조로워졌다는 데 그 문제가 있다. 그래서 세계대전 이전에 사람들은 단조로움에서 벗어나기 위해 축구에 베팅했다. 책임 있는 결정의 대부분은 소수의 손에 맡

* 버나드 쇼, 『인간과 초인』 12판, 230쪽.

겨졌지만, 사람들은 거대한 중심부에서 멀리 떨어져 있어 그들이 일하는 모습을 볼 수 없게 되었다.

지난 두세 세대에 걸쳐 무엇이 그토록 민족주의 운동을 강력하게 만들었을까? 민족주의는 중세는 물론이고 근대에도 이렇다 할 영향력이 없었다. 19세기에 이르러 근대 국가의 크기가 확대되고 폭넓은 기능을 수행하면서 비로소 민족주의가 부상했다. 민족주의 운동은 자신의 생각을 생활에서 실천할 수 있는 '능력을 가질' 기회를 원하는 젊은 지식층의 불안에 기반한다. 고대 그리스와 중세 사회는 구조가 느슨해서 중요한 도시에서는 언제나 기회가 널려 있었다. 도시 역사가 18세기 들어 따분해지기 전까지 흥미진진함을 유지했던 이유도 그래서가 아닐까? 영국의 주요 도시에서 한 곳을 골라 그 역사를 따져보면 이 말이 사실인지 아닌지 알 수 있다. 특히 최근 몇 세대의 역사는 단순 통계로 요약되는 물질적 성장에 다름 아니다. 마을이 주목할 만한 방법으로 특화되는 사이 완전한 유기체로서의 특성은 사라졌다. 마을의 가장 우수한 인력이 떠나버리면서 마을의 기관들은 이류의 평범한 수준을 벗어나지 못한다. 지역의 틀을 벗어나는 시설이나 산업을 갖춘 마을은 예외겠지만 그런 시설이나 산업은 진정한 지역 생활을 발전시키기보다는 일반적으로 방해한다.

아테네와 피렌체가 놀라운 문명을 꽃피운 샘으로서 세계의 교사 역할을 할 수 있었던 원동력은 어디에 있는가? 두 도시는 오늘날로 따지면 규모가 소도시 수준에 불과했지만 정치와 경제적 측면에서 독립성을 갖추고 있었다. 길에서 악수하는 사돈지간의 두 남자는 알고 보면 동일한 업종에 종사하면서 경쟁관계에 있거나 같은 시장에서 일하며 경쟁하는 상인일 수도 있다. 인간 활동에 관계된 모든 분야가 하나의 친밀한 집단 안에 존재했었다. 피렌체에 살고 있는 재능 있는 청년이 먼 수도에 갈 필요 없이 자신의 고향에 머물면서 고향을 위해 일할 때 어떤 선택을 할 수 있는지 보자. 그는 큰 도시의 시장 대신 마을의 수장이 될 것이며 국민방위군의 지휘관 대신 실제 전투에서 마을의 병력을 지휘하는 장군이 될 것이다. 물론 소규모 전투에 불과하겠지만 개인의 능력을 발휘하기에는 충분하다. 화가, 조각가, 건축가라면 외부의 거장을 초빙하지 않고 직접 해당 지역의 건축물을 올리는 일에 기여할 것이다. 물론 우리가 아테네나 피렌체 규모의 조직으로 돌아가야 한다거나 그럴 수 있다고 제안하는 사람은 없을 것이다. 하지만 전국적인 계급 조직이 발전하면서 중심부가 각 지역의 가치와 이익 대부분을 빨아들인다는 사실은 부인할 수 없다.

아일랜드와 그보다는 정도가 덜한 스코틀랜드의 독립 요구가 잉글랜드의 사악함에 맞서기 위해서가 아니라 청년들이 기회의 평등을 요구하는 데서 비롯되지 않았다고 단정할 수 있는가? 이 청년들은 그런 사실조차 깨닫지 못하고 있기는 하지만 말이다. 보헤미아인은 오스트리아의 폭정 아래서도 괄목할 만한 경제적 번영을 이뤘지만 여전히 체코-슬로바키아 독립을 위해 싸우고 있는 실정이다. 공장에서 일하는 노조 위원들이 런던 사무실의 노조 집행부의 방침에 완고한 반대 태도를 보이는 것도 같은 맥락이 아닐까?

지방 생활에 큰 혼란을 일으킨 주범은 자유방임의 원칙이다. 100년 동안 우리는 마치 계속적 존재가 저항할 수 없는 신이라도 되는 양 머리를 조아렸다. 계속적 존재가 부인할 수 없는 실체이기는 하나 우리 삶을 위해 그 방향을 틀 수 있음을 알아야 한다. 그런데 자유방임은 그런 정책적 조정이 아니라 운명에 대한 항복이나 다름없었다. 혹자는 중앙집권이 시대적 '경향'이라고 말한다. 이에 대해 나는 단지 이 시대뿐만 아니라 모든 세대가 맹목적으로 추구한 경향이라는 점을 지적하고 싶다. 1900년 전 누군가는 "있는 자는 더 받을 것이요"(「마가복음」 4장 25절)라고 말하지 않았던가?

런던의 성장을 한번 살펴보라. 100년 전에는 인구가 100만

명 정도였는데 지금은 700만 명 수준으로 증가했다. 더 명쾌하게 설명하자면 런던 인구가 잉글랜드 전체에서 차지하는 비율은 16분의 1에서 5분의 1까지 커졌다. 어떻게 이런 일이 가능했을까? 의회가 설립된 초기에는 지역에서의 생활에 한창 바쁜 의원들을 출석시키기 위해 보상까지 해야 했다. 그럼에도 대표를 선출하지 못하는 선거구가 나오기도 했다. 지방의 강력한 자기磁氣 작용에 대항하는 연방제가 자리잡을 최상의 조건이 마련된 것이다. 런던으로부터 포장도로들이 별 모양으로 뻗어나갔다. 지방의 자원이 런던으로 집중되는 동안 지방의 성장률은 하락하고 런던은 성장을 이어갔다. 철도가 건설됐을 때도 주요 노선이 런던을 출발해 별 모양으로 조직됐다. 열차는 지방에서 런던을 오가며 지방의 자원을 짜내 런던을 부양했다. 현재 국가 차원에서도 우편 등의 서비스 체계를 조직하면서 중앙 집중의 경향을 부채질하고 있다. 그 결과 런던에서 약 160킬로미터 반경 안에 있는 마을들이 쇠퇴하고 마을 생활의 다양성은 악화되었다.

이런 변화에도 런던 시민 다섯 중 넷은 실질적인 이득을 보지 못하고 있다. 이들은 교외에 살면서 지하철을 타고 도심의 사무실로 출근하며 다시 교외의 주택 도시로 퇴근하는 일상을 반복한다. 주말에야 공동체 생활을 할 시간적 여유가 나서 이렇다 할 공통점도 없는 이웃과 부대끼며 즐거움을 찾는다. 대다수는 인쇄 지면을 제외하면 거대한 지성 집단과 직접 접촉할 기회가 없다. 지방 산업 노동자들은 자신이 품은 생각이 책임성 있는 삶과 분리되면서 끝없이 고통받고 있다.

하지만 중앙 집중은 일반적인 절차의 한 형태일 뿐이다. 계속적 존재 앞에 도래한 국가적 운명 때문에 '사회 및 경제 기능의 분리'가 발생한다. 우리는 산업이 특정 지역에 가득 들어차게 하면서도 다른 지역은 빈곤 상태로 방치했다. 과거에는 탄광 근처에서 전력을 생산해야 할 필요성이 있어 불가피하게 이런 현상이 일어났는데, 그렇더라도 지금 같은 정도는 아니었다. 적합한 통제가 있었다면 '촌락 지역'을 공장이나 소규모 공장 집단에 의존하는 공동체로 대체할 수 있었을 것이다. 이 공동체에서는 부자든 가난한 자든, 지배자든 피지배자든 서로 이웃으로 지내면서 책임 있는 관계를 맺는다. 하지만 현실에서 우리는 대도시에 이스트엔드와 웨스트엔드를 형성하고 말았다. 이스트엔드는 런던 노동자 계층 주거지이며 웨스트엔드는 번화한 상업 중심지다. 탁월한 정치인이라면 사회적 질병을 예방할 수 있는 예지력을 반드시 갖춰야 한다. 그러나 지난 100년 동안 우리는 어떤 선견지명도 없이 표류해왔으며 사태가 악화되자 공장 입법, 주택 입법 등의 미봉책을 썼을 뿐이다. 오늘날의 상태에서 쓸 수 있는 유일한 유기적 치료책은 어떤 희생을 감수하고라도 도시의 통제를 느슨하게 하는 것이다.

이상의 문제는 산업뿐 아니라 교육 제도와 학문 분야에서도 발생했다. 간결한 단어로 표현하자면 영국의 교육 시스템은 대학 간 경쟁의 요소가 존재하는 만큼 전국적 경쟁을 유발하는 장학금 제도를 활용해 최고의 젊은 두뇌를 돈으로 사고 있다. 19세기 중반에는 특정 학교를 특정 대학과 연결하는 폐쇄된 장학금 제도를 폐지했다. 개인적으로는 19세기의 장학금 제도가 좀더 건전한 제도가 아니었나 생각한다. 사회적 관행에 따라 전국의 부유한 가문 자제들을 장학생 명단에 추가한다. 이렇게 해서 공립학교, 옥스퍼드, 케임브리지의 학생을 모집한다. 처음부터 아이들을 지방 환경에서 분리시키는 것이다. 대학 이후에는 많은 학생이 공무원, 중앙의 법조인, 심지어 중앙의 의료 전문 인력으로 진출한다. 그리고 런던에 머물면서 한창 일할 나이에 남들을 부러운 눈초리로 바라보며 기회를 기다리고만 있다. 인재들 사이에서 벌어지는 경쟁을 뚫고 마침내 빛을 발하는 사람은 소수에 불과하다. 정부에 대한 불만도 변호사를 통해 제기한다! 모든 시스템은 역사적인 모멘텀의 결과다. 잉글랜드 중부, 동부, 남부의 모든 지역을 놓고 보면 옥스퍼드와 케임브리지는 지방의 대학일 뿐이며 런던은 어느 한 지역에 자연적으로 형성된 시장 중심지에 불과하다. 하지만 19세기에 도로와 철도가 건설되면서 대도시가 다른 지역의 일자리를 흡수했다. 비범한 인물들의 본분은 사람들을 인도하면서 그들의 고통을 분담하고 돕는 것이다. 우리의 비범한 두뇌가 국가의 이익을 극대화하는 길은 각 지역이 특성을 유지하도록 만드는 것이다.*

지역 공동체의 균형을 실현시키는 최대 난관 중 하나는 일반 대중과 상류층이 사용하는 언어가 다르다는 사실이다. 노르만족이 잉글랜드를 정복한 이래 소농들은 영어를 썼지만 기사들은 프랑스어를, 성직자들은 라틴어를 썼다. 그 결과 기사들은 자기 백성보다는 프랑스의 기사와 어울릴 때 더 편안한 감정을 느꼈다. 성직자들도 마찬가지였다. 이런 맥락에서 오늘날 스코틀랜드인과 잉글랜드인 사이에 흥미로운 차이점이 발견된다. 잉글랜드에서 상류의 전문가 계급은 지주 계급, 상인, 산업가와 같은 학교, 같은 대학에 진학한다. 따라서 언어나 태도 측면에서 사회적 분열은 상류층과 하위 중간 계급 사이에 존재한다. 반면 스코틀랜드 상류층은 자녀들을 대부

* 모교 옥스퍼드대학에 깊이 감사를 드리긴 하지만 저급한 기능의 일부를 끌어올려야 번영을 이어갈 수 있을 것이다.

분 잉글랜드 공립학교와 잉글랜드의 대학으로 보낸다. 성직자와 법조인, 의사, 교사는 대체로 스코틀랜드의 대학 출신이다. 스코틀랜드의 대학에는 잉글랜드의 대학과 비교해 가게 주인이나 장인의 자녀가 더 많이 간다. 이에 따라 스코틀랜드의 귀족은 잉글랜드와 비교해 일반 대중과 더 멀어진 것으로 보인다. 그들을 비난하려는 게 아니다. 그저 운명에 휘말려 표류한 것뿐이기 때문이다. 스코틀랜드에 아리따운 딸을 여덟이나 둔 한 준남작이 있었다. 일부 딸의 혼기가 다가오자 그는 딸들을 마차에 태워서 에든버러부터 런던까지 보냈다고 한다. 스코틀랜드의 재력 있는 지인들이나 돈을 잘 벌 만한 재능 있는 재주꾼들은 이미 런던으로 다 가버렸기 때문이다! 18세기 말에서 19세기 초에 에든버러는 유럽의 등불 가운데 하나로서 고유의 색채를 지닌 곳이었다. 하지만 오늘날 에든버러는 국가나 지방의 생활에서 경제를 분리시키려는 노력이 얼마나 부질없는지를 보여주는 하나의 사례가 되어버렸다.

• • •

국가의 자유부터 아래 방향으로 추론을 하든 인간의 자유에서 위를 향해 추론을 하든 결국 같은 결론에 이른다. 타국에 형제애를 가진 나라는 다른 모든 영역과 마찬가지로 경제에서도 독립적이어야 하고 완전하며 균형 잡힌 생활 기반을 유지해야 한다. 하지만 계급과 이해로 분열되면 독립적으로 될 수 없다. 싸움이 일어나면 다른 나라의 동일한 계급과 이해집단 편을 들기 때문이다. 그러므로 국제 조직은 계급과 이해관계가 아닌 지방 공동체에 기초해야 한다. 그러나 지역이 스스로의 열망을 충족시키는 충분한 힘을 가지려면 완전하고 균형 잡힌 생활을 해야 한다. 이는 인간의 진정한 자유를 위해 필요한바, 즉 해당 지역에서 완전한 삶을 사는 기회와 정확히 일치한다. 전국적인 계급과 이해관계로 구성된 조직은 갈등의 산물이며 많은 직업을 대도시에 빼앗기기 때문에 스스로의 열망을 충족하지 못한다. 게다가 슬럼가를 비롯해 물질적인 고통 대부분은 지역 생활의 무기력함으로 벌어진 결과다. 해당 지역에서 온전하고 균형 있는 삶을 유지하려는 원칙에 맞서다가 고통이 발생한 것이다.

지방에서의 완전한 생활은 곧 연방제를 의미한다. 연방제는 앞서 살펴본 분권화뿐만 아니라 같은 지역 단위 안에서 여러 사회적 기능의 분산을 의미한다. 앵글로색슨 정부의 행정적 측면에서 이런 경향이 나타나고 있다. 미국, 캐나다, 오스트레일리아, 남아프리카는 정도의 차이는 있어도 모두 연방

제 형태이며 영국 역시 머지않아 연방제를 지향하리라 생각한다. 아일랜드 문제가 우리 앞을 가로막고 있긴 하지만 본질적으로 중요한 사안은 아니다. 또 400만의 불만이 4000만 이상이 겪는 문제의 유기적 해결을 가로막도록 허용해서는 안 된다. 지배적인 관계의 제거를 위해 잉글랜드를 남부와 북부로 분리할 필요성이 있을 수도 있는데 여기서의 관점으로 볼 때 그런 분리 자체는 바람직하다. '가스와 식수'에 관한 권한의 부여만으로는 목적을 달성하기에 충분치 않다. 지배자와 피지배인의 조직이 모두 지역에 기반하는 경제생활을 일으킬 수 있어야 한다. 국가, 지방, 지역 등 사회의 모든 단위가 완전하고 균형 있는 생활의 유지에 적합한 절차를 취할 수 있는 권리를 요구하고 부여받으면, 정보상의 목적 외에 계급과 이익집단들의 광범위한 조직 형성의 필요성이 급격히 줄어들 것이다.

수목의 생애를 떠올려보자. 삼림에서 벌어지는 경쟁이 얼마나 혹독한지 어떤 나무도 완전하고 균형 잡힌 성장을 이루지 못한다. 숲 한가운데에 있는 나무는 빛을 향해 위로 자라려 하나 결코 만만치 않다. 숲 주변부에 있는 나무는 어느 한 방향으로만 뻗어나간다. 숲속 깊은 곳에서는 온갖 종류의 기생과 부패가 진행된다. 단테의 꿈처럼 나무들에 사람과 같은 영혼이 깃든다고 가정하면 혹자는 숲속의 나뭇잎들이 서로 연합해 뿌리가 지나치게 뻗어나가지 않도록 막고, 숲속의 뿌리들 역시 연합해 나뭇잎들이 달콤한 빛과 공기를 독차지하지 않게 맞서는 광경을 떠올릴지 모른다. 그런데 잎과 뿌리가 각기 결성하는 연합은 쓸모가 없다. 나뭇잎과 뿌리는 동일한 나무를 구성하는 일부이기 때문이다. 숲이 완벽한 아름다움을 갖출 수 있는 유일한 방법은 문명세계에서 온 정원사의 유기적 치유책이다. 정원사는 각 나무가 독립적으로 자라면서 이상적 형태를 이루도록 서로 간격을 유지해 심는다. 그는 묘목을 키우고 어린나무를 전지하며 다 자란 나무에서는 질병이 있는 부분을 잘라낸다. 정원사의 수고 덕분에 우리는 지구상에서 가장 가슴 설레는 광경을 즐길 수 있다. 공원을 구성하는 나무는 완전하고 균형 있게 성장해 고귀한 자태를 뽐낸다. 이 가지에서 저 가지를 오가는 원숭이와 다람쥐 정도가 숲을 교묘하게 이용하고 이익을 누리는 존재다.

정원사의 비유는 성장과 통제의 기능이 별개이며 별도로 유지돼야 함을 시사한다. 국가의 공무원들이 사회주의적 성향으로 기울어 성장을 확인하는 정도가 아니라 아예 성장을 이끌려고 한다면 정작 본연의 기능인 이해와 공감을 포함한 비평을 제대로 해낼 수 없다. 비평은 예술적, 형태 형성적 열정과 공존할 수 없는 법이다. 성실한 관찰에 기초한 불균형 성장의 징후에 대한 비평이 거의 없다시피 했다. 자유방임주의 체제하의 영국 상무성에는 복지부동이라는 태도가 단단히 파고들었고 계속적 존재의 행위를 감시하는 적절한 기관조차 없었다. 국제연맹이나 국가들 간의 연합 조직은 기본적으로 방위와 감시 및 미래에 대한 전망 업무를 하는 부서들로 구성돼야 한다. 감시나 전망을 하는 부서들에서는 경고를 지속적으로 발령해 해당 지역에서 이에 대한 여론이 조성되고 그나마 시간적 여유가 있을 때 개입할 수 있도록 해야 한다. 그래야 세계나 국가의 평형 상태가 심각하게 훼손되지 않는다. 미국에서는 농산물의 생산을 독립된 주들에서 담당하고 있지만 연방농업국Federal Bureau of Agriculture이 곡물 자원의 비축에 대한 경고 발령 업무를 담당하고 있다. 로마에서는 제1차 세계대전 중에 연합국에 큰 도움을 제공한 국제농업기구 International Agricultural Institute가 세계의 수확량 관련 통계를 수집해 적절한 경고를 통한 시장 및 가격 안정을 꾀하고 있다.

실용적인 사고의 소유자들은 각 지역의 완전하고 균형 있는 경제 성장이라는 아이디어가 시대의 전체적인 경향에 배치되는 낡은 생각이라고 주장할지 모른다. 또한 세계적 조직과 지역적 특화라는 방법을 통해서만 대량생산을 저렴한 가격에 해낼 수 있다고 이야기할 것이다. 나 또한 오늘날 그런 경향이 있음을 인정하며 당분간 막대한 물질적 결과를 낼 것이라고 생각한다. 하지만 가축을 사육하는 경우에 비유한다면 언젠간 근친교배에 이어 이종교배를 해야 하는 시기가 오지 않을까?

아테네와 피렌체 사람들이 위대한 이유는 그들이 삶을 전체적으로 조망했기 때문이다. 효율성과 비용만 집요하게 파고들면 청년들이 인생 전체를 보지 못하고 단편에만 집착하는 상황이 올 것이다. 완전한 관찰이 가능한 관측소에 들어갈 열쇠는 국가와 국제기구의 조직자들만 쥐고 있다. 이런 방법으로 생산적인 두뇌를 계속 확보하고, 지성적으로 활발한 노동자들을 만족시킬 수 있을까? 모든 분업에는 죽음의 씨앗이 담겨 있다. 아무리 용맹스러운 군대일지라도 때로는 보급을 기다려야 한다. 두뇌 집단의 성장과 만족에는 어떤 기술 교육이나 튼튼한 건축보다 훨씬 더 미묘한 무언가가 개입되어야 한다. 세기말이 되면 최대한 빨리 부를 축적하는 방안을 거부하고, 우리의 필요보다 훨씬 더 많은 부를 누려서는 안 된다고 주장하는 풍조가 생겨날 수 있을까?

세계대전 중에 우리는 국내외 통제 기구들을 만들어 관련 국제 위원회가 막대한 무역을 단일 문제로 관리하도록 했다.

덕분에 기아 상태를 모면할 수 있었다. 물론 위기 때 지식과 경험 자원을 더없이 올바르게 활용한 부분도 여기에 기여를 했다. 기업인들은 어느 때보다 당장 파산할 위험을 걱정하면서도, 스스로 관리할 수 있는 범위 내에서 기업을 키움으로써 기여했다. 연합의 형태든 정부 서비스로든 위대한 조직들이 우리에게 사회적 보호막을 제공한다 하더라도 이와 같은 기업가들이 만드는 기여를 무제한적으로 제공할 수 없다.

신용과 보험이 광범위한 기반을 갖춰야 한다는 주장에 대해서도 동감한다. 신용과 보험은 시기의 다변화 및 성공적 인수의 다변화로 시기별 부족을 균분하는 기능을 한다. 하지만 전 세계의 금융 통제에 위협을 가한다는 점은 인정해야 한다. 국제연맹은 우리가 사회 일부의 '이해'에 지배당하지 않도록 신용과 보험을 엄격하게 관리해야 한다. 이와 관련해 우리에게는 두 가지 선택 사항이 있다. 연방에서 관리를 하거나, 서로 다른 국제적 '이익' 집단들의 싸움을 통해 균형을 이루게 하는 것이다. 국제연맹이나 국가 간 연합 조직은 완전한 성장을 달성한 공동체로 구성되고 균형 잡힌 인간성을 기반으로 하기 때문에 본질적으로 제국을 지향하지 않는다. 하지만 전문가들의 지도를 받은 특화된 거대 조직들은 필연적으로 우위를 차지하기 위해 대결한다. 갈등은 어느 한 전문가 집단의 승리로 끝나며, 이로 인한 불균형 때문에 조직들은 결국 제국을 지향하게 된다.

• • •

지금까지 세계를 한 바퀴 돌아봤다. 현재 모든 체계는 폐쇄되어 있으며 전체의 균형을 깨뜨리지 않고 일부에 변화를 줄 수는 없는 상태라는 점, 불완전한 사고의 폐기물이 어떤 방해도 없이 머무를 수 있는 사막 해안이 남아 있지 않다는 점을 깨달았을 것이다. 논리적이고 대칭적으로 사고하면서도 현실적이고 주의 깊게 행동하도록 하자. 우리는 거대한 계속적 존재를 다루고 있기 때문이다. 이 존재를 멈추거나 움직이는 속도를 둔화시키면 가차 없는 징벌을 당할 것이다. 반면 어떤 안내도 없이 굴러가게 방치하면 또 다른 대참사로 이어질 것이다. 단순히 울타리를 치고, 울타리가 넘어지면 손보는 방식으로는 충분치 않다. 이 계속적 존재는 행복을 '추구하는' 수억 명의 터전이며 인간은 개미군단처럼 울타리 곳곳을 기어오를 것이다. 오로지 이상이라는 매력으로 당겨야만 인간을 인도할 수 있다. 기독교가 교리와 기적을 둘러싼 비평에도 불구하고 1900년 후에 승리를 거둔 비결 또한 여기에 있다.

재건을 인도하려면 국가와 지역의 균형에 찬성하면서 자유무역이나 보호무역 어느 한편으로도 치우치지 않는 신념 강한 정치인이 필요하다. 우리의 이상을 한두 세대 동안 견지한다면 계속적 존재가 점진적으로 변화돼 국가와 지방이 서로 싸우는 대신 우호적인 관계를 유지할 수 있을 것이다. 또한 이익 조직들이 국내에서 대척관계에 있는 이익집단들을 공격하기 위해 해외로 확장하려 하는 것도 차단할 수 있을 것이다. 자유방임이라는 흥미롭지만 부정적인 이상이 몇 세대 만에 영국 사회 전체를 동화시키고 세계대전을 통해 기득권을 전복하려 했던 사실을 기억하길 바란다.

현재 재건 작업은 전쟁 이전에 주택, 금주, 산업 간 조정 등의 분야에 있던 자선가들의 이상에 따라 단편적으로 진행되고 있는 듯하다. 하지만 새 주택을 30만 호 건설해 '원하는' 곳에 배치하는 수준에 그친다면 바닥에 더 무거운 짐을 실었더라도 배는 또다시 표류할 수밖에 없다.

세계대전 중 단일의 전략적 명령과 단일의 경제 통제라는 구상이 관심을 얻었다. 평화 유지 측면에서도 이와 유사한 구상을 실행할 용기는 없을까? 물론 파괴가 아닌 성장을 다루는 일이니 좀더 세심하고 절제하는 태도로 접근해야 할 것이다.

"브루투스여, 우리가 노예인 것은 운명을 말해주는 별의 잘못이 아니라 우리 자신의 잘못이라네."

후기

이 책을 집필하던 중 나는 스코틀랜드 의원 선거에 출마해 자유당, 사회당 후보들과 선거전을 벌였다. 저자는 1909년 스코틀랜드 남부 도시 하웍에서 통일당 후보로 보궐선거에 도전했다가 고배를 마셨으며 1910년 의원에 선출됐다. 현재 자유주의에 대해서는 유용하게 언급할 만한 점이 없다. 개인주의의 19세기 표현인 정당이 어떤 운명을 맞이하든 영국 민족은 뼛속 깊이 박혀 있는 개인주의를 고수할 것이다. 하지만 끝없이 반복되는 사회주의의 선전은 현재 무척 중대한 국면에 와 있다. 관료적 사회주의가 최근 비판을 받고 있지만 세계대전 중 지배 관료 집단이 어떤 일을 했는지에 대해 알면 알수록 이들을 영원한 주인으로 떠

받들고 싶은 열망은 수그러들 것이다. 선거에서 맞붙었던 사회당 후보는 토지를 몰수하고 자본에 대한 이자를 폐지하는 공약을 내걸었다. 말하자면 몰수적 혁명을 예고한 것이다. 하지만 그것은 그 후보의 위치에서 말할 수 있는 실체적인 주장이 아니었다. 사회당을 지지하는 청년들은 신념으로 눈이 불타오르지만 자기주장을 온전히 표현할 능력을 갖추지 못한 경우가 많았다. 이들은 거의 모든 유세장에 등장해 대담하게도 러시아 볼셰비키를 옹호했다. 볼셰비즘에는 두 가지 측면이 있다. 하나는 자코뱅식 폭력과 폭정인데 대부분의 혁명에서는 일정 단계에 이르러 전복됐다. 또 다른 하나는 생디칼리스트Syndicalist 무정부주의적 노동조합 지상주의를 신봉하는 사람의 이상주의다. 두 가지 태도를 제대로 평가하자면 내게 적대적이었던 스코틀랜드 청년들을 사로잡은 쪽은 후자였다. 볼셰비키들의 주장에 따르면 자본주의자는 사회 피라미드 꼭대기에 위치해 있는 지역 공동체의 의회주의에 대항해 반란을 일으킨다. 볼셰비키들의 이상은 직업 관련 소비에트(회의)나 노조의 연대다. 가령 노동자의 소비에트, 소농의 소비에트, 이 글을 읽는 독자라면 전문직의 소비에트가 될 것이다. 근거지가 페트로그라드든 베를린이든 볼셰비키는 의회 조직의 틀을 서구 '부르주아' 모델로 바꾸려는 노력에 지속적으로 반대했다. 이들의 저항은 지역보다는 이익의 조직화를 향하고 있었다.* 이 책에서 언급된 이유에 따라 조직은 불가피하게 마르크스의 국제적 계급투쟁이자 부르주아에 대한 프롤레타리아의 봉기, 종국에는 프롤레타리아 내부의 적대로 이어질 것이다. 이미 러시아의 도시 노동자들은 러시아 소농들과 의견 충돌을 빚고 있다. 그 결과는 세계적 무정부 상태이거나 세계적 폭정이다.

나는 인류애가 절체절명의 위기를 맞은 이 순간 내가 쓴 글이 격렬한 현실의 삶에 적합했다는 확신을 가지고 고요한 서재로 돌아간다. 오래전 형성된 잉글랜드인의 하원 개념이나 미국인의 주州로 구성된 연방, 국제연맹이라는 새로운 이상은 모두 동유럽과 심장지대의 왕조든 볼셰비키든 압제적 틀로 주조된 그들의 정책에 대항한다. 볼셰비키 폭정은 왕조의 폭정에 대한 극단적 반동일지 모르나 사회적 제반 조건이 대체로 유사한 러시아, 프로이센, 헝가리 평야에서는 군국주의의 행진과 생디칼리즘의 선전에 우호적이었다. 대륙 세력의 서구인과 섬사람들은 이 같은 쌍두독수리에 맞서 싸워야만

---

* 소농의 직업적 소비에트는 부차적 의미에서만 지역성을 띤다. 지역의 다양한 이해를 공동체에 결합한다는 의미로 봤을 때는 온전히 지역적이라 할 수 없다.

한다. 현대 통신 기술이 이익관계로 형성된 조직들을 정말로 위협적이게 만들었던 반도와 섬의 천연 장벽을 허물고 있다. 지형적 대비가 뚜렷하지 않은 심장지대에서는 정치 생활이 민족의식을 바탕으로 형성된다는 의식적인 이상의 도움으로만 진정한 자유를 지킬 수 있다. 해양 민족은 위험한 심장지대에 '침투하는' 토대로서 지역성을 기초로 조직의 뿌리를 단단히 내려야 한다. 이때 각 지역은 자체적으로 환경이 허락하는 한에서 온전하고 균형 잡힌 생활을 영위해야 한다. 지방의 도시들에 이르기까지 노력을 기울여야 한다. 도시마다 존재하는 허름한 지역과 번화가는 도시민들 사이에 계급을 나눈다. 어떤 희생을 감수하고서라도 격차를 줄여야 한다. 지방에서는 성공적인 지도자들이 힘없는 형제의 이익을 위해 봉사하는데 이런 모습이 바로 우리의 이상향이다.

우리가 '친구와 이웃'에게 말을 걸던 시절이 있었다. 오늘날에도 친구는 여전히 존재하지만 많은 경우 먼 곳에 흩어져 있고 사회에서 각자의 계급에 속해 있다. 혹여 가까이 있다면 도시의 동일한 계급 구역에서 생활하기 때문이 아닐까? 중세시대 초에도 마찬가지였다. 시장에서 남자 셋이 만나면 한 사람은 로마법을 따르고 또 한 사람은 프랑크족의 관습을 따르며 나머지 한 사람은 고트족의 관습을 지킨다는 말이 있을 정도였다. 현재 인도에서도 힌두교도, 무슬림, 기독교인이 뒤섞여 있다. 14세기의 피렌체, 페리클레스 시대의 아테네, 엘리자베스 여왕 치세의 영국과는 무척 다른 모습이다.

　도시와 교외에 거주하는 많은 사람에게 '이웃'이라는 거창한 단어는 거의 폐기되다시피 했다. 오늘날 세계에서 언급되는 이웃 관계란 현대적 통신의 발달로 돌아다니는 이웃을 거절할 때나 쓰인다. 우리가 세계 지리의 노예로 전락해 유물론적 조직자에게 착취당하지 않도록 우리의 소유권을 회복하자. 더불어 사는 사람들을 향한 이웃 관계나 형제의 의무는 시민의 행복을 보장하는 유일한 기반이다. 그 결과는 도시에서 더 큰 지방으로, 국가로, 국제연맹으로 위를 향해 뻗어간다. 이는 가난한 자의 슬럼 생활과 부자의 무료함, 계급 간의 투쟁과 국가 간의 전쟁에 대한 치유책이다.

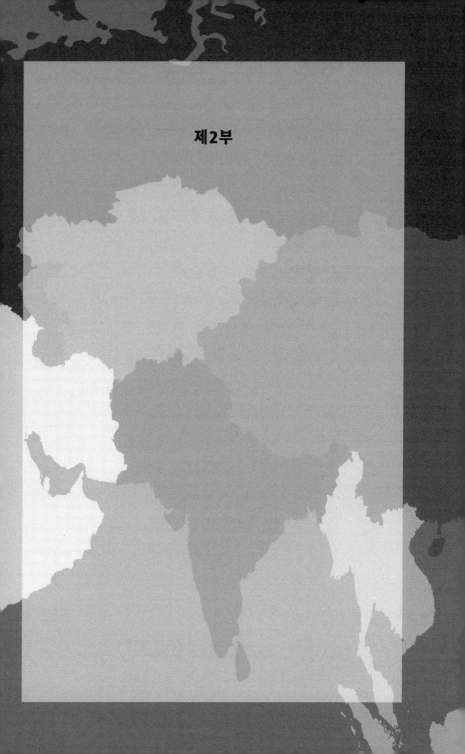

제2부

제1장

지리학으로 본 역사의 추축*

　만약 우리가 이집트 왕조사를 다루는 원근법적인 방식으로 후세의 역사가들이 우리가 살아온 약 400년간의 근대를 다룬 다면, 그들은 아마도 이 시기를 '콜럼버스의 시대'라고 이름 붙일 것이다. 그리고 이는 '서기 1900년 직후에 끝났다'는 주석도 덧붙일 것이다. 실제로 지구의 지리적 탐험 사업은 거의 끝났다는 게 일반적인 시각이다. 따라서 이후의 지리학은 두 가지를 목적으로 하는데, 하나는 좀더 세밀하고 국지적인 관

---

* 1904년 1월 24일 영국 왕립지리학회에서 발표한 강연문 "The geographical pivot of history"를 번역한 것이다.

측을 계속하는 것이다. 다른 하나는 이를 학문적으로 종합하기 위해 노력하는 것이다.

지도에 한정해서 설명해보자면, 세계의 지도는 최근 400년 사이에 거의 정확해졌다. 스콧,* 난센** 등의 항해 탐험 덕에 남북 양 극지방의 대략적인 모습까지도 밝혀졌기 때문에 이 지역에 대한 새롭고 극적인 발견을 더 이상 기대하기는 어렵다. 물론 지금까지의 성과만으로도 위대하다고 할 수 있다. 하지만 20세기의 개막은 이 위대한 시대의 종언을 고할 징조들로 넘쳐난다. 예컨대 선교사, 정복자, 농업인이나 광산의 경영자, 최근에는 기술자들도 세계의 구석구석으로 잇따라 나가고 있다. 여행자의 발길이 끊이지 않는 것이다. 그 결과, 지금의 세계는 어디에선가 새로운 지명이 발표됐다 하면 그 즉시 영유권이라는 정치 문제와 결부시켜버린다. 유럽, 남북 아메리카, 아프리카, 오스트랄라시아(호주, 뉴질랜드 및 남태평양의 제도를 포함한 구역) 등을 살펴봐도 문명국과 반半 문명국 상호 간의 전쟁 도모가 있지 않은 한, 지금에 와서 새롭게

---

* 로버트 팰컨 스콧(1868~1912), 영국의 탐험가. 1912년에 아문센보다 1개월 늦게 남극에 도달, 귀로에 조난당해 대원들과 함께 죽었다.
** 프리드쇼프 난센(1861~1930), 노르웨이의 북극 탐험가이자 정치가. 1893~1896년 북극해를 탐험해 당시로서는 최북점最北點인 북위 86°14′에 도달했다.

소유권을 주장할 만한 장소는 거의 없다고 본다. 어쩌면 아시아조차 엘 마크라는 이름의 코사크나 바스쿠 다가마 등이 손을 댄 것은 새로운 땅을 발견하려는 야심찬 움직임의 막바지 단계일지 모른다.

그렇다면 이른바 '콜럼버스의 시대'의 본질적인 특징은 무엇일까? 앞선 시대와 비교·대조했을 때 과연 어떤 점에서 차이가 있을까? 이를 한마디로 말하자면, 유럽의 세계적인 확장에 있어서 저항다운 저항을 거의 받지 않았다는 것이다. 이에 비해, 중세 기독교의 세계는 좁은 장소에 고립되어 있지 않고 외부 침략에 꾸준히 노출되어 있었다.

그러나 근대 이후, 요컨대 콜럼버스의 시대 이후 우리는 또다시 일종의 폐쇄된 정치 시스템과 협상하지 않을 수 없었다―게다가 그것은 세계적인 규모로 일어나는 현상이었다. 뿐만 아니라 모든 사회 세력의 폭발은 주위의 미지의 공간, 야생의 무질서 속으로 흡수되었고, 주변으로 확산되지도 않았다. 대신 거의 모든 사회 세력의 폭발은 지구 반대편에서 날카로운 반향을 일으켰다. 같은 총알이라고 해도 흙으로 쌓아올린 성채 위에 떨어진 것과 큰 건축물 혹은 배와 같은 밀폐된 공간, 견고한 구조물 사이에 떨어진 것은 그 결과에 있어서 엄청난 차이를 부른다. 어쩌면 이 시기의 세계 정치가들이 이러한 사실에 거의 눈을 떴기 때문에 영토 확장에서 눈을 돌려 그보다 더 효율적이고 실질적인 의미를 가진 국제 경쟁에 마음을 빼앗긴 것이 아닐까.

이러한 이유에서, 우리는 이제 막 시작된 20세기의 문턱에서, 지금까지와는 다르게, 더 완전한 시각으로 세계 지리와 역사 사이의 상관관계를 확실히 파악할 때를 맞닥뜨렸다. 다시 말해 우리는 이제 겨우 전 세계적인 규모에서 지형의 이곳 저곳을 비교 고찰하거나 다양한 사건 사이의 관계를 생각하는 일이 가능한 시대에 접어들었다는 의미다. 이는 전체 세계사에서 지리적인 인과관계에 대해 적어도 얼마간의 특징을 나타낼 만한 도식을 발견하기 위한 노력이라고 할 수 있다. 이 시도가 잘 이뤄진다면, 도식을 통해서 실제 국제정치에서 경합을 벌이고 있는 여러 세력 간의 동향에 대해 어느 정도 전망이 가능하리라 기대할 수 있다. 예를 들어 지금까지 제국의 발전은 대체로 서쪽 방향을 더듬어 찾는 것으로 알려졌다. 그렇지만 이것은 불완전하고도 경험적인 방법으로, 위에서 말한 도식화를 시험해보고자 한 하나의 예다.

내가 오늘 저녁 이야기하고 싶은 것은 우선, 이러한 인간의 행동을 강제하는 강력한 효과를 가진 세계의 지리적인 특징에 관해서다. 이를 통해 역사의 주요 시기가 세계의 지리적인 특징과 유기적인 관련성을 가졌음을 소개하고 싶다. 이는 당시의 사람들이 구체적인 지리 지식을 지녔는가 여부와는 관계없다. 나는 이러한 특징들이 제각기 어떤 영향력을 지녔는지를 자세히 논의하지 않을 것이다. 또 지역별로 지리적인 연구를 파고들 생각도 없다. 다만 전 세계를 하나의 유기적인 조직체로 보고, 인류 역사가 그 일부에 지나지 않는다는 점을 밝히고 싶다. 또한 지금 내가 말하려는 바는 단편적인 사실의 일면에 지나지 않으므로 극단적인 실증주의로 빠지는 것은 되도록 피하고자 한다. 인간에게 동기를 부여하는 것은 결국 자연이지 인간이 아니다. 즉, 인간의 행동을 지배하는 것은 대부분 자연의 힘이다. 따라서 작금의 내 관심사는 세계사의 동인이 무엇인가라기보다 자연의 물리적인 힘이 어떤 방법으로 인간을 지배하는가를 보는 일이다. 나는 단지 사실을 향한 최초의 한 걸음을 내딛기를 기대하고 있을 뿐이다. 많은 분의 비판을 환영하는 바다.

고※ 에드워드 프리먼 교수(1823~1892)의 견해에 따르면, 역사라고 이름할 만한 가치가 있는 것은 지중해 주변과 유럽의 민족에 관한 것뿐이다. 어떤 의미에서는 옳은 말이다. 그리스와 로마의 유산을 전 세계로 확산시킨 사상은 그들 사이에서 발생했으니 말이다. 그러나 처음부터 이러한 제한을 두는 것은 이상한 시각으로 사물을 보는 사고방식을 낳을 뿐이니 조심해야 한다. 애초에 국가나 국민은 결코 동물로서의 인간들이 꾸린 단순한 집단이 아니다. 국가를 조직하려는 사고는 대체로 고난을 함께 겪는 과정에서 발생해왔다. 다시 말해, 공동으로 외부 압력에 저항해야 했던 그 필요성이 각각의 국가가 성립하도록 재촉한 것이다.

영국이 7왕국 체제*하에 어쨌든 국가로서의 모습을 갖춘 것은 덴마크나 노르만에서 온 침입자 덕분이었다. 또 프랑스는 그동안 서로 싸웠던 프랑크족, 고트족 및 로마인들이 샤론의 전장에서 일치단결해 훈족과 싸웠던 경험을 뿌리 삼아 국가 성립의 기반을 다졌으며, 영국과 백년전쟁을 벌이면서 국가의식을 꽃피웠다. 기독교 사회의 관념은 로마의 박해에 뿌리를 두고 탄생해 십자군 전쟁을 통해 강해졌다. 식민지마다 갖고 있던 지역적인 애국심에 지나지 않았던 아메리카 합중국의 관념은 오랜 독립전쟁을 겪으면서 일반인들에게 수용될 수 있었다. 독일 제국의 사상은 프랑스와 전쟁을 겪으면서 남독일 왕국이 북독일과 연대한 이후 처음으로 마지못해 받아

---

* 5세기부터 9세기경까지의 이른바 앵글로색슨 시대로 서로 경쟁했던 켄트, 서식스, 웨식스, 에식스, 노섬브리아, 이스트 앵글리아, 머시아의 총칭을 의미한다.

들여졌다.

보통 문자 그대로의 역사는 이러한 사건들의 결과로 탄생한 관념이나 문명에 스포트라이트를 비추고자 하는 경향이 있다. 그렇기 때문에 구체적인 움직임, 다시 말해 위대한 사상이 탄생하는 데 뿌리가 된 충격적인 사건 혹은 이에 대항한 공동의 노력과 그 기억 등을 소홀히 하기 쉽다. 흉악하고 불유쾌한 인간이라도 때로 적을 단결시키는 데 유익한 사회적 역할을 한다. 여하튼 유럽 문명의 역사는 외부 민족의 야만적인 행위에 대한 저항을 통해 꽃피웠다. 그런 까닭에 오늘 저녁 이 자리에서 여러분에게 특별히 부탁하고 싶은 점이 있는데, 잠시 동안만 유럽 및 유럽의 역사를 아시아 및 아시아의 역사에 종속하는 것으로 봐주었으면 한다는 것이다. 사실 유럽 문명이라 칭하는 것은 아시아 민족의 침입에 대한 결과, 다시 말해 극히 평범한 의미로서의 전쟁의 산물에 지나지 않았기 때문이다.

근대 유럽의 정치 지도를 보면, 가장 먼저 눈에 띄는 부분은 한쪽에 대륙의 거의 절반을 차지하고 있는 러시아와 다른 한쪽에 어지러이 뒤섞인 좁은 영토 위에 설립된 서구 국가군의 뚜렷한 대조다. 또 이들 지형을 살펴보면, 유럽의 동쪽에는 일련의 광대한 저지대가 있는 반면 반대편엔 산악·계곡

또는 반도·섬 등 극히 복잡한 변화의 상태로 배치되어 있다. 언뜻 보기에 이들의 자연환경과 그 위에 세워진 정치 형태 사이의 상관관계는 지극히 자연스러워 특별히 언급할 게 없어 보인다. 그중에서도 혹한과 혹서가 교차하는 러시아 대평원에서 사람들의 생활 형태가 지역적으로 일치되는 것을 보면 더욱 그렇다.

그렇지만 예컨대『옥스퍼드 아틀라스』와 같은 역사적인 지도첩을 보노라면, 유럽러시아*와 동유럽의 대평원이 거의 공통된다는 개념은 겨우 1세기 사이에 생긴 것이다. 그 이전 시대에는 이와 상이한 정치적인 배치가 끊임없이 반복되었다. 즉 두 가지 국가군#이 통상 이 지역을 정치적 체제에 따라 남과 북으로 쪼갠 것이다. 최근 러시아 인구의 이동 및 정착 경향을 규정한 지리적 특징을 보기 위해서는 단순히 땅의 높낮이를 표시한 지도만으로는 충분치 않다. 이곳의 평원에서는 겨울의 눈이 남쪽부터 북쪽에 이르기까지 차례로 지표에서 사라져가면 이윽고 강우의 계절이 찾아온다. 하지만 강수량이 가장 심한 시기는, 흑해 주변에서는 5~6월인 데 비해 발

---

* European Russia. 러시아 영토 가운데 유럽 대륙에 속하는 지역. 우랄산맥 서쪽의 러시아 영토를 의미한다.

지도 32 19세기 이전의 동유럽(베르크하우스의 지형도에 따름).

트해와 백해 주변에서는 7~8월로 늦어진다. 그래서 남쪽에
서는 여름이 끝날 무렵에 건기가 시작된다. 이러한 기후 구조
때문에 북부와 서남부에서는 삼림지대가 늪과 연못으로 인해
곳곳이 끊겨 있지만 남부와 동남부에는 대초원 지대가 끝없
이 펼쳐져 있다. 나무는 그저 강 주변에서만 자랄 뿐이다.

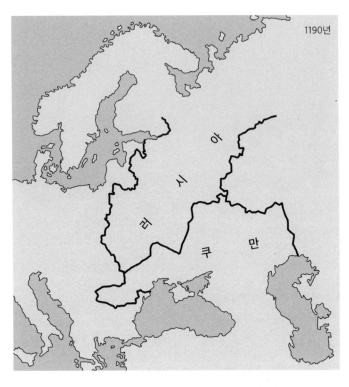

지도 33 제2차 십자군 당시 동유럽의 정치 지도(옥스퍼드의 역사지도에 따름).

　이들 양 지대를 구분하는 선은 카르파티아산맥 북단에서 동북 방향 대각선으로 뻗어, 우랄산맥의 북쪽이 아닌 남단 부근에서 끝난다. 그리고 모스크바는 이 선에서 약간 북측, 다시 말해 삼림 쪽에 위치해 있다.

　한편 러시아 외곽 부분에는 거대한 삼림지대가 있는데, 이

1519년

러 시 아

시베리아

카잔

아스트라한

폴 란 드

자포로자
카자크

크 림

오토만터키

타타르와 터 키

지도 34 카를 5세 즉위 당시의 동유럽 정치 지도(옥스퍼드 역사지도에 따름).

는 발트해에서 흑해에 이르는 약 800마일의 폭을 가진 유럽 지협부^{地峽部}의 한가운데를 대부분 가로지른다. 그리고 이 삼림은 유럽의 반도부에서 북쪽 독일의 평야지대까지 이어진다. 또 초원 지대 쪽은 그 남쪽에 카르파티아산맥의 일부분을 이루는 대트란실바니아의 요새에 둘러싸여, 다뉴브강 유역까지 쭉 이어진다. 그 연장이 이른바 철문Iron Gates*이다. 현재 이 초원의 일부, 특히 루마니아 부분은 일대가 모두 곡창지대로 변했고, 또 이 지역 언어로 '푸스타Puszta'**라 불리는 헝가리의 평야에서도 대부분 경작이 이뤄지고 있다. 그에 더해, 이 헝가리 평야는 주위가 카르파티아산맥과 알프스산맥의 삼림으로 둘러쳐져 있지만, 사실상 이를 중앙아시아의 스텝의 끝부분으로 간주할 수 있다.

최근 러시아 서부에서는 북단의 일부만 빼고 삼림을 개척하고 있는데, 늪과 연못도 간척하고 초원도 경작지로 만들었다. 그 결과 이 지대의 토지 특징은 점점 평균화되었고, 그로 인해 이전에는 인간의 생활에 막대한 영향을 미쳤던 자연의 요소들이 점차 사라졌다. 그러나 잊지 말아야 할 점은 초기 러시아나 폴란드의 건국 역사는 모두 삼림지대에서 이뤄졌다는 점이다.

한편 대초원의 무대에서는 멀리 아시아의 반대쪽 끝에서 각양각색의 투란계 유목민족이 우랄산맥과 카스피해 사이의

* 루마니아와 유고슬라비아의 국경 부근에서 다뉴브강이 카르파티아산맥을 가로지르는, 약 3킬로미터에 이르는 부분을 일컫는 역사적 호칭이다.
** 헝가리 분지 일대에 나타나는 온대 초원을 말한다. 토양이 비옥하며, 관개 농업에 의한 밀 생산이 많고, 목축지대로도 알려져 있다.

통로를 통과해 끊임없이 드나들었다. 훈족,* 아바르족,** 불가리아인, 마자르족,*** 하자르족,**** 페체네그인,***** 쿠만인, 몽골족, 칼미크인****** 등 다양한 이름이 등장한다. 이러한 상태는 5세기부터 16세기까지 거의 내내 유지되었다.

그중에서도 훈족은 아틸라 대왕을 시작으로 헝가리 평야의 한가운데에 본거지를 잡고, 여기서부터 남쪽, 북쪽, 서쪽의 세 방향으로 유럽의 정주 민족을 향해 공격해 들어갔다. 다시 말해 그들의 세력은 이미 초원 지대의 끝인 다뉴브강 근처까지 미쳤던 것이다.

대략 논의한 바를 근거로, 유럽 근대사의 상당 부분은 아시

---

* 몽골·튀르크계의 기마 유목민족. 4세기 후반 유럽에 침입해 민족 대이동의 원인을 자아냈다.
** 5~9세기에 중앙아시아 및 중부 유럽, 동유럽에서 활약했던 유목민족이다.
*** 헝가리인의 주요 종족이다.
**** 캅카스산맥과 볼가강, 돈강에 둘러싸인 지역을 본거지로 한 백색계 유목민족이다. 2세기 말부터 나타나 7세기 초에는 강력한 국가를 건설하고 동서 교통의 요로를 차지하여 번영했다. 10세기 후반부터 러시아의 침입을 받다가 1016년 러시아와 비잔틴 제국의 공격으로 멸망했다.
***** 돌궐 제국의 지배를 받던 부족 중 하나로 돌궐 제국이 멸망한 후 서쪽으로 이주, 9세기경 볼가강과 돈강 하류에서 세력을 쌓았다.
****** 몽골 제국이 동서로 분열되면서 몽골 유목민이었던 '오이라트'는 독립국가를 형성하고 이때부터 칼미크인으로 불린다. 16세기 말경 캅카스산맥 북쪽 볼가강과 돈강 유역의 스텝지역에 정착하여 제정 러시아 정부의 허락하에 칼미크한국을 건설한다.

아 민족이 초래한 변화로 풀이해도 지장 없으리라 생각한다. 앵글로색슨족의 선조 또한 이러한 습격을 피해 바다를 건너 브리튼섬에 이른 것이고 그 결과 영국이 건국되었다고 볼 수 있다. 또 지방에서 프랑크족과 고트족은, 아시아인의 약탈에 대항하기 위해 역사상 처음으로 로마의 지방군과 힘을 합치고 어깨를 나란히 한 샤론의 전장에서 아틸라의 군대와 싸웠다. 목숨 건 이 싸움에서 태어난 공동의 의식이 근대 프랑스의 성립으로 이어진 것이다. 또한 베네치아는 훈족에 멸망당한 아킬레이아와 파두아[파도바]의 마을에서 도망친 사람들이 세운 수상 도시에서 시작됐다. 로마 교황 레오 1세조차 아틸라 대왕과의 회담이 성공했기 때문에 밀라노에서의 정치적 권위를 회복했다고 전해진다. 구름처럼 밀어닥친 이들 기마 민족은 본래 성질이 잔인한 데다 파편적인 정치사상조차 가지고 있지 않았다. 그럼에도 황야를 여기저기 활보한 아시아 쇠망치의 격심한 습격이 있은 후, 유럽은 이와 같은 엄청난 역사적 수확을 거둘 수 있었다.

훈족에 이어 유럽 침입을 기도한 이들은 아바르 사람들이었다. 변방백령*으로서의 오스트리아의 기틀이 잡히고 빈의

---

* 사법권을 가진 백작이 관할하는 구역.

요새가 강화된 것은 샤를마뉴의 출정 결과였다. 또한 뒤를 이은 마자르족이 헝가리 초원에 기지를 두고 쉴 새 없이 유럽에 공격을 가했기 때문에 오스트리아는 전초기지로서의 가치가 점점 높아졌다. 또 이는 독일이 동방의 변경지대로 정치적 초점을 돌리는 움직임을 촉진시켰다. 불가리아인들도 대대로 다뉴브강의 남쪽 토지를 지배함에 따라 지도에 그 이름을 남겼다. 그러나 그들의 언어는 종국에 피지배 슬라브계 민족의 언어로 대체되었다.

이들 유목민족 중 러시아 대초원 지대 중앙에서 가장 오래 살았던 이들은 하자르족일 것이다. 그들의 번성기는 사라센족*의 거대한 움직임의 시기와 대략 일치한다. 그런 까닭에 아랍의 지리학자들은 카스피해를 하자르해라고 기록하고 있다. 그 뒤를 이어 몽골 지방에 새로운 군단이 나타났다. 북쪽 숲에 사는 러시아인들은 약 2세기 동안 킵차크(스텝) 몽골의 칸에게 조공을 바쳐야만 했다. 그 때문에 러시아는 유럽의 다른 곳이 현저한 진보를 이룬 시기에 상대적으로 크게 뒤처져 있었고, 따라서 당연히 균형을 잃은 나라가 될 수밖에 없었다.

* 이슬람교도를 의미함.

여기서 놓치지 말아야 할 것은 삼림지대에서 흑해 또는 카스피해로 흐르는 하천이 곳곳에 존재했다는 점이다. 이 강들은 유목민족의 통로인 초원을 가로지른다. 그래서 기마민족의 (종적인) 움직임과 직각을 이루는 (횡적인) 여러 과도적인 움직임이 때때로 일어났다. 예컨대 그리스 정교의 선교사들은 드네프르강을 타고 키이우까지 거슬러 올라갔다. 그보다 앞서 스칸디나비아 방면에서 온 바랑기아인the Norse Varangians*은 드네프르강을 따라 콘스탄티노플로 진출했다. 그에 앞서서는 튜턴계에 속한 고트족** 일부가 드네스트르강 주변에 모습을 나타낸 적이 있다. 이들 역시 발트해 근처에서 출발해 동남 방향으로 유럽을 횡단한 것이다.

그러나 이러한 일은 앞서 언급한 일반론을 뒤엎을 정도의 결정적인 의미를 지니지 못하는, 일시적인 움직임에 지나지 않는다. 약 1000년 동안 여러 기마민족이 아시아의 각 방면에서 끊임없이 드나들면서 우랄산맥과 카스피해 사이에 있는 넓은 입구로부터 유럽으로 가까이 다가갔다. 그들은 남러시

---

* 스칸디나비아계 민족을 뜻하는 말로, 9~10세기에 남하해 우크라이나 남부 지방에 정착한 바이킹의 일파다.
** 동게르만계의 한 부족. 기원전 1세기경 게르만의 원주지인 스칸디나비아에서 나와 비스와강 유역에 정착했고, 3세기경에는 흑해 서북부 지역으로 이주했다가, 훈족의 압력으로 375년경 동고트와 서고트로 분열되었다.

아의 드넓은 무인의 들판을 말을 달려 빠져나가면서, 헝가리를 본거지로 삼아 유럽의 심장부를 노렸다. 이러한 시대가 계속되면서 이에 대항하는 일들이 일어났다. 러시아, 독일, 프랑스, 이탈리아, 비잔틴 시대의 그리스인 등 위대한 모든 민족의 역사가 형태를 잡아간 것이다. 그런데 기마민족 사람들은 본격적으로 전제국가를 형성하지 않고, 또 넓은 장소에 걸쳐 끔찍한 탄압 정치를 펼치지도 않았다. 그들은 오히려 유럽인들로부터 강렬한 반작용을 불러일으켰는데, 이렇게 된 이유는 대체 무엇일까? 그것은 다름 아닌 지형의 제약 때문이다. 기마민족의 기동성은 초원과 주변의 삼림, 산악이라는 한계에 봉착하면서 저절로 종식을 고하게 되었다.

한편 이들 기마민족과 비교할 만한 대상으로서 바이킹의 행동을 살펴보자. 그들은 독특한 배를 만들어 타고 다녔으며 난폭하게 행동했다. 그들은 스칸디나비아로부터 와서 북쪽에서 남쪽까지 유럽의 해안을 습격했다. 그들은 내륙에 침입할 때 강의 흐름을 이용했다. 그렇지만 그들의 세력권은 대체로 바다나 하천의 수로 주변에 한정되어 있었다.

이렇듯 유럽 사람들은 동쪽으로는 아시아의 유목민족, 나머지 세 방면에서는 바다의 침입자로부터 압박을 받았다. 그들은 사방의 압력 사이에 끼어 이러지도 저러지도 못하는 상

태로 생활했다. 그러나 그 어느 쪽의 압력도 유럽을 압도할
만큼 커다란 힘을 갖추진 못했다. 내재적인 한계 때문이었다.
그들은 오히려 유럽의 성립과 성장을 자극하는 결과로 끝났
다. 여기서 한 가지 짚고 넘어가야 할 점은, 유럽 사회의 형성
에 있어서 스칸디나비아인의 영향력은 아시아계 유목민족에
비하면 부차적인 것에 지나지 않는다는 점이다. 특히 영국과
프랑스 등이 서서히 통일 국가의 형태를 만드는 계기가 된 것
은 아시아 유목민족의 거듭되는 습격이었다. 이와 반대로, 이
탈리아를 중심으로 하는 유럽의 통일은 오히려 그들 때문에
파괴되고 말았다. 그 전의 로마 제국은 완비된 도로망을 사용
해서 모든 정주민족을 여기저기로 이동시켜 전력을 분산시켰
다. 그러나 그 후 로마의 이 도로망은 붕괴되었고 이를 대신
한 것은 18세기에 이르러서야 나타났다.

역사적 자료상으로는 어떻든 간에, 실제로 유럽에 대한 아
시아 민족의 습격은 훈족 이전에 있었다고 보는 것이 타당하
다. 예를 들어 호메로스나 헤로도토스의 이야기에는 스키타
이인들이 말의 우유를 짜서 마신다는 내용이 나오는데, 이는
분명히 기마민족에게서 나타나는 특유의 습관이다. 그들은
틀림없이 스텝의 거주자들과 같은 계열의, 같은 민족의 사람
들이라고 봐도 좋으리라.

돈,* 도네츠,** 드네스트르, 거기에 다뉴브라고 하는 모든 하천의 이름에서 보이는 켈트***적인 요소는 동일한 민족이라고 단정할 수 없지만, 비슷한 습관을 가진 이들이 이 지방을 통과했다는 것을 의미하는지도 모른다. 다만 그 후의 고트족이나 바랑기아인과 다르게, 켈트족은 단순히 북쪽 숲에서 왔다고 생각할 수 없다. 인류학자들이 이른바 단두형brachy-cephalic이라 이름 붙인 두상 골격은 원래부터 아시아인들에게 특징적인 것이지만 이들이 중앙 유럽에서 프랑스를 거쳐 이른바 쐐기 모양으로 침투한 것이 보인다. 한편 유럽의 북부, 서부 및 남부에서는 장두형dolicho-cephalic이 전형적이다. 이를 보더라도 전자는 아시아에서 왔다고 여겨도 무방할 것이다.****

유럽 형성에서 아시아의 영향이 특히 뚜렷한 형태를 보인 것은 15세기 몽골 민족의 습격 이후다. 그러나 이 부분에서

---

* 러시아 연방 서남부의 강. 모스크바 남방의 이반 호로부터 흘러나와 볼가와 드네프르강 사이의 평야를 구불구불 흘러 아조프해로 들어간다.
** 러시아 남부와 우크라이나 동부에 걸쳐 흐르는 강. 북도네츠강이라고도 한다. 돈강으로 이어진다.
*** 켈트족은 고대 유럽에 살던 한 종족으로, 기원전 7세기경 라인강 유역에 정주했다가 로마인과 게르만족의 압박을 받아 영국, 에스파냐, 발칸 등으로 이주한 용맹한 기마민족이다.
**** "The Races of Europe," by professoe W. Z. Ripley (Kegan Paul, 1900) — 지은이

어떤 중요한 사실을 의미 있게 생각하기 전에, 우리의 지리적 관찰의 초점을 유럽이 아닌 다른 곳으로 옮겨 구세계를 전체적으로 조명해봤으면 한다.

세계 각지의 강우량은 해양의 기후에 따라 달라진다. 따라서 큰 대륙의 중심부에서는 당연히 상대적으로 강우량이 부족하다. 이것만 보더라도 세계 인구의 약 3분의 2가 비교적 대륙의 주변에 가까운, 협소한 지역에 몰려 있음은 의심할 여지가 없다. 예를 들어 유럽에서는 대서양 연안에, 또 인도 제국이나 중국에서는 인도양 및 태평양 연안지대에 많은 인구가 집중되어 있다. 이에 비해 사하라부터 아라비아에 이르기까지, 북아프리카 일대에 사람이 거의 없는 무인 지대가 끝없이 펼쳐진 것은, 이 지역의 강우량이 사실상 전무하기 때문이다. 이러한 이유에서 역사상 거의 모든 시기를 통틀어 아프리카 중앙부와 남부는 유럽 및 아시아로부터 분리되었다. 다시 말해 사하라 사막 이남의 아프리카는 남북 아메리카나 호주 대륙과 같이, 이른바 완전히 다른 세계로 인식되었다. 사실 유럽 남쪽의 한계선은 지중해보다 오히려 사하라 사막이라고 간주하는 편이 적절하다. 이 커다란 사막이 백인 세계와 흑인 세계를 완전히 갈라놓았기 때문이다.

이러한 이유로 해양과 사막으로 둘러싸인 유라시아 대륙의 총면적은 약 2100만 평방마일이 된다. 이는 지구에 있는 육지의 절반 정도에 달한다. 단, 사하라와 아라비아의 두 사막은 이 계산에서 빠져 있다. 이외에도 시리아와 페르시아에서 동북쪽 만주에 이르는 지역 곳곳에도 사막이 있는데, 이들의 규모는 사하라 사막에 필적할 게 못 된다.

한편 유라시아는 하천 유역의 구조에 따라 특징을 나눌 수 있다. 그중에서도 우선 북부와 중앙부를 흐르는 강은 그 유역에 사는 사람들에게 외양外洋으로 통하는 교통수단으로서의 역할을 전혀 하지 못한다. 볼가강, 아무다리야강* 및 시르다리야강**은 내륙의 염수호로 흘러들어가고, 오비강, 예니세이강, 레나강 등은 각각 북극의 빙해로 흐른다. 덧붙이자면, 이들 여섯 강은 어느 것이나 세계적으로 최대급 하천에 속한다. 이 밖에도 다림강, 헬만드강***처럼 규모는 비교적 작지만 지역적으로 중요한 의미를 띠는 강이 있는데, 어쨌든 이들이 외양

---

* 원문에는 the Oxus로 표기되어 있는데, 이는 고대 그리스에서 아무다리야강을 일컫는 말이다. 중앙아시아에서 가장 긴 강으로, 아프가니스탄의 힌두쿠시산맥에서 발원하여 아랄해로 흘러든다.

** 원문에는 the Jaxartes로 표기되어 있는데, 이는 시르다리야의 옛이름이다. 중앙아시아의 톈산산맥 서쪽에서 발원해 아랄해로 흘러들어가는 강으로, 예로부터 물길의 변화가 많은 것으로 유명하며, 여러 곳에 수력발전소가 있다.

*** 아프가니스탄의 카불 서쪽에서 발원해 헬만드호로 흘러드는 강.

으로 흘러나가지 않는다는 점은 바뀌지 않는다.

　이처럼 유라시아의 중핵 부분은 이곳저곳에서 사막이 점하고 있지만 전체적으로 보면 엄청난 크기의 스텝지대가 연속적으로 존재함을 알 수 있다. 다만 그 지역 전체가 방목에 꼭 적합했다고는 말할 수 없다. 또 모든 하천 유역에는 오아시스의 수도 적지 않았지만 이들 강 중 바다로 이어지는 교통로로서의 역할을 한 강은 하나도 없었다는 것이 가장 큰 특징이다. 바꿔 말하면, 이 광대한 지역은 말이나 낙타 등을 기동력으로 하는 유목민족들이 생활하기에 모든 조건을 갖추고 있다. 물론 그들의 생활 본거지는 여기저기에 산재해 있지만 전체적으로 그 규모는 만만치 않다.

　다만 그들 생활권의 북쪽 한계선은 북극권에 준하는 기후를 가진 삼림, 다시 말해 소택(늪, 연못) 지대와 초원의 경계선으로 끝난다. 사실 동쪽과 서쪽의 양 끝을 빼면 아시아 북극권은 기후가 너무 추워서 농업 인구의 정착 및 발달이 불가능했다. 이 삼림지대의 동쪽은 남쪽의 연해주 및 만주를 경유해서 태평양까지 이어지고, 또 서쪽은 아직 가려져 있는 많은 선사시대의 삼림을 품은 유럽과 이어진다.

　이렇듯 이 삼림지대는 북쪽과 동북·서북쪽의 초원이나 소택에 둘러싸여 헝가리의 '푸스타'에서 만주의 작은 고비 사막까지 약 4000만 마일이 구불구불 이어진다. 그리고 남쪽 끝을 제외하면 이 지대를 흐르는 강은 그 어떤 것도 항해 가능한 외양으로 이어지지 않는다. 물론 최근에 오비강이나 예니세이강의 하구로 이어지는 항로 개발이 시험되고 있지만 이들을 염두에 둘 필요는 없다. 이 커다란 스텝 지대는 유럽이나 서시베리아, 서부 투르키스탄 등에서는 저지대가 된다. 때로 해면보다 더 낮아지는 곳도 있다. 반면 동쪽의 몽골로 가면 점점 고원으로 이어진다. 다만 그 황량한 심장지대*에는 험준한 낭떠러지 같은 급사면은 없으니 스텝의 끝에서 끝으로 여행하는 일은 그다지 어렵지 않다.

14세기 중엽 유럽을 습격했던 기마민족의 한 무리는 아득히 먼 3000마일이나 떨어진 몽골의 대초원에서 최초로 모였다. 그리고 수년 뒤 그들은 포르투갈, 슐레지엔, 모라비아, 헝가리, 크로아티아, 세르비아 등의 지역을 차례로 빼앗았다. 칭기즈칸의 이름과 함께 자주 거론된 이들 동방 유목민족이 전 세계에 일으킨 대대적인 충격에 비하면 이는 별로 대단한

---

* 이 강연에 등장하는 '심장지대heartland'는 매킨더가 이것을 전략적인 중심 개념으로 정립한 『데모크라시의 이상과 현실』(1919)에서와는 달리, 단순히 유라시아의 내륙지대를 의미하는 지리적인 용어에 지나지 않는다. 하지만 그 뉘앙스의 차이를 괘념할 필요는 없다.

것이 아니다. 그저 부분적으로 불똥이 튄 것에 지나지 않았다고 할 수 있다. 다른 한편 그 유명한 황금군단*이 킵차크 초원을 점거하고 아랄해부터 우랄산맥과 카스피해의 절반을 넘어 멀리 카르파티아산맥 사이를 점해 서남쪽 방향으로 진출했다. 그들은 페르시아, 메소포타미아부터 시리아까지 침입해서 일한국**의 영토를 확대했다. 그리고 제3의 군단은 중국 북부로 침입하여 캐세이 왕국***을 멸망시켰다. 인도와 중국의 남부가 기마민족의 정복에서 벗어날 수 있었던 것은 티베트라고 하는 천혜의 장벽—이에 비견할 만한 것은 사하라 사막이나 북극해의 빙하 정도이리라—덕이었다. 그러나 이 위대한 장해물조차 훗날 중국에서는 마르코 폴로의 시대에, 인도의 경우에는 티무르 시대에 정복당했다. 이는 역사적 자료에 의해 충분히 증명된 전형적인 이야기다. 이러한 예에서 보듯이, 중앙아시아 기마민족의 세력 확장은 구세계 주변부에 속한 모든 정주 민족을 두려움에 떨게 만들었다. 러시아, 페

* 13세기에 유럽을 원정한 몽골의 군단.
** 몽골 사한국의 하나. 칭기즈칸의 손자인 훌라구가 건설한 이란, 소아시아를 중심으로 세운 왕조다. 1411년 티무르에 의해 멸망당했다.
*** 중국을 부르는 통칭 중 하나였는데 타타르계 언어에서 유래한 것으로 보인다. 서구에서 중국 북방 일원을 장악한 거란을 키타이Kitai 또는 캐세이Cathay라고 칭했다.

르시아, 인도, 중국 등은 하나같이 몽골 왕조에 조공을 바치는 신세가 될지 아니면 그들의 직접적인 지배를 받을지, 둘 중 하나의 길을 택하지 않으면 안 되었다. 그 시기 소아시아에 막 등장했던 튀르크족조차 약 반세기 동안은 몽골 민족에게 압도되었을 정도다.

그러나 이러한 이동 전력은 몽골 민족만의 독특한 행태가 아니다. 유럽의 경우처럼 기타 유라시아 주변부에서도 여러 침략의 기록이 있다. 예컨대 중국은 몽골 이전에도 몇 번 북쪽에서 공격을 받았고 심지어 영토도 정복당한 역사가 있다. 인도 또한 서북쪽 국경으로 침입한 적에게 정복당한 일이 몇 차례에 달한다. 페르시아는 조금 특별한데, 비교적 이른 시기에 이곳을 공격했던 민족 중 하나가 서구 역사와 중대한 관계가 있다. 그 민족은 몽골족의 대활약 시기보다 약 3, 4세기 전 중앙아시아에서 나온 셀주크튀르크족이다. 그들은 몽골족과 비슷한 경로를 경유해 카스피해, 흑해, 지중해, 홍해, 페르시아만의 다섯 바다를 포함하는 광범한 지역을 침범했다. 그들은 케르만,* 하마단,** 나아가 소아시아에 본거지를 두고 바그

* 이란 동남쪽에 있는 도시.
** 이란 서북부에 있는 옛 도시.

다드와 다마스쿠스에 기반을 둔 사라센 왕조를 쓰러뜨린다. 기독교 사회가 일괄하여 이른바 십자군이라 불리는 군사활동을 일으킨 이유는 표면상 셀주크튀르크족이 예루살렘에서 기독교에 가한 박해에 대한 보복이었다. 비록 십자군 활동이 그 목적을 완수하지 못하지만 이에 자극받은 유럽의 각국은 처음으로 통일이란 것을 위해 한 방향으로 움직였다. 따라서 이를 근대사의 시작이라고 봐도 무방할 것이다. 아시아 중앙부의 압력에 대항하지 않으면 안 된다는 충동이 유럽의 진보를 불러일으킨 것이라고 할 때, 이 또한 분명한 전례 중 하나라고 할 수 있다.

이제 우리가 파악한 유라시아에 대한 개념을 요약해보면 대체로 다음과 같다. 이 거대한 일련의 육지 덩어리는 그 북부가 얼음으로 뒤덮여 있고, 나머지 부분은 해양으로 둘러싸여 있다. 총면적은 약 2100만 평방미터로 북아메리카의 세 배 정도에 달하지만 그중 중앙부는 약 3만 제곱미터이고, 유럽의 두 배에 달하는 북부 지역에는 외양으로 나갈 수 있는 수로가 하나도 없다. 하지만 그 지역 일대는 북극에 가까운 기후의 삼림지대를 제외하고, 말이나 낙타를 이용하는 유목민족이 활동하기에 더없이 적당하다. 그리고 그 심장지대의 동측, 남측, 서측에는 커다란 반월호(크레센트) 모양으로 주

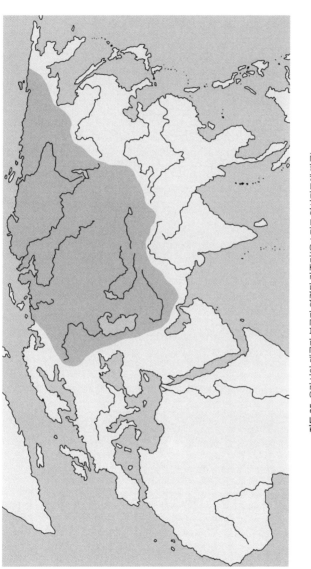

지도 35 유라시아 대륙과 북극과 연결된 강줄기(옥스퍼드 역사지도에 따름).

변 지역이 있는데 이곳으로는 세계의 모든 사람이 배를 타고 자유롭게 접근할 수 있다.

또한 이 주변 지역을 지형의 구분에 따라서 살펴보면, 대체로 네 지역으로 나눌 수 있다. 그 각각은 세계의 4대 종교라 불리는 불교, 힌두교, 이슬람교, 기독교의 지배권과 대체로 일치한다는 흥미로운 사실을 알 수 있다. 이 중 앞의 둘은 몬순 지역이라 불리는데, 한 지역은 태평양에 접하고, 다른 지역은 인도양에 접하고 있다. 유럽에 있는 네 번째 지역은 사방이 대서양과 접하고 있어서 강우량이 풍부하다. 이 세 지역을 합치면 면적은 약 700만 평방미터에 못 미친다. 그러나 이곳에 지구 인구의 약 3분의 2가 살고 있다.

세 번째 지역은 앞서 언급한 다섯 바다에 접해 있는 육지와 일치하는 중동으로, 아프리카와 가깝고 기후도 그와 비슷하다. 가끔 오아시스가 있지만 일반적으로는 수량이 부족하고 인구 또한 희박하다. 하지만 어떤 의미에서는 이 지역이 유라시아 대륙 외연에 가까운 특징을 지닌다고 할 수 있다. 다시 말해 숲이 거의 없고, 사방에 사막이 있어서 유목민족의 활동에 적합하다. 다만 그것이 유라시아의 중심과 근본적으로 다른 점은, 좋은 만灣이 있고 또 하구에서 거슬러 올라갈 수 있는 큰 하천이 있어서 육지 안에서 해양 세력의 활동이 가능했을 뿐 아니라, 동시에 같은 지역의 내부 세력이 해양을 향해 영향력 행사가 가능했다는 점이다.

이상의 결과로 우리는 역사상 때로 이곳에서 본질적으로 대륙의 주변부에 속하는 제국이 생겨났음을 확인했다. 이집트나 바빌로니아 등은 큰 오아시스의 농업 인구를 기반으로 지중해 및 인도양의 문명 국가들과 자유로운 해상 교통으로 교류했다. 그러나 이들 제국은 여러 차례 격렬한 정치 혁명에 처했다. 중앙아시아에서 온 스키타이인, 튀르크인, 몽골족 등이 습격했을 뿐만 아니라, 그 외 지중해 민족이 서쪽 바다와 동쪽 바다를 이을 육상 루트를 정복할 목적으로 이 지역에 세차게 몰려들기도 했다.

어쨌든 이곳은 초기 문명 시대를 잇는 연결고리의 가장 약한 부분이다. 가장 큰 이유는 수에즈 지협이 해양 세력을 동에서 서로 크게 나누고 있기 때문이다. 또한 페르시아의 황량한 대지가 중앙아시아에서 페르시아만의 가장 가까운 곳까지 펼쳐져 있기 때문이다. 이 점이 유목민족이 끊임없이 외양의 가장자리까지 진격할 기회를 제공했다. 한쪽으로 인도, 중국의 문명세계가 있고, 다른 한쪽으로는 지중해의 문명사회가 있었음에도 양자 사이에 직접적인 접촉이 없었던 것은 다른 무엇보다 이들의 방해가 있었기 때문이다. 특히 바빌로니아,

시리아, 이집트 등의 오아시스 세력이 약해졌을 무렵에는 스텝에서 온 유목민족이 각 방면을 치고 나갔다. 유목민족은 이란과 소아시아 등의 고원을 전진기지로 점유한 뒤 펀자브 지방을 경유하여 인도로, 시리아를 거쳐서 이집트로, 또 보스포루스와 다르다넬스의 두 해협을 넘어서 헝가리로 가는 방식으로 사방에 진출했다. 한편 유럽 중심부로 통하는 길목에는 빈이라는 도시가 있었는데 이곳은 그저 러시아 스텝의 적들이 습격해오는 것을 막기 위한 거점이 아니었다. 빈은 카스피해나 흑해의 남쪽을 우회하여 발칸 방면으로 치고 올라가는 적을 훌륭하게 막아주는 역할을 했다.

이상으로 우리는 사라센족과 투르쿠족의 중근동中近東* 지역에 대한 지배 방법에서 나타난 본질적인 차이를 밝혔다. 사라센족은 셈족의 일파로 생활 본거지는 유프라테스강과 나일강 유역, 아시아 남부의 중소 오아시스 지대였다. 그들의 땅에서는 두 종류의 교통수단—육상에서는 말이나 낙타, 해상에서는 배—이 이용 가능했는데 사라센족은 이를 통해 제국을 건설했다. 때로는 함대로 지중해와 인도양을 동시에 지배

---

* 중동과 근동을 아우르는 말로, 중동 지역과 유럽에 가까운 동방 제국을 가리킨다.

하기도 했다. 지중해는 스페인에 이르는 지역까지, 인도양은 말레이 섬들에 이르는 지역까지 지배 범위 안에 들었다. 또한 그들은 바다가 동서 양쪽에 걸쳐 있는 전략적 중추 지점부터 나아가 구세계 주변에 속하는 모든 지역을 정복하려는 계획도 세웠다. 일찍이 알렉산드로스 대왕이 선례를 보였고, 나폴레옹이 그 뒤를 밟았다. 그뿐만이 아니다. 어떤 때에 그들은 기마민족의 영역이었던 스텝까지 위협했다. 그런데 이 사라센 문명을 멸망시킨 내륙 아시아에서 온 투란계의 이교도들,* 즉 튀르크인은 유럽이나 인도, 중국은 물론 아라비아인들과도 완전히 달랐다.

본래 해상 교통은 말이나 낙타 등을 이용하는 대륙 중심부의 이동 방식과 그 기능에 있어서 대척적이다. 소위 중국의 양쯔강, 인도의 갠지스강, 바빌로니아의 유프라테스강, 이집트의 나일강 등 하천 문명이라 불리는 단계는 모두 바다에서 거슬러 올라오는 소항遡航이 가능하다는 공통된 특징을 지닌다. 그에 비해 그리스와 로마 등 이른바 내해형 문명은 사실상 지중해의 해상 교통을 주요 기반으로 한다는 점에서 차이

---

* 원래 이란 쪽에서 보면 아무다리야강 건너편 일대의 지역을 가리키지만, 현재는 우랄알타이 지역을 일컬을 때가 많다.

가 있다.* 반면 사라센 민족이나 바이킹들은 외양의 연안을 항해하는 능력이 있었다.

그런 점에서 희망봉을 돌아 인도양으로 나가는 루트의 발견은 그때까지 제각각이었던 유라시아 대륙의 동서 연안 항로를 하나로 묶는다는 의의가 있었다. 물론 그 루트는 상당히 우회하지 않으면 안 되었지만, 그렇다 하더라도 적어도 중앙아시아 유목민족이 점하고 있던 전략적 우위를 어느 정도 무력화하는 효과를 동반한 발견이었다. 그 이유는 이를 계기로 바다 쪽에서 그들의 뒤를 공격하는 형태가 되었기 때문이다. 그리하여 콜럼버스 시대의 위대한 항해자들이 시작한 혁명은 당시 기독교 사회에 폭넓고 효율적인 최고의 기동력을 부여하게 되었다.

지구상의 육지가 서로 떨어져 존재하는 데 비해 이를 둘러싼 바다는 모두 하나로 연결되어 있다는 사실은 "바다를 지배하는 자, 세계를 지배하리라"라는 제해권制海權 이론에 지리학적인 근거를 부여했다. 사실 머핸 대령이나 스펜서 윌킨슨 등이 설명한 근대 해군 전략 및 정책 이론의 내용은 대부분

---

* 'potamic'이나 'thalassic'과 같은 그리스 어원의 형용사는 매킨더가 독특하게 사용한 것이 아니라 다른 많은 학자나 이론가 사이에서 종종 사용되고 있다.

이에 관한 것이다. 정치적으로 보면 이 이론의 가장 큰 효과는 지금까지의 아시아와 유럽의 세력을 역전해서 분석한 것이다. 다시 말해, 중세의 유럽을 보면 남쪽에는 넘기 어려운 사막이 있고, 서쪽에는 미지의 대해가 있으며, 북쪽과 동북쪽에는 혹한의 대삼림 지대가 있어 마치 새장 속에 갇힌 형태인데, 그에 더해 동쪽과 동남쪽 방면에서 말이나 낙타를 이용한 우수한 기동력의 유목민족이 끊임없이 공격해와 고통을 겪었다. 그런데 유럽인들이 새로운 교통수단을 보유하면서 이제까지 그들에게 위협을 가한 아시아의 대륙 세력을 포위할 수 있는 정치적·군사적 힘을 갖추게 된 것이다. 뿐만 아니라 외양 한가운데서 발견된 신대륙에는 이른바 유럽의 분신이라고 할 만한 영토가 속속 만들어졌다.

그리고 영국이나 스칸디나비아가 어떤 의미에서는 유럽의 부속물이었던 것처럼, 아메리카나 호주를 유라시아 대륙 전체의 부속물과 같은 것으로 보기에 이르렀다. 또한 사하라 이남의 아프리카조차 유라시아와의 일체감을 높여갔다고 말할 수 있다. 이렇게 보자면 현재의 영국, 캐나다, 아메리카합중국, 남아프리카, 호주, 일본 등은 당장은 유라시아 대륙 세력의 접근을 허하지 않는 외주의 크고 작은 섬들로서 유라시아 대륙을 빙 둘러싸고 포위한 기지군의 형태라 할 수 있다.

그러나 대륙 세력 또한 건재함을 유지하고 있으며 최근 일련의 사건들은 대륙 세력의 중요성이 커지고 있음을 말해준다. 구체적으로 말하면, 유럽의 해양 제국이 외양을 함대로 뒤덮고 다른 모든 대륙에 대해 식민활동을 일으키며, 또 각각의 형태로 아시아 해변의 모든 지역을 속령屬領화하는 것을 실험했던 시대에, 육지에서는 러시아가 코사크의 모든 부족을 조직해서 그들 지배하의 유목민이 타타르족의 유목민을 몰아내는 방법으로 광대한 스텝을 차지했다. 즉 서구 제국이 해상에 세력을 확대한 튜더 왕조의 세기는, 동시에 러시아가 모스크바를 기점으로 시베리아에서 발전을 이룬 시기이기도 했다. 희망봉을 경유하는 항로의 발견과 동방의 아시아를 노리는 기마민족의 모험이라는 이 두 사건은 오랜 기간 각각 별개의 것으로 여겨져왔다. 하지만 양자가 지니는 정치적 의미의 중요도는 어느 쪽이 더 우수했다고 판단하기 어렵다.

이와 관련해서, 지난 시기 유럽에서 해양 세력의 발전과 대륙 세력의 발전이 고대 로마와 그리스 간 대립의 연장선상에서 역사적으로 일치한다는 점은 상당히 흥미롭다. 로마인이 그리스인을 완전히 라틴화할 수 없었던 것은 역사상 유례가 없을 정도의 커다란 실패였다. 이는 매우 중요한 의미를 띤다. 튜턴 민족을 문명화하고 이들을 기독교화한 것은 로마인이지만 슬라브족에 문명적인 영향을 끼친 것은 주로 비잔티움의 그리스인들이었다. 후세에 해양 모험에 나선 것은 로마-튜턴계 민족들이었다. 한편 그리스-슬라브계 사람들은 스텝 대초원 지대에서 말을 타고 돌아다니며 투란계 민족들과 싸우고, 나아가 그들을 정복해버렸다. 이렇듯 근대의 대륙 세력과 해양 세력은 서로의 이상을 다른 곳에 두고 있었을 뿐아니라 그 기동력의 기초를 이루는 물리적 조건에서도 대조적이었다.*

코사크가 스텝을 대략 소탕한 후 러시아인들은 안심하고 북쪽 숲의 은둔처에서 밖으로 모습을 드러낼 수 있게 되었다. 19세기 유럽에서 일어났던 사회 변화 가운데, 별로 눈에 띄진 않았지만 손꼽힐 정도로 의미가 큰 것은 러시아 농민의 남방 이주 현상일 것이다. 그 결과 이전에는 삼림지대에 적을 두고 머물렀던 농민들이 계속 남쪽으로 이주해 중심을 옮기고, 스텝의 서쪽은 차츰 보리밭으로 변해갔다. 당시 러시아

---

* 이 부분의 발언은 논문 낭독 후 토론 때 비판을 받았다. 그 후 다시 이 문단을 반복해서 읽었지만, 나는 이것이 기본적으로 옳은 시각이었다고 생각한다. 만약 로마가 고대 그리스를 완전히 그 지배하에 두었다면, 아마 비잔티움의 그리스인들조차 그때까지와는 다른 이들이 되지 않을 수 없으리라. 여기서 말하고자 하는 바는 역시 그들이 말한 것은 요컨대 비잔티움풍 이상이며, 확실히 로마의 이상은 아니었다는 것이다. ─지은이

최대의 항구도시 오데사의 발흥도 대체로 이와 같았지만, 이 마을의 성장 속도에 견줄 만한 예는 아마도 아메리카의 신흥 도시 정도일 것이다

지금으로부터 20~30년 전까지만 해도 증기기관의 발달과 수에즈 운하의 개통으로 해양 세력의 기동성이 갑자기 대륙 세력을 앞질렀다고 생각됐지만, 현재는 달라졌다. 대륙을 종 횡할 수 있는 철도망이 발달하면서 대륙 세력의 성립 조건이 크게 바뀐 것이다. 도로 하나를 만들려 해도 목재 하나, 돌 하 나 뜻대로 되지 않는 유라시아 내륙의 심장지대에서 철도가 발휘한 효과는 절대적이다. 여하튼 철도가 도로 건설의 시대 를 뛰어넘으면서 스텝에서 큰 기적을 일궜다.

상업 수송의 문제에서 간과하지 말아야 할 점은, 해상 교통 이 운임 자체는 비교적 싸지만 제조 공장에서 수출용 부두, 수입용 부두, 소매처로의 발송을 위한 내륙의 창고와 같은 최 소 네 단계를 거쳐 하역 작업을 해야 한다는 것이다.* 이에 반 해 대륙 내부의 교통수단인 철도는 수출 공장에서 수입처의 창고에 이르기까지 직접 선로로 이어지는 경우도 있다. 따라

---

* 콘테이너항이나 롤 온 롤 오프roll-on-roll off system 방식의 발달에 따라 해 상 수송 면에서 이들의 결함이 계속 줄어들었다는 것은 주지의 사실이다. 이에 따 라 해상 수송은 그 이점을 회복했다고 할 수 있다.

서 비교적 근거리의 해상 수송에서는 최근 다음과 같은 경향이 보인다. 일단 다른 조건에 변화가 없는 한, 대략의 해상 수송 운임과 4회의 하역 비용에 가장 가까운 항구까지의 철도 운임을 가산하는 것이, 2회의 하역 비용에 대륙 내부의 철도 운임을 더하는 것과 거의 동일해지는 지역들을 하나의 선으로 이으면, 이것이 결국 해상 수송이 내륙에 침투할 수 있는 한계선이 된다는 것이다. 이에 따라 영국과 독일산 수출용 석탄은 대체로 이탈리아 롬바르디아 지방의 중간 지점에서 가격 경쟁이 계속되고 있다고 한다.

러시아의 철도는, 서쪽 빌바렌(구리투아니아의 동프로이센 국경에 있는 마을)에서 동쪽 블라디보스토크에 이르기까지 총 6000마일을 달린다. 마치 남아프리카에서 영국의 육군이 해양 세력의 살아 있는 증거이듯이 만주에서 러시아 육군의 존재는 그 대륙 세력의 기동성을 생생히 증명해 보인다. 물론 현재의 시베리아 철도는 단선으로, 전략적 수송 수단으로서는 아직 부족한 면이 있다. 그러나 머지않아 아시아 전체가 철도로 이어지는 날이 올 것이다. 그때를 기다리는 데 금세기의 끝까지 갈 필요는 없다. 땅덩어리는 끝없이 넓고 인구, 곡식, 면화, 연료 및 금속류 등의 잠재적 자원의 힘도 헤아리기 어려울 정도로 크다. 따라서 이곳에서 해상 무역과는 무관한,

외부 세계에서 다소 고립된 방대한 경제 단위가 성립된 것은 확실해 보인다.

이상으로 우리는 역사 속의 커다란 흐름 두 가지를 개관해 봤다. 여기서 지리적 요인이 시종일관 지배적 요인이었다고 하기는 어려운가? 다시 말해서 나는 과거에는 기마민족들이 활약하고, 지금은 철도가 급속도로 덮고 있는 이 유라시아 대륙의 광대한 부분이 틀림없이 국제정치의 추축에 해당된다고 말하고 싶다. 이에 대한 여러분의 견해는 어떤지 묻고 싶다. 현재 또다시 이 지역에 뛰어난 기동성을 갖춘 군사력 및 경제력을 위한 조건이 구축되고 있다. 아직 제한적이기는 하지만 그 영향력은 적지 않다. 그것은 바로 과거 몽골 제국을 대신하는 존재로서의 러시아를 의미한다. 옛날에는 기마민족이 스텝에 중심을 두고 각지에 공격을 가했다. 하지만 지금은 러시아가 그 역할을 대신하고 있다. 러시아는 핀란드로, 스칸디나비아로, 폴란드로, 터키로, 페르시아로, 인도로, 또 최근에는 중국으로 차례차례 압박을 가하고 있다. 마치 독일이 유럽에서 그러하듯, 러시아가 세계 전체와의 관계에서 전략상 중추의 지위를 점하고 있다고 할 수 있다. 이는 다시 말해, 러시아는 북쪽 방향만 빼고 그 외 모든 방향으로 치고 나갈 수 있으며, 동시에 어느 쪽으로든 공격받을 가능성

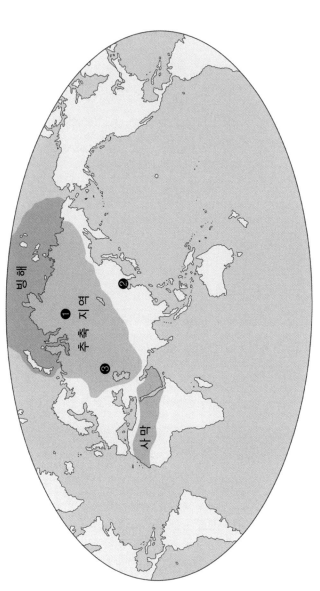

지도 36 지리적으로 본 역사의 추축. 지정학 문헌에 자주 인용되는 매우 유명한 지도다.
①은 '완전히 대륙적'인 추축 지역 ②는 '완전히 해양적'인 외주이 반월호 ③은 '반은 대륙, 반은 해양적'인 내주이 반월호다.

이 있기 때문이다. 근대적인 철도 시설을 완비하는 것도 그리 먼 이야기는 아니다. 생각해보면, 언제가 될지는 모르지만 가까운 장래에 러시아에 사회 혁명이 일어나서 지금껏 발달을 제약해왔던 지리적 요인을 둘러싼 사고방식에 커다란 변화를 불러올지도 모른다. 1867년 당시 러시아의 지배자가 알래스카를 남의 손에 넘긴 것*은, 요컨대 스스로 그 힘의 한계를 시험해본 것이나 현명한 조치라고 할 수 있다. 왜냐하면 러시아가 해외에 어떠한 영토도 갖지 않은 것은 바로 영국이 바다에 군림하는 것과 같이 일종의 정책상의 철칙이라고 생각되기 때문이다.

다시 본론으로 돌아가서, 앞서 언급한 추축의 바깥쪽에는 독일, 오스트리아, 터키, 인도, 중국 등이 있는데, 이들이 커다란 안쪽의 반달호를 형성한다. 그보다 더 바깥쪽에 있는 국가들, 즉 영국, 남아프리카, 호주, 아메리카합중국, 캐나다, 일본 등은 외부의 반월호를 형성한다. 그러나 현재의 세력 균형의 기저에는 추축 국가인 러시아가 아직 주변 국가 모두에

---

* 알래스카는 1741년 덴마크의 탐험가 비투스 조나센 베링이 러시아 표트르 1세의 의뢰를 받아 태평양을 탐험하던 중 발견한 땅이다. 알래스카는 이후 러시아 제국의 영토로 편입되었다가 1867년 영국이 알래스카를 강점할 것을 두려워한 러시아가 미국과 매각 교섭을 했고, 슈어드 미 국무장관이 헐값에 구입했다.

대항할 수 있을 만큼의 힘을 갖추지는 못했다는 사실이 깔려 있다. 그와 동시에 프랑스가 세력적으로 러시아와 길항관계에 놓일 여지가 있다. 다만 최근의 아메리카합중국은 주로 아시아에 세력을 떨치고 있어서 직접적으로 유럽과 힘겨루기할 일은 적다. 만약 영향이 있다고 한다면, 오히려 대對 러시아 외교를 통해 간접적으로 세력을 펴고 있다고 볼 수 있다. 더욱이 미국은 조만간 파나마 운하를 완성해 미시시피 서쪽 내지는 대서양안의 자원을 동력 삼아 태평양에서 이용할 수 있을 것이다. 이런 관점에서 보면 이후 동서 세계를 나누는 것은 사실상 대서양이 아닐까 생각된다.

지금의 세력관계를 파괴하여 추축이 되는 국가에 유리한 지위를 부여하는 것은 곧 유라시아 대륙 주변의 모든 지역에 대한 세력 팽창을 재촉하고, 나아가 막대한 대륙의 자원을 함대 건설에 활용하는 결과로 이어진다. 만에 하나 독일과 러시아가 합병했다면 금세 이 가능성은 현실이 될 우려가 있다. 만약 이런 불행한 사태가 발생한다면 프랑스로서는 하는 수 없이 해외의 모든 나라와 동맹을 맺어야 할 것이다. 이 경우 여러 나라의 해군이 각각 상륙부대를 지원해서, 내륙의 동맹 국가들에 지상 병력을 강화시키는 모양새가 될 것이다. 그리고 추축 세력이 그 함대의 건설에 전력을 쏟을 수 없도록 할 것이다. 규모만 축소해서 보면 반도 전쟁*과 흡사하다. 웰링턴 군이 토레스 베드라스(포르투갈)의 연안 기지를 중심으로 전개한 작전은 이와 동일한 형태의 효과를 달성한 사례라 할 수 있다. 대영제국의 조직에서 인도가 전략적으로 했던 역할도 원래 이와 같았다고 할 수 있지 않을까? 예전에 L. S. 애머리는 영국의 전선前線이 희망봉에서 인도를 통과해 일본에 이른다고 말했다. 그 생각의 배경에 깔려 있는 것 또한 이와 같은 게 아닐까 싶다.

만약 남아메리카의 막대한 자원이 개발된다면, 어쩌면 이 체계 전체를 뒤흔들 결정적 변수로 작용할지도 모른다. 이는 필시 미국의 세력을 강화하는 일이 될 것이다. 그러나 먼로주의에 대한 독일의 도전이 성공한 경우를 생각해보면, 베를린 정부가 대륙 지향의 정책—이를 '추축 정책Pivot Policy'이라 부르고 싶다—을 고칠 기회가 있을지도 모른다. 어쨌든 여러 나라가 서로 엮여서 균형을 이룬다는 것이 여기서 논의하고 있는 본질은 아니다. 내가 말하고 싶은 것은, 지리학적 관점에서 보면 모든 세계의 균형은 반드시 추축이 되는 나라를 둘

---

* 1808~1804, 영국, 스페인, 포르투갈 연합군이 이베리아반도에 침입한 나폴레옹 군대와 싸운 전쟁.

러싸고 전개된다는 것이다. 그 나라는 항상 대국이다. 그렇지만 주변 국가나 많은 유력한 섬나라와 비교해보면 이 대국은 교통수단에서 제약이 따른다.

지금껏 나는 한 사람의 지리학자로서 발언했다. 두말할 것 없이 역사의 각 시기에 정치적 세력의 균형은 첫째 지리적 조건—여기에는 경제적 의미와 전략적 의미가 포함되어 있다—의 산물이다. 그러나 동시에 이는 그 당시 서로 경쟁해온 여러 국민의 수, 각각의 생활력, 장비의 능력, 사회적인 조직력 등의 상대적 요인에 따라서 규정되기도 한다. 만약 사전에 이러한 수적인 비교를 가능한 한 정확하게 할 수 있다면, 그 정도에 따라서 무력에 호소할 것 없이 전쟁을 해결할 가능성도 크다. 게다가 지리적 요인은 인간적 요소에 비해 수량화하기 쉽다. 그런 이유에서 우리가 이 방식을 단지 과거 역사에만 적용할 것이 아니라 현재의 정책에도 반영할 것을 바라마지않는다. 지금까지 역사를 통틀어 인류사회의 변화는 늘 원칙적으로 불변하는 자연의 특징들에 따라 좌우되어왔다. 예컨대 아시아나 아프리카에서 점진적으로 이뤄지고 있는 사막화가 역사의 시간에서 인류의 생활 환경을 엄청나게 바꿔왔다고 할 수 없다. 또 소위 제국의 서진설西進說에 대해서도 마찬가지다. 이는 단지 추축 지대pivotal area의 서남 및 서쪽

끝 지역을 둘러싼, 주변 세력이 짧은 주기의 변동을 반복한 일에 지나지 않는다. 더욱이 중근동이나 극동의 문제에 대해서도, 이들은 주변 반월호 안팎의 모든 나라 사이에 있어서 불안정한 균형 상태와 관련 있으므로, 당분간 자세히 논의할 필요가 없다고 본다.

결론으로 말할 수 있는 것은, 예를 들어 현재의 러시아를 대신해서 새로운 세력이 대륙 일대를 지배할 지위를 점했다 할지라도, 세계의 추축 지대로서의 지리적인 중요성이 갖는 의미는 조금도 변하지 않는다는 것이다. 가령 일본인이 중국인을 지배하고, 또 그들을 조직해서 러시아 제국을 쓰러뜨리며 그 영토를 정복했다고 가정해보자. 이때는 아마도 황화 yellow peril*가 세계의 자유를 위협하게 될 것이다. 이는 그들이 해양 세력으로서 가지고 있는 이점에 넓은 대륙의 자원—현재 추축 지대에 입주해 있는 러시아에게는 허용되지 않은—을 더하게 되는 결과를 낳기 때문이다.

---

* 황화 황색 인종의 세력이 강해짐에 따라 백색 인종에게 가해지는 침해나 압력. 청일전쟁 후 독일 황제 빌헬름 2세가 일본 진출에 대한 반감으로 황화론을 주장한 것이 유명하다.

제2장

지정학의 세계와 평화의 길[*]

1

나는 과거에 내가 다뤘던 여러 논문 주제 가운데 몇 가지를 더 얘기해줄 수 있겠느냐는 요청을 받았다. 그중 특히 현대전의 양상을 고려했을 때, 내가 전략적으로 중요하다고 말했던 '심장지대'라는 개념이 그 중요성을 잃은 건 아닌지에 대해 논해달라는 부탁을 받았다. 이러한 맥락에서 해당 개념을 다시 설명하기 위해, 심장지대가 최초에 어떻게 만들어졌는지 먼저 간단히 짚고 넘어갈 필요가 있다.

---

* "The Round World and the Winning of the Peace," *Foreign Affaris*, Vol.21, 1943

국제적 사건과 관련된 나의 가장 오래된 기억은 지방의 전통 깊은 중등학교^{영국의 7년제 인문계 중등학교}에 막 입학했던 1870년 9월의 어느 날이다. 당시 나는 우체국 문에 붙은 전보를 읽고 집에 전했는데, 전보 내용은 바로 나폴레옹 3세가 이끌던 프랑스 군대가 프랑스 동북부 강변 도시인 스당에서 프로이센에 항복했다는 것이었다. 트래펄가 해전에서 영국의 승리와 나폴레옹의 모스크바 퇴각이라는 기억이 여전히 남아 있던 영국인들에게 이는 꽤 충격적인 소식이었으며, 이 사건의 진정한 결과는 몇 년이 지난 후에야 실감할 수 있었다. 당시 영국은 해양 강대국으로서의 패권적 지위를 여전히 유지하고 있었다. 해양 제국 영국에 대한 유일한 국제적 위협은 아시아에서 러시아의 영향력이 확대되는 것뿐이었다. 이 시기에 영국 언론은 콘스탄티노플에서 비롯된 소문들과 인도 서북 국경지대 부족민들 사이의 크고 작은 소란에서 러시아의 야심을 알아차리고 이에 대한 증거를 재빨리 모으기 시작했다. 영국은 해양에서, 러시아는 육상에서 그 세력을 키워가며 국제 무대의 중심을 차지하고 있었다.

30년 뒤 20세기가 도래하던 때, 독일의 알프레트 폰 티르피츠 제독은 대양 함대를 설계하기 시작했다. 당시에 나는 옥스퍼드와 런던에 있는 대학들에서 정치 및 역사지리학 수업을 준비하느라 한창 분주했고, 교육자 입장에서 어떻게 하면 해당 사건을 일반화해 바라볼 수 있을지 그 시사점들을 고민하고 있었다. 고민 끝에 나는 독일의 그러한 움직임에 대한 결론을 내렸는데, 이미 매우 체계화된 육군을 보유해 유럽에서 전략적이고 중심적인 위치를 차지한 독일이 이제 영국의 막강한 해양 세력을 상쇄할 만한 강력한 해군 전력까지 갖추려 한다는 것이었다. 당시 미국도, 통계상에서만 나타나는 현상이기는 했으나, 꾸준히 대국의 반열에 오르던 중이었다. 내 기억 속에서 미국은 어린 시절 교실에 붙어 있던 최초의 장갑함인 메리맥함과 최초의 포탑함인 모니터함 사이의 전투 그림으로 남아 있는데, 누군가는 이런 그림을 보고 미국이 풍부한 자원과 기략을 보유하고 있다며 깊은 감명을 받기도 했다. 결국 독일과 미국은 영국 및 러시아와 함께 나란히 세계 열강의 대열에 합류하게 되었다.

심장지대라는 아이디어가 떠오를 수 있었던 사건들을 특정해본다면, 바로 서아프리카에서 일어났던 영국 전쟁과 만주에서 벌어졌던 러시아 전쟁이었다. 1902년 서아프리카 전쟁이 끝났고 아샨티 왕국은 네 차례의 전쟁 끝에 1902년 영국에 합병됐다, 1904년 봄 러시아와 일본의 전쟁은 분명히 임박했다. 내가 1904년 초에 발표했던 심장지대를 처음 언급했던 왕립지리학회 논문 「지리학으로 본 역사의 추축」은 뜨거운 주제가 되었지만, 이는 이미 몇 년 전에 관찰하고 정리했던 생각을 배경으로 쓴 글이었다.

바다 건너 6000마일이나 떨어진 곳에서 영국이 벌인 보어 족과의 전쟁과 아시아의 광활한 공간을 상당한 거리를 가로지르며 치러졌던 러시아 전쟁을 대비해본다면, 이는 자연스럽게 15세기 말경 희망봉을 돌아 인도로 향했던 바스쿠 다가마의 여정과 16세기 초 코사크족의 예르마크가 이끌었던 기마족이 우랄산맥을 넘어 시베리아로 진입하는 모습을 떠올리게 한다. 이러한 관계성은 고대 로마와 중세를 거치는 오랜 기간 중앙아시아 유목민들이 유럽 반도, 중동, 인도, 중국 본토 등 아대륙 초승달 지대 정착민들을 습격한 일에 대해 다시 생각하게 만들었다. 내가 내린 결론은 다음과 같았다.

최근 10년 동안20세기 초 우리는 처음으로 어느 정도 완벽하게나마 더 큰 범위에서의 지리학과 역사 사이의 일반적 상관관계를 파악해보는 시도를 할 수 있게 되었다. 전 세계적 규모로는 최초로 지리와 사건 사이의 실질적인 균형을 인식할 수 있게 되었으며, 이는 우리가 세계 역사 속에서의 지리적 인과관계를 특정한 양상으로 표현하는 공식을 찾을 수 있게 만들지도 모른다. 운이 좋다면, 그 공식은 현대 국제정치에서 대결 구도에 있는 세력 중 일부의 관점을 고찰하는 데 실용적이고 실질적인 가치를 발휘할 수도 있다.

심장지대라는 용어는 1904년 「지리학으로 본 역사의 추축」이라는 내 논문에서 한 번 등장했는데, 이는 묘사하기 위해 우연히 쓰였을 뿐 어떤 전문적이고 구체적인 용어가 아니었다. 당시에는 대신 '추축 지대'나 '추축 국가'와 같은 표현이 쓰였다. 예를 들면 아래와 같다.

지금의 세력 관계를 파괴해 추축 국가에 유리한 지위를 부여하는 것은 곧 유라시아 대륙 주변 모든 지역에 대한 세력 팽창을 재촉하고, 나아가 막대한 대륙의 자원을 함대 건설에 활용하는 결과로 이어진다. 만에 하나 독일과 러시아가 합병했다면 금세 이 가능성이 현실이 될 우려가 있다.

결론으로 말할 수 있는 것은, 예를 들어 현재의 러시아를 대신해서 새로운 세력이 대륙 일대를 지배할 지위를 차지했다 할지라도, 세계의 추축 지대로서 지리적인 중요성이 갖는 의미는 조금도 변하지 않는다는 것이다. 가령 일본인이 중국인을 지배하고, 또 그들을 조직해서 러시아 제국을 쓰러뜨리며 그 영토를 정복했다고 가정해보자. 이때는 아마도 황화가 세계의 자유를 위협하게 될 것이다. 이는 그들이 해양 세력으로서 가지고 있는 이점에 넓은 대륙의 자원—현재 추축 지대에 입주하고 있는 러시아에게는 허용되지 않은—을 더하는 결과를 낳기 때문이다.

제1차 세계대전이 끝날 무렵 내가 쓴 책인 『데모크라시의 이상과 현실』이 런던과 뉴욕에서 출간되었다. 분명히 20세기 초만 해도 학문적으로 쓰기에 적절했던 '추축'이라는 용어는, 세계 혁명의 첫 번째 대위기로부터 발생한 국제적 상황에 이제는 적합하지 않았다. 그래서 '이상'과 '현실' '심장지대'와 같은 용어를 사용하게 되었다. 비록 추가 기준들을 제시할 필요는 있겠지만, 1904년 발표한 해당 논문의 주제가 15년 뒤에도 상황을 설명하고 이해하는 데 여전히 충분한 배경 지식을 제공한다는 사실은 나에게 하나의 '공식'이 발견되었다는 확신을 주었다.

2

이 글은 곧 있을 제2차 세계대전 전후 합의에 앞서, 세계의 지정학을 개괄함으로써 심장지대라는 개념이 갖는 잠정적 추정 가치를 논의하는 데 그 목적이 있다. 이는 꽤 전략적인 접근인데, 이 개념을 살펴보는 것은 전쟁 시기뿐 아니라 평화로운 일상을 보낼 때도 유용할 것이 틀림없다. 그러나 이미 미래 세대를 위해 광범위하고 폭넓게 진전되고 있는 해당 논쟁에 감히 뛰어들 생각은 없다. 내 생각은 앞으로 적들이 완전히 제압당할 시기에 집중되어 있다. 그 시기는, 지난 카사블랑카 회담1943년 1월 14~26일 프랑스령 모로코의 카사블랑카에서 개최된 루스벨트와 처칠의 제3차 연합국 전쟁지도회의의 말을 빌리자면, 적들이 가지고 있는 전쟁 철학이 완전히 사멸되는 시기일 것이다.

심장지대는 유라시아 북부와 내륙 지역을 가리킨다. 좀더 자세히 살펴보면, 북극해 연안에서 유라시아 대륙 중부 사막까지 가로지르는 지역과, 서쪽의 발트해와 흑해 사이의 광활한 지협까지 포함한다고 할 수 있다. 그러나 이 개념이 지도상으로 확실히 정립된 것은 아닌데, 이는 이 심장지대가 서로 완벽히 겹치진 않으나, 서로의 지리적 특성을 강화하는 세 지역에 기반하고 있기 때문이다. 첫 번째 지역은 지구상에서 가장 넓은 저지대 평야이고, 두 번째는 그 평야를 가로질러 배가 다닐 수 있는 몇몇 대하천 지역이다. 그 하천 중 일부는 빙하로 뒤덮인 북극해를 향해 북쪽으로 흐르고 있어 접근 불가능하며, 또 다른 강들은 카스피해처럼 바다로 나갈 출구가 없는 내륙의 바다로 흐른다. 마지막으로 세 번째 지역은 초원 지대인데, 이 지역은 지난 한 세기 반 동안 낙타와 말을 타던 유목민들이 높은 기동력을 지속 발전시킬 수 있었던 이상적 조건을 갖춘 공간이다. 위의 세 가지 특징적 지역 중 하천 유역이 심장지대를 지도상으로 표현하기에는 가장 쉬운 영역일 것이다. 하천의 경계는 북극과 대륙에서 흐르는 모든 물줄기를 집합적으로 묶어 하나의 단위로 표현할 수 있으며, 이는 광대한 일관성을 가진 하나의 특정한 기준으로 심장지대를 지도상에서 깔끔하게 떼어내 보여준다. 심장지대는 해상 기동력과 해군력 측면에서 약점이 있지만, 다른 중요한 요소가 존재한다. 이 지역엔 넓은 평야와 초원 지대가 있다. 이는 바다를 활용한 기동성은 아니더라도, 대초원 특유의 기동력에 적합한 다른 긍정적인 조건들이라 할 수 있다. 초원은 평야 전체를 가로지르고 있지만, 전체 표면을 점하고 있지는 않다. 어찌됐든, 이처럼 지역들이 명백하게 일치하지는 않아도 심장지대라는 영역 자체는 전략적인 사고를 하는 데 있어 분명하고도 물리적인 기반을 제공한다. 굳이 더 나아가 인위적으로 지리적 영역을 단순화하는 것은 오해를 일으킬 수도 있는 일이다.

당면한 상황에서, 하나의 예외적인 방향을 제외하고는 구소련의 영토와 심장지대를 같은 공간으로 보는 것은 충분히 정확하다. 그 예외적인 큰 부분을 명확히 해보자. 먼저 베링 해협에서 서쪽으로 루마니아까지 약 5500마일의 직선을 그려보자. 베링 해협에서 3000마일 떨어진 곳에서 이 직선은 몽골 국경에서부터 북상해 북극해 쪽으로 흐르는 예니세이강을 가로지를 것이다. 이 큰 강의 동쪽에는 험준한 지형의 산맥과 고원, 계곡이 있는데 대부분 침엽수림으로 뒤덮여 있다. 나는 이곳의 가장 특징적인 지형을 이루는 레나강의 이름을 따 이 지역을 레나랜드Lenaland라고 부르겠다. 이 레나랜드는 원래 심장지대 러시아에 포함되지 않는다. 레나랜드 러시아가 차지하는 면적은 375만 평방마일이나 인구는 약 600만 명밖에 되지 않는다. 그중에서도 500만 명은 이르쿠츠크에서 블라디보스토크로 이어지는 대륙횡단철도를 따라 정착해 있다. 이 지역의 나머지 영역에서는 평균 3평방마일당 주민 1명이 거주하고 있다. 이곳의 목재, 수력, 광물 등과 같은 풍부한 천연자원에는 사실상 누구도 손대지 못하고 있다.

예니세이강 서쪽은 내가 말한 심장지대 러시아에 해당되는 곳으로, 남북으로 2500마일, 동서로 2500마일에 이르는 평원이다. 이 서쪽 지역은 475만 평방마일이고, 1억 7000만 명 이상의 인구가 살고 있다. 이곳의 인구는 매년 300만 명씩 늘고 있다.

러시아 심장지대의 전략적인 가치를 보여주는 가장 간단하고도 효과적인 방법은, 이 지역의 가치를 프랑스의 지리적 가치와 비교하는 것이다. 다만 주의할 점은, 프랑스는 제1차 세계대전 시기를, 러시아는 제2차 세계대전 시기를 역사적 배경으로 두고 비교할 수밖에 없다는 것이다.

프랑스는 넓은 지역 방어에 있어 러시아처럼 지리상의 장점이 있지만, 심장지대보다는 지리적으로 느슨하며, 영토 크기에 비해 방어해야 할 국경의 길이가 길다. 프랑스는 동북쪽을 제외하고는 바다와 산맥으로 둘러싸여 있다. 1914년에서 1918년 사이에는 알프스산맥과 피레네산맥 뒤에 적대국이 없었으며, 프랑스와 동맹을 맺고 있는 나라들의 함대가 바다를 지배하고 있었다. 프랑스와 연합군은 동북쪽의 개방된 국경을 가로질러 배치되었기에 측면을 잘 방어할 수 있었고, 후방 역시 안전했다. 수많은 군대가 안팎에서 끊임없이 밀려들던 동북쪽의 비극적인 저지대 입구는 300마일쯤 되는 보주산맥과 북해 사이 지역이었다. 1914년, 보주산맥을 기점으로 진행되었던 전선前線은 마른강 유역까지 후퇴했다가 제1차 세계대전 말인 1918년 같은 기점에서 다시 전진했다. 4년간의 전쟁 동안 이렇게 전진과 후퇴를 반복하며 움직였던 전선은 때로 처지거나 굽어지는 모습을 보였지만, 1918년 봄 독일군의 대공습에도 무너지지 않고 굳건히 자리를 지켰다. 이것이 증명하듯, 프랑스에게는 깊이 있는 방어와 전략적 후퇴 모두가 가능한 충분한 공간이 있었다. 그러나 불행한 점은 프랑스의 주요 산업 지대가 끊임없는 전투가 벌어졌던 동북부 지역에 있었다는 사실이다.

1943년 현재 러시아는 기본적으로 프랑스의 상황을 반복하고 있지만, 프랑스보다 더 큰 규모로 이뤄지고 있다. 그리고 러시아의 국경은 동북쪽이 아닌 서쪽으로 개방되어 있다. 작금의 제2차 세계대전에서 러시아군은 서쪽 국경에 배치되어 있으며, 면밀한 방어와 전략적 후퇴 모두에 유용한 심장지대의 대평원 지대가 러시아군 후방에 위치해 있다. 이 평원 동쪽에는 광활한 자연 방파제가 있다. 이 자연 방파제는 접근이 어려운 북극 해안, 예니세이강 뒤의 레나랜드 황야, 고비, 티베트, 이란 사막의 배경을 이루는 알타이산맥에서 힌두쿠시산맥으로 이어지는 산맥의 가장자리로 구성되어 있다. 이러한 세 개의 자연 장벽은 매우 넓고 튼튼하며, 프랑스를 둘러싼 해안이나 산맥에 비해 훨씬 더 큰 방어적 가치를 지니고 있다.

엄밀히 이야기해본다면, 몇 년 전까지만 해도 북극해 연안은 아예 접근할 수 없는 곳으로 보는 것이 맞았으나 지금은 사정이 달라지긴 했다. 강력한 쇄빙선과 얼음 덩어리 사이의 수로를 정찰하는 비행기들의 호위 아래, 오비와 예니세이강 그리고 무려 레나강까지 상선들이 화물을 실어 나르고 있으니 말이다. 그러나 여전히 외부에서 침입하는 적군의 입장에서는 북시베리아의 툰드라 이끼 지대와 타르가 삼림지대를 넘고 극지 빙하의 광대한 지역을 가로질러 러시아의 육지 방공군 입구까지 침공하는 것은 거의 불가능해 보인다.

프랑스와 러시아의 비교를 마무리하기 위해, 대비 가능한 몇 가지 사실의 상대적 크기를 살펴보자. 러시아 심장지대는 프랑스보다 4배 많은 인구, 4배나 긴 개방된 국경선, 20배나 넓은 면적을 보유하고 있다. 러시아 인구수를 고려했을 때 개방된 국경선의 길이는 (프랑스와 비교해) 그 비례율이 같다. 그래서 독일은 광대한 국경선을 따라 배치된 거대한 규모의 러시아 병력에 대항하기 위해서라도 어쩔 수 없이 인력을 보충해야 하는 상황이었다. 당시 독일은 제한된 자국 군사의 수를 증대시키기 위해 속국에서까지 비효율적인 병사를 징병하며 보충했고 그 결과 군사력은 약화될 수밖에 없었다. 그러나 한 가지 중요한 점은, 프랑스가 1914년에 점했던 위치보다 불리한 상황에서 러시아는 독일과의 두 번째 전쟁을 시작했다는 것이다. 프랑스와 마찬가지로, 러시아에서 가장 발전한 농업과 산업 지대는 독일의 침략 경로 위에 있었다. 만약 독일의 침략이 몇 년이라도 늦게 시작되었다면, 제2차 국민경제 5개년 계획을 통해 이런 불리한 상황을 극복할 수도 있었을 것이다. 아마 이러한 러시아의 불리한 상황이 히틀러가 1941년 스탈린과의 조약을 깼던 이유 중 하나였을 것으로 추측된다.

그러나 레나랜드의 천연자원들뿐만 아니라 심장지대의 엄청난 잠재력은 전략적으로 중요하다. 러시아의 산업은 남우랄의 주요 지역 중에서도 중심적인 내부 거점 지역과 예니세이강 상류 동쪽의 거대한 자연 장벽 아래의 풍요로운 쿠츠네츠크 탄전에서 급속히 성장하던 중이었다. 1938년, 러시아는 밀, 보리, 귀리, 호밀, 사탕무 등을 세계 어느 나라보다 많이 생산하는 최대 식량 생산국이었으며, 어떤 나라보다 망간을 가장 많이 생산하던 나라였다. 또한 제철업에서는 1등 자리를 놓고 미국과 경쟁하고 있었으며, 석유 생산량에서는 2위를 차지하고 있었다. 게다가 석탄과 관련해 미하일로프는 쿠즈네츠크와 크라스노야르스크 탄전에 잠들어 있는 자원이 각각 앞으로 300년 동안 전 세계의 수요를 충족시킬 수 있을 정도로 추정된다고 이야기했다.* 러시아 정부는 1차 5개년 계획에서 수입과 수출의 균형을 맞추는 것만을 중요시하고 있었다. 극소수 상품을 제외하고는 자국이 필요로 하는 것을 자체적으로 생산할 수 있었기 때문이다.

이런 모든 것을 고려해볼 때, 만약 러시아가 독일을 꺾고 제2차 세계대전의 강자가 된다면, 전 세계에서 러시아가 가장 강한 대륙 국가가 되는 것은 피할 수 없는 현실이다. 게다가 러시아는 전략적으로 가장 강력하게 방어 가능한 위치에 있으므로 이와 관련해 타의 추종을 불허하는 강한 힘을 갖게 될 것이다. 심장지대는 지구상에서 가장 거대하고 강력한 천연 요새나 다름없기 때문이다. 역사상 처음으로 이곳에 양적으로나 질적으로나 충분한 수비대가 배치된 것이다.

3

이 소논문에서 거대한 대륙에 자리 잡은 육상 세력의 요새인 심장지대에 대해 자세히 살펴볼 생각은 없다. 그러나 상대적으로 심장지대의 중요성을 보충할 수 있는 다른 개념들에

* N. Mikhaylov, "Soviet Geography", London ; Methuen, 1937.

대해 몇 마디 설명을 덧붙이고자 한다.

지난 카사블랑카 회담에서 독일을 지배하고 있던 전쟁 철학을 파괴해야만 한다는 이야기가 나왔다. 이는 전쟁 철학과는 다른 철학으로 독일인들의 정신을 깨끗한 물로 씻어내듯 닦아내야만 가능하다. 내가 생각하기에 '휴전' 명령이 발효된 후 2년 동안 연합국은 베를린을 점령하고, 전범들을 재판하며, 국경을 즉각적으로 재건하는 등 외부 조치들을 취해나갈 것이다. 이러한 일은 뉘우침 없이 억울해하며 죽어갈 독일 기성세대들이 다시 미래 세대에게 잘못된 역사를 전달하지 못하게 하기 위함이다. 그러나 교육자들을 통해 독일인들에게 자유주의를 단순히 주입하는 일은 무의미할 뿐 아니라 나쁜 효과를 낼 수 있다. 자유란 가르칠 수 있는 것이 아니기 때문이다. 자유는 오직 자유를 활용할 수 있는 사람에게만 주어지는 것이다. 그렇기에 오염된 수로를 효과적으로 정화하는 방법은, 수로의 양측에 강력한 제방을 쌓고 수로 안의 모든 것을 쓸어내는 것뿐이다. 이 제방은 동쪽으로는 심장지대 육상세력 그리고 서쪽으로는 북대서양 주변 해양 세력이 될 것이다. 앞으로는 어떤 전쟁도 흔들리지 않는 이 두 전선에서 행해진다는 것을 마음에 영원토록 새긴다면, 독일은 스스로 문제들을 해결해나갈 수 있을 것이다.

이를 위해서는 가장 먼저 미국, 영국, 프랑스 간의 효과적이고 지속적인 협력이 필요하다. 첫째, 미국은 종심방어depth of defense의 기능을 담당하고, 둘째, 영국은 몰타까지 이어진 거대한 호 형태의 전진 요새 기능을 맡으며, 마지막으로는 프랑스가 방어력을 갖춘 교두보 역할을 하는 것이다. 프랑스의 이러한 역할은 앞의 두 역할에 비해 중요성 면에서 결코 뒤지지 않는다. 결국 육상 세력과의 균형을 맞추기 위한 최후의 수단으로서 해양 세력을 수륙 양용으로 운용할 수 있어야 하기 때문이다. 그리고 미국, 영국, 프랑스 세 나라와 함께 네 번째 승자인 러시아는 평화를 위협하는 어떤 위반 사항이라도 발생하면 즉각 협력할 것임을 공언해야 한다. 이렇게 해야만 다시는 독일인에게 악마의 마음이 깃들지 않을 것이며, 설사 그런 마음이 깃들더라도 곧 무기력하게 사라질 것이다.

오늘날 몇몇 사람은 전 세계의 공군력이 함대와 지상군을 모두 무력화시킬 정도이지 않나 하는 몽상을 하는 것 같다. 그러나 최근 나는 경험 많은 한 비행사의 이야기가 담고 있는 광범위한 의미로부터 강한 인상을 받았다. 그는 "공군력은 절대적으로 지상 조직의 효율성에 달려 있다"고 말했다. 너무 큰 주제이니 여기서는 더 이상 다루지 않겠다. 명백한 것은 공중전이 몇 가지 전략적 조건에 있어 근본적인 변화를 가져왔지만, 공격과 방어 전략에 있어 지배적 대안으로 자리 잡지는 못했다는 점이다. 그리고 지금까지의 전쟁 역사가 보여준 전형을 따르지 않으리라는 증거도 제시되지 않았다.

인류의 미래를 예측하려는 의도는 전혀 없지만, 내가 고민하는 것은 제2차 세계대전 승리 이후 평화를 얻기 위해 우리가 어떤 조건들을 만들어야 하는가다. 처음으로 전후 세계에 예상되는 패턴에 대해 많은 사람이 연구하고 있다. 중요한 것은 이상적인 청사진과, 변화하지 않는 사실 및 정치경제 전략 등의 개념에 기반한 현실적이고도 학문적인 로드맵 사이에 주의 깊은 균형이 필요하다는 점이다.

위와 같은 입장에서, 세계 지리에서 볼 수 있는 큰 특징인 환대girdle(띠 모양 지역), 즉 북극권에 걸려 있는 하나의 띠에 주목할 필요가 있다. 사하라 사막에서 시작해 동쪽으로 이동하며 아라비아, 이란, 티베트, 몽골의 사막을 따라 전개되는 이 환대는 이후 레나랜드 황무지와 알래스카, 캐나다의 로렌시아 순상지를 지나 미국 서부의 반건조 지대까지 이어지고 있다. 환대가 사막과 황무지 땅들로 이뤄져 있다는 것은 세계 지리학적으로 볼 때 매우 중요한 특징이라고 할 수 있다. 이러한 환대 안에는 거의 동등하게 중요한 두 개의 연관된 특징적 지역이 존재하는데, 바로 심장지대 및 지중해, 발트해, 북극해, 카리브해 네 개의 부속 바다를 지닌 북대서양 미들랜드 해양Midland Ocean의 연안 지역이다. 환대 바깥에는 태평양, 인도양, 남대서양 등의 대양과 그 대양들로 흐르는 하천 유역이 위치한 아시아 몬순 지대, 호주, 남아메리카와 사하라 이남의 아프리카가 있다.

아르키메데스는 지렛대를 놓을 수 있는 지점, 즉 받침점만 찾는다면 지구를 들어올릴 수도 있다고 말했다. 물론 전 세계가 단숨에 이전의 번영기로 돌아갈 수는 없을 것이다. 그러나 우리는 미주리강과 예니세이강 사이에 있는, 시카고와 뉴욕 그리고 런던과 모스크바를 연결하는 다수의 상업 항공용 간선로에 가장 먼저 주목해야 한다. 바로 이곳이 아르키메데스의 '받침점'으로서 세계 부흥을 일으킬 곳이기 때문이다. 일본에 대한 공격을 잠시 멈추는 것은 현명한 일이다. 중국은 꽤 동양적이지도 서양적이지도 않은 방식으로, 인류의 4분의 1이 사는 새로운 문명 건설이라는 그들만의 낭만적 모험을 위해 조만간 상당한 자금을 확보할 수 있을 것이다. 그렇게 되면 중국과 미국, 영국이 주도하는 외부 세계 질서는 비교적 쉽게 만들어질 것이다. 미국과 영국은 각각 자유국가연합의 길을 따라갈 것이다. 비록 그들의 역사적 과정은 상이했으나, 결과는 비슷할 것이기 때문이다. 세계 경제를 재건하기 위한 첫 번째 사업은 반드시 사막 환대 내부에서 일어나야만 한다. 그렇지 않으면 문명 전체가 혼란에 빠질 것이다. 베르사유 조약 이후 미국과 영국, 프랑스의 삼국동맹이 제대로 이뤄지지 않은 것은 유감스러운 일이다. 만약 동맹이 제대로 이행되었다면, 우리가 겪은 수많은 아픔과 고통을 피할 수 있었을지도 모른다.

4

이제 원을 그리며 세계를 둘러싸고 있는 이 패턴에 대한 내 주장을 완성하기 위해, 간단하게라도 앞서 구체화한 두 가지 개념에 더해 세 가지 개념을 추가로 설명해보도록 하겠다. '대전략'과 관련된 미국인들의 글에서 내가 본 것을 설명하려면 역사나 경제에서뿐만 아니라 지리에서도 더 넓은 일반화가 필요하다.

나는 내가 전부터 제시해왔던 '심장지대'라는 개념이 20년 전이나 40년 전보다 오늘날 더 가치 있고 유용한 개념이 될 것이라고 망설임 없이 말할 수 있다. 나는 매우 광활한 심장지대의 자연적 방어 요새적 특징, 가령 얼음으로 뒤덮인 북극해, 삼림으로 우거진 험준한 레나랜드, 중앙아시아 산맥과 건조한 고원 지대 등이 어떤 식으로 자리해 있는지도 설명했다. 그러나 발트해와 흑해 사이의 넓은 지협, 유럽 반도로부터 내부 평원으로 진입할 수 있는 1000마일 정도의 개방된 입구로 인해 심장지대는 불완전할 수밖에 없다. 그러나 역사상 최초로 이 광활한 천연 요새를 지킬 수 있을 만큼의 충분한 병력이 존재했고, 그 덕분에 독일군의 침입을 막을 수 있었다. 이러한 사실에 내가 설명했던 측면 및 후방에서 가능한 방어들을 고려한다면, 심장지대로 넓게 개방된 그 출입구는 러시아에게 이점이기도 하다. 적들이 그 넓은 지역을 침략하기 위해서는 마찬가지로 수많은 병력을 배치해야 하기 때문이다. 게다가 심장지대 지상에는 경작에 알맞은 비옥한 토양이 있으며, 지하에는 채굴할 수 있는 광석과 연료가 풍부히 매장되어 있는데, 그 규모는 미국과 캐나다 자치령에서 확인된 전체와 맞먹거나 거의 비슷하다.

앞서 나는 독일의 전쟁 철학에 맞대응하며 그 모든 것을 씻어낼 수 있는, 파괴할 수 없는 강력한 힘의 제방 사이에 물길처럼 형성되는 철학의 필요성을 제안한 바 있다. 이러한 철학이 독일인의 정신에 깃든 흑화된 어떤 것들을 깨끗이 씻어줄 것이라고 말이다. 확실한 것은, 누구도 패전한 독일인들에게서 악마의 영혼을 빼낼 수 있는 외국 교사들을 보내지는 못하리라는 점이다. 게다가 나는 전후 몇 년 동안 불가피한 형벌의 시기가 지나도, 승전국인 민주 국가들이 충분한 인원의 군대를 패전국에 지속적으로 주둔시킬 것이라고도 생각하지 않는다. 패전국에 계속 군대를 주둔시키는 것은 바로 민주주의의 정신과 본질에 어긋나기 때문에, 민주주의 국가에 이를 계속 기대하는 것은 무의미하다. 정화의 물결은, 독일인 스스로의 근원에서부터 다시 솟구쳐 오르며 내가 제시해왔던 강력한 힘의 양 제방提防—심장지대의 제방과 육지와 해양에서 모두 강력한 힘을 보유한 미국·영국·프랑스의 제방—사이에서 흐르는 편이 더 좋을 것이다. 이 수로의 흐름을 가로질러서 서로 마주 보고 있는 이 두 우호 세력은, 동일하게 강한 힘을 가져야 하며, 언제나 동등하게 필요한 행동을 취할 준비가 되어 있어야 한다. 이렇게 한다면, 만약 독일이 물리적 전쟁 준비 태세를 금지한 조약을 깨거나 미래 세대를 잘못 이끌어 또 다른 방식으로 전쟁을 준비하는 죄를 범한다 해도, 그들은 양 전선에 걸쳐 즉각적인 전쟁의 위협 아래서 생활할 수밖에 없을 것이다. 민주주의 군대는 그들의 모국에서 학생들에게 모범을 보여주는 교사처럼 힘을 발휘하게 될 것이다.

이러한 제안은 나의 두 번째 지리학적 개념인 미들랜드 해양으로 이어진다. 미들랜드 해양은 북대서양과 부속 바다들, 이를 향해 흐르는 하천 유역을 포괄하는 개념이다. 여기서 이 개념의 구체적인 세부 사항은 언급하지 않으려 한다. 대신 내가 앞서 언급한 세 가지 요소를 통해 대강의 그림을 그려보겠다. 프랑스 내부에 있는 교두보, 영국의 바깥으로 호를 그리는 비행기지, 미국 동부와 캐나다의 숙련된 인력 및 농업과 산업의 잠재력, 이 세 가지를 통해서 말이다. 전쟁이 다시 일어날지도 모르는 상황에서는 미국과 캐나다 모두 대서양 국가라는 한계가 있다. 긴급하고 즉각적인 육상 전투가 언제든 발발할 수 있는 상황에서, 수륙양용적 힘을 운용할 수 있도록 프랑스의 교두보 기능과 영국의 호 형태의 비행기지 역할 모두가 필요하다.

남아 있는 또 다른 세 개념에 대해서는, 세계적 완결성과 균형을 맞추기 위해 개괄적인 설명 이상은 하지 않겠다. 위에서 설명한 쌍둥이 단위인 심장지대와 미들랜드 해양 유역을 이어 지구를 한 바퀴 둘러본다면, 심장지대와 미들랜드 해양에 포함되지 않는 빈 공간이 나타날 것이다. 이 공간은 사실상 이어진 지형으로 전 세계 육지의 약 4분의 1에 해당되는, 약 1200만 평방마일을 차지하고 있다. 이 광활한 지역에 오늘날 살고 있는 총인구는 약 3000만 명 미만으로, 전 세계 인구의 70분의 1에 불과하다. 물론 미래에 수많은 비행기가 수많은 항로를 따라서 이 환대의 황무지 위를 비행할 것이고, 이 환대를 가로지르는 자동차 간선도로도 만들어질 것이다. 그러나 오랜 시간 이러한 자연적 장벽은 지구상에 존재하는 주요 인류 공동체 사이에서 사회적 연속성을 깨뜨릴 것이다.[*]

나의 네 번째 개념은 남대서양 양쪽에 있는 남미와 아프리카 열대우림을 모두 포함한다. 이 두 지역이 농업에 적합하게 변하고 열대지방에 속하는 자와(자바)의 현재 인구밀도만큼 사람들이 살 수 있게 된다면, 10억 명을 충분히 먹여 살릴 수 있는 식량 생산이 이 지역에서 가능할 것이다. 만약 의학의 발달로 열대지방에서도 온대지방만큼 인간이 에너지를 생산적으로 쓸 수 있게 된다면 말이다.

다섯 번째이자 마지막으로, 고대 동양 문명 때부터 10억 명의 사람이 인도와 중국의 몬순 지역에 터를 잡고 살고 있다. 이들의 성장과 번영은 반드시 독일과 일본이 문명사회의 규범에 따라 변화되는 시기에 맞춰서 이루어져야 한다. 그렇게만 된다면 미주리와 예니세이 사이에 살고 있는 다른 10억

---

[*] 언젠가 석탄과 석유가 고갈된다면, 사하라 사막이 태양 에너지를 직접 포획하는 공간으로 변할 것이다.

의 인구가 이들과 균형을 맞출 수 있을 것이다. 이로써 균형 잡힌 전 인류의 세상이 가능해진다. 행복한 세계는 균형과 자유로써 가능하다.

심장지대

: 매킨더의 지정학과 지리의 결정력

초판 인쇄 2022년 5월 16일
초판 발행 2022년 5월 23일

지은이 해퍼드 존 매킨더
옮긴이 임정관 최용환
펴낸이 강성민
편집장 이은혜
기 획 노만수
마케팅 정민호 이숙재 김도윤 한민아 정진아 이가을 우상욱 정유선
브랜딩 함유지 함근아 김희숙 정승민
제 작 강신은 김동욱 임현식

펴낸곳 (주)글항아리 | 출판등록 2009년 1월 19일 제406-2009-000002호

주소 10881 경기도 파주시 회동길 210
전자우편 bookpot@hanmail.net
전화번호 031) 955-2696(마케팅) 031) 955-2670(편집부)
팩스 031) 955-2557

ISBN 979-11-6909-011-7 03300

www.geulhangari.com